Märchen aus dem Tessin

Herausgegeben und übersetzt von
Pia Todorović Redaelli

Limmat Verlag
Zürich

Im Internet
Informationen zu Autorinnen und Autoren
Materialien zu Büchern
Hinweise auf Veranstaltungen
Schreiben Sie uns Ihre Meinung zu diesem Buch
www.limmatverlag.ch

Umschlagbild von Luigi Rossi (1853–1923), «Temporale in montagna», 1892 (Öl auf Leinwand, 120 x 181 cm, Eigentum der Schweizerischen Eidgenossenschaft, Bundesamt für Kultur, Bern).

Das *wandelbare Verlagslogo* auf Seite 1 zeigt ein Hauszeichen, gezeichnet von Arne Sjursen (1876–1955). Aus: *Hauszeichensammlung aus verschiedenen Walsergemeinden mit Schwerpunkt Davos und Umgebung.* Mit freundlicher Genehmigung des Heimatmuseums Davos (www.heimatmuseum-davos.ch).

Typographie und Umschlaggestaltung von Trix Krebs

© 2006 by Limmat Verlag, Zürich
ISBN 3 85791 501 3

Tiermärchen

9	1	Der Fuchs und der Wolf im Brunnen
10	2	Der Wolf und der Fuchs in der Alphütte
13	3	Der gemeinsame Acker
14	4	Die geplatzten Hosen
15	5	Der Rebhuhn-Braten
18	6	Maria und der Wolf
22	7	Die drei Hühnchen
25	8	Der Bauer und die Schlange
29	9	Die Amsel und die Kröte
30	10	Die verlorene Nadel
32	11	Die Geschichte der Glühwürmchen

Zaubermärchen

33	12	Die drei Schwerter
44	13	Wie Giovanín ein reicher Herr geworden ist
46	14	Giuvanín Pipeta
50	15	Der Vogel mit dem goldenen Schweif
63	16	Der Kater als Gevatter
66	17	Das Märchen von den Katzen und der Seife
74	18	Das faule Mädchen
77	19	Aschenputtel
81	20	Die zwei Buckligen
82	21	Der treue Diener
91	22	Fiaccone
96	23	Die Höhlenstimmen
102	24	Der Vogel Greif
111	25	Das Sternkind
119	26	Der Silberfisch
127	27	Die beiden Kesselflicker
132	28	Der tapfere Giuanín
141	29	Der Mann aus Eisen
149	30	Die vier Brüder
153	31	Der Kastanien-Giovannino
155	32	Die Geschichte der zwölf Räuber
158	33	Die Träne der Mutter
164	34	Der blaue Schleier mit den goldenen Sternen

Legenden- und Sagenmärchen

176	35	Der Besuch des heiligen Antonius
178	36	Der Herrgott auf Besuch
179	37	Christus und Paulus in Menzonio
180	38	Der heilige Petrus und der Herrgott
183	39	Der heilige Petrus und der Soldat
186	40	Die Mutter des heiligen Petrus
186	41	Wie ein Junge dem Teufel versprochen wurde
190	42	Die Ziege des Pfarrers
192	43	Die Hexer von Dandrio
193	44	Die Geschichte der «Cröisc»
195	45	San Carlo vertreibt die «Cröisc»
196	46	Das Kreuzzeichen
197	47	Das Versprechen
198	48	Die Madonna von Coldrerio
198	49	Der Schatz von Lava
199	50	Der Junge, der immer Hunger hatte
200	51	Die Geschichte von Batista Scorlín

Schwänke

201	52	Das Märchen vom dummen Menschenfresser
209	53	Der Teufel und die Frau
210	54	Der gutgläubige Bauer
214	55	Die drei Fürze des Esels
215	56	Die dumme Frau
226	57	Der verrückte Mariello
231	58	Der Dumme und der Gescheite
235	59	Die unpassenden Antworten
239	60	Der Hirte von Sant' Evasio
241	61	Propst, Pfarrer und Küster als Liebhaber
243	62	Der geizige Don Giovanni
246	63	Die Jalapewurzel
247	64	Der Heilige Geist von Mergoscia
249	65	Wir sind alle Brüder
252	66	Wie San Carlo für den Teufel gehalten wurde
255	67	Das Eselchen Roba da poco
256	68	Die Wandermadonna

Schildbürgerstreiche

257 69 | Die Fliegen von Anzonico
258 70 | Der Maulwurf von Dalpe
259 71 | Die Kirchweih von Quinto
259 72 | Der Felsen von Osogna
260 73 | Die Geschichte der Kirche und des Kirchturmes von Isone
263 74 | Das Schwert von Isone
264 75 | Der gekaufte Verstand
265 76 | Der «Puncion d'Arz»

Kettenmärchen

266 77 | Der gestohlene Hut
268 78 | Die Laus ist tot
270 79 | Die Fliege auf der Nase

Zwei Märchen in Originalfassung

270 80 | I sposin divot / Die gottesfürchtigen Jungvermählten
273 81 | I rasiröi det Calpiogna / Die Harzer von Calpiogna

279 **Erzählen im Tessin**
von Pia Todorović Redaelli

Anhang

297 Anmerkungen und Quellennachweise
318 Bibliografie

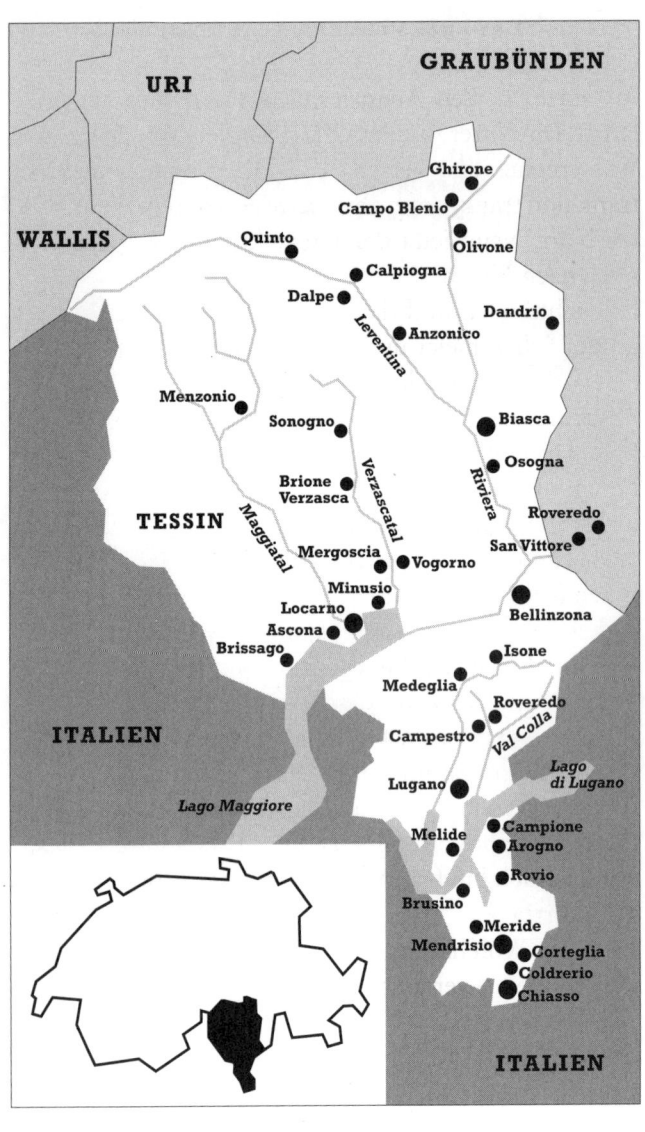

1 | Der Fuchs und der Wolf im Brunnen

An einem heißen Augusttag hatte der Fuchs großen Durst. Da kam er zu einem Ziehbrunnen, sprang in einen Wassereimer und verschwand unten im Brunnen. Er trank und trank, dann aber sagte er sich plötzlich: «Oh, ich Narr, wenn jetzt der Bauer kommt, verprügelt er mich nach Noten.»

Er dachte nach und dachte nach, er war nämlich ein großer Schlaumeier und Schelm. «Den ersten Esel, der hier vorbeikommt, den überred ich, in den andern Eimer zu springen. So kommt er hinunter und ich geh hinauf.»

Bald darauf kam der Wolf vorbei. Da rief der Fuchs von unten: «He Freund, ich bin in den Brunnen gestiegen, um zu trinken, jetzt bin ich hier ganz allein. Komm doch auch runter, dann leisten wir uns Gesellschaft. Hier unten ist es schön kühl. Es ist einem richtig wohl!»

«Aber wie komm ich denn runter?», fragte der Wolf.

«Schau, dort ist ein Eimer, spring hinein und komm zu mir runter.» Der arme Wolf – er war schon immer naiv gewesen – sprang in den Eimer, und während er in den Brunnen hinunterfuhr, fuhr der Fuchs hinauf. Als der Wolf alleine unten saß, fragte er: «Was soll ich jetzt hier?» Der Fuchs antwortete: «Schau selber, wie du zurechtkommst. Ich bin frei. Mir ist jetzt kühl genug, bleib du jetzt dort!»

Der arme Wolf hat begriffen, dass man sich auf schlechte Freunde nie verlassen soll.

2 | Der Wolf und der Fuchs in der Alphütte

Einmal begegneten sich der Wolf und der Fuchs oberhalb der Kirche von Brusino. Der Fuchs sagte zum Wolf: «Komm mit mir auf die Alp. Wir wollen den Cecch und die Assunta überraschen und ihnen die Milch wegtrinken!»
«Gut, ich komme!»
Und sie machten sich auf den Weg.
Als sie auf die Alp kamen, schliefen Cecch und Assunta noch und schnarchten in den höchsten Tönen. Der Wolf und der Fuchs gingen in den Keller und der Fuchs sagte: «Ich trinke nur das, was obenauf schwimmt, du trinkst den Rest.»
Der Wolf wusste nicht, dass obenauf der Rahm lag.
«Einverstanden!», sagte er und begann zu trinken: Bla, bla, bla, bla. Der Fuchs trank seinen Rahm und legte sich dann schlafen. Der arme Wolf aber trank und trank und schwoll an wie ein Fass. Dann schlief er ein.
Als der Fuchs das sah, dachte er: «Wart nur, dir zeig ich's!» Er schlich sich ganz leise davon, ging in den Wald zu einem Kornelkirschbaum, schüttelte ihn und wälzte sich in den Beeren, so dass sein Fell ganz «blutig» wurde. Dann machte er ein Nickerchen.
Inzwischen war Cecch aufgestanden und wollte im Keller Milch holen, um Käse zu machen. Aber er fand keinen einzigen Tropfen Milch. Da stürzte er sich auf den Wolf: «Du freches Tier, meine ganze Milch hast du weggetrunken. Wart nur, dir zeig ich's aber!»
Er nahm einen Stock und – patim, patom, patim, patom – schlug er auf den Wolf ein. Der Wolf wehrte sich: «Ich

war's nicht alleine, der Fuchs hat auch getrunken.» Aber Cecch glaubte ihm nicht und stieß ihn mit einem Tritt hinaus.

Der arme Wolf war blutüberströmt. Er warf sich auf die Wiese. Da hörte er auf einmal: «Weh mir, Hilfe! Hilfe!» «Madonna, was ist denn das? Das ist doch die Stimme des Fuchses!»

Der Fuchs jammerte: «Wolf, wenn du wüsstest, wie viel Prügel ich eingesteckt habe!»

Und der Wolf antwortete: «Und ich erst! Viel mehr als du, schau mich nur an!»

Der Fuchs sagte: «Wolf, du bist noch stärker als ich, lass mich aufsitzen und dann nichts wie weg von hier!»

Da lud der Wolf den Fuchs auf den Rücken und marschierte los. Derweil sang der schlaue Fuchs:

«*Ara, ara, va par pian,*
che l maraa al porta l san.»
(Ara, ara, geh durch die Ebene,
der Kranke trägt den Gesunden)

Der Wolf fragte: «Was singst du denn?»

«Das ist ein altes Lied, das schon meine Großeltern gesungen haben!»

«Ich halt's nicht mehr aus!», sagte der Wolf nach einer Weile.

«Nur noch ein Stückchen», sagte der Fuchs und sang wieder:

«*Ara, ara, va par pian,*
che l maraa al porta l san.»

Da dachte der Wolf: «Ich bin zwar dumm, aber so dumm auch wieder nicht!»

Inzwischen waren sie zu einem Abgrund gekommen,

unten waren die Bauern beim Dreschen. Da wollte der Wolf den Fuchs hinunterwerfen, aber der schlaue Fuchs krallte sich an ihm fest und so purzelten sie beide in den Abgrund. Die Bauern liefen alle weg, als der Wolf und der Fuchs mitten auf den Dreschplatz fielen. Nach einer Weile fragte der Fuchs: «Wolf, hast du nicht Hunger?»
«Sicher hab ich Hunger. Ich bin zwar ziemlich müde, aber Hunger hab ich schon.»
«Schau, du nimmst den großen Haufen da, ich nehm den kleineren und dann kocht jeder für sich eine Suppe.»
Gut. Sie machten Feuer im Kamin und jeder nahm sich einen Kessel, um darin seine Suppe zu kochen. Der schlaue Fuchs setzte die Körner aufs Feuer und hatte im Nu eine gute Suppe. Der Wolf aber rührte und rührte in seiner Spreu, aber es wollte nichts Rechtes daraus werden. Dann kostete er: «Pfui, das schmeckt überhaupt nicht!»
Der Fuchs ließ ihn von seiner Suppe kosten, sie war ausgezeichnet. «Wie machst du das bloß?»
«Ich habe mit dem Schwanz umgerührt, deshalb ist die Suppe so gut geworden.»
«Ach so!»
Der Wolf nahm seinen Kessel vom Feuer und steckte den Schwanz hinein. Dann schrie er: «Au, au, au! Mein Schwanz ist ganz verbrannt!»
Der Fuchs antwortete: «Dummkopf, du musst den Schwanz natürlich in die kalte Suppe stecken!»
Seither hassen sich Wolf und Fuchs.

3 | Der gemeinsame Acker

Der Wolf und der Fuchs hatten gemeinsam einen Acker gepachtet. Eines Tages vereinbarten sie, die Ernte gerecht zu verteilen und auf dem Markt zu verkaufen.
Zuerst ernteten sie Kartoffeln. Bevor sie sich an die Arbeit machten, fragte der Fuchs den Wolf: «Welchen Teil willst du, den oberen oder den unteren?»
Der Wolf, dem die grünen Stauden gefielen, rief sofort: «Den oberen!» Und so wurden die Kartoffeln verteilt.
Dann ernteten sie Wirsing. Diesmal wollte der Wolf abwechseln. Auf die Frage seines Kumpanen: «Willst du den oberen oder den unteren Teil?», antwortete er jetzt: «Den unteren!»
Als die Bohnen an der Reihe waren, fragte der Fuchs: «Willst du die roten oder die grünen?»
Der Wolf dachte: «Ich sehe doch nur grüne Bohnen. Der Fuchs will mich wohl reinlegen.» Schnell antwortete er: «Die roten kannst du behalten!»
Der Fuchs begann die Bohnen zu schälen. Er behielt die roten Kerne, die Schoten gab er dem Wolf.
Im nächsten Frühling war der dumme Wolf dem Fuchs immer noch nicht auf die Schliche gekommen. Er vereinbarte, nochmals mit ihm zusammen einen Acker zu mieten. Und nun war es Zeit, umzugraben. Der Fuchs machte sich ans Werk, um seinen guten Willen zu zeigen. Bei jedem Spatenstich hielt er inne und schaute besorgt gegen den Berg.
«Was schaust du denn immer um dich?», fragte der Wolf nach einer Weile. «Siehst du den schwankenden Felsen dort nicht?», war die Antwort.

«Ich sehe nichts!»
«Du siehst nicht gut. Ich fürchte, dass der Felsen sich löst und uns unter sich begräbt. Ich lauf schnell rauf, um ihn festzuhalten oder abzustützen. Lös mich inzwischen beim Umgraben ab.»
Der dumme Wolf grub um und um. Die Arbeit war schon fast fertig, da erinnerte er sich auf einmal an seinen Kumpanen: «Oh, der Fuchs wird müde sein. Ich habe ganz vergessen, dass er dort oben den Felsen stützt. Was für eine Heidenarbeit! Ich muss ihn ablösen.»
Und er ging Richtung Berg. Der schlaue Fuchs sah ihn von weitem kommen und lief ihm entgegen. Er hatte sich die ganze Zeit gesonnt, während der Wolf unten auf dem Feld arbeitete.
«Du kommst schon zurück?»
«Der Felsen schwankt nicht mehr. Ich hab ihn abstützen können. Es ist alles in Ordnung.»
Und so war die Tagesarbeit gemacht, ohne dass der Fuchs sich im Geringsten abgemüht hatte.

4 | Die geplatzten Hosen

Beim Umgraben waren dem Wolf die Hosen geplatzt. Auf dem Heimweg kam dem Fuchs eine Idee. Er zog an einem Faden, der aus der Naht seiner alten Hose heraushing, und trennte sie auf. Dann rief er: «Ei, wie unsere Hosen aussehen! Wir müssen uns neue nähen.»
«Du hast Recht», sagte der Wolf, «wir wollen gleich unterwegs Stoff kaufen.»

«Aber zuerst wollen wir eine Wette abschließen. Wer die Hosen zuerst fertig näht, bekommt den Stoff bezahlt. Nur so zum Spaß.»

Zu Hause machten sie sich gleich ans Schneiden und ans Nähen. Auf einmal meinte der Fuchs: «Wie viel Zeit man doch zum Einfädeln braucht. Du, Wolf, sicher noch mehr als ich, du siehst ja nicht gut. Wenn man nur den ganzen Faden auf einmal einfädeln könnte!»

Der arme Wolf ging nochmals in die Falle. Er packte seinen Stoff und ging nach Hause. «Die Hosen werd ich heute Abend fertig nähen, wenn ich ausgeruht bin. Dann wird mir die Arbeit leichter fallen.»

Kaum zu Hause, fädelte er die ganze Fadenspule ins Nadelöhr ein, um nicht unnötig Zeit zu verlieren. Aber bei jedem Stich musste er ziehen und ziehen und der Faden hörte nie auf. Bevor der Wolf die Sache überhaupt begriffen hatte und auf die alte Methode zurückkam, hatte der Fuchs seine Hosen längst genäht. Und der Wolf musste auch diesmal aus seiner Tasche zulegen.

5 | Der Rebhuhn-Braten

Die Mutter des jüngeren Wolfes lebte noch, sie hieß Mutter Wolf. Der Wolf hatte außerdem einen alten Verwandten, den Lupone, der schon ganz kindisch geworden war. Ab und zu luden sie ihn zum Essen ein, weil er nicht mehr oft auf Jagd ging. Eines Tages brachte der Wolf zwei schöne Rebhühner nach Hause. «Mutter Wolf», sagte er, «gib dir Mühe beim Kochen, ich will nämlich

den Lupone einladen. Ein Rebhuhn ist für ihn, das andere für mich.»
Mutter Wolf machte sich gleich an die Arbeit. Als der Fuchs am Hause vorbeiging, stieg ihm ein feiner Duft in die Nase: «Da ist was Gutes im Topf!», dachte er und trat ein.
«Mutter Wolf, welch ein Duft! Was kochst du denn Gutes?»
«Zwei Rebhühner, eines für den jungen Wolf, das andere für den alten.»
«Wie gut du kochst! Man merkt's am Duft», sagte der Fuchs, «lass mich mal sehen!» Und schon hob er den Deckel.
«Wer weiß, ob sie auch gut gewürzt sind», fuhr er fort, «lass mich einen Flügel kosten.»
«Das geht nicht», sagte Mutter Wolf, «weil der junge Wolf es merken wird.»
«Vielleicht sieht man's aber gar nicht», meinte der Fuchs, «kosten wir auf alle Fälle, vielleicht fehlt's am Salz.»
Mutter Wolf ließ sich überzeugen, schnitt einen Flügel ab und teilte ihn mit dem Fuchs. Er war ausgezeichnet. Der Fuchs hob den Deckel nochmals hoch. «Du hattest doch Recht, man sieht, dass der Flügel fehlt. Essen wir den andern auch, dann ist's symmetrisch und dein Sohn merkt nichts.»
Mutter Wolf wollte nicht so recht, schließlich ließ sie sich doch überzeugen. Kaum war der zweite Flügel gegessen, hob der Fuchs den Deckel wieder: «Oh, ein Schenkel hat sich abgelöst. Den essen wir auch.»
Mutter Wolf meinte: «Wenn er schon abgelöst ist ...»

Im Nu war auch der Schenkel verschlungen. Dann sagte der Fuchs: «Jetzt wird dem Wolf aber sicher etwas auffallen. Essen wir auch den andern Schenkel, dann ist alles in Ordnung.»

Mutter Wolf wehrte sich ein wenig, aber dann gab sie nach und auch der zweite Schenkel verschwand. Dann verschaffte sich der Fuchs durch eine List eine halbe Brust. Die andere Hälfte gab er der leichtgläubigen Mutter Wolf. Und so war schließlich ein ganzes Rebhuhn in ihre Bäuche gewandert.

Da ging Mutter Wolf in den Keller hinunter, um Wein zu holen, und überlegte, was sie ihrem Sohn erzählen sollte.

Unterdessen war der Lupone gekommen. «Welch ein Duft!», sagte er, schaute sich um und fragte: «Wo ist denn der Hausherr, der mich eingeladen hat?»

«Er ist gerade dabei, die Scheren und die Messer zu schleifen», sagte der Fuchs, «er will dir nämlich die Ohren abschneiden!»

«Eine schöne Einladung das!», sagte der Lupone und begriff gar nichts mehr. Er dachte, der Wolf sei wohl übergeschnappt, und machte sich davon, so schnell er konnte.

Kurze Zeit darauf kam der Wolf nach Hause. «Ich bin dem Lupone begegnet. Der flitzte an mir vorbei wie der Wind. Ich habe ihn angesprochen, aber er hat überhaupt nichts gehört. Was ist wohl los?»

Der schlaue Fuchs sagte: «Der weiß wohl, weshalb er so läuft. Er hat dir nämlich die zwei Rebhühner gestohlen!»

Da rannte der Wolf dem Lupone nach und schrie: «Gib mir wenigstens eines, gib mir wenigstens eines!»

Der Lupone meinte, er wolle seine Ohren, und lief vor lauter Angst noch schneller. Der andere hintennach, bis er müde wurde. Inzwischen hatte der Fuchs auch das zweite Rebhuhn gepackt und sich aus dem Staub gemacht, bevor Mutter Wolf aus dem Keller zurückkam. Der Streich war ihm auch diesmal gelungen!

6 | Maria und der Wolf

Maria war ein hübsches Mädchen, das am Waldrand einen eigenen Gemüsegarten besaß. Den besorgte sie mit großer Begeisterung. Sie stand jeden Tag schon beim Ave-Maria-Läuten auf. Ihr Gemüse und ihre Früchte waren die besten in der ganzen Nachbarschaft.
Ein Wolf kam oft aus dem Dickicht an den Waldrand, um die Gegend auszukundschaften. Auf Maria hatte er es schon lange abgesehen, aber es war ihm noch nie gelungen, an sie heranzukommen.
Eines Tages ging er bis zu ihrem Haus. Er sah das Mädchen am Fenster. Sie begoss gerade die Geranien. Er sagte zu ihr: «Hör, Maria, könntest du mir ein wenig Gemüse aus deinem Garten geben? Ich möchte gern einmal davon kosten, es sieht so prächtig aus.»
Maria traute der Sache nicht ganz, weil sie wusste, dass Wölfe doch vor allem Fleisch essen. Aber sie wollte sich mit der Antwort bis zum nächsten Tag Zeit lassen. «Jetzt kann ich kein Gemüse bereitstellen. Ich habe noch viel zu tun. Aber ich kann es dir morgen geben, wenn du willst!»
«Also gut, wann treffen wir uns?»

«Morgen um sechs Uhr, wenn es dir passt», sagte sie. Und für sich dachte sie: «Bis dahin werde ich schon eine Lösung finden.»

Am nächsten Tag ging Maria eine Stunde früher in den Garten, machte schnell ihre Arbeit und war vor sechs Uhr schon wieder zu Hause. Der Wolf zeigte sich gegen sieben Uhr unter ihrem Fenster und rief: «Maria, weshalb bist du denn nicht gekommen. Ich habe ganz schön lang auf dich gewartet!»

«Ich auch, von fünf bis sechs Uhr, dann hab ich mir gedacht, du würdest gar nicht kommen, und bin nach Hause gegangen, weil ich zu tun hatte.»

«Aber du hattest gesagt, um sechs Uhr!»

«Aber nein, du hast dich getäuscht. Ich habe gesagt, um fünf Uhr. Jetzt kann ich nicht mehr in den Garten kommen. Ich muss am See einen Korb voll Wäsche waschen.»

«Also gut, bring mir das Gemüse morgen. Wenn es dir besser passt, komme ich um fünf Uhr. Einverstanden?»

«Gut, gut», stimmte Maria schnell zu, um den Wolf nicht zu verärgern. Und für sich dachte sie: «Wie soll ich mich morgen aus der Affäre ziehen?»

Am Morgen ging sie schon um vier Uhr in den Garten, sie dachte so mit heiler Haut davonzukommen. Der Wolf hatte aber die List durchschaut und war auch eine Stunde früher aufgestanden. Um halb fünf Uhr sah ihn Maria von weitem. Da schnitt sie schnell eine Scheibe aus einem großen Kürbis heraus, kauerte sich zusammen und schlüpfte in den Kürbis hinein. Dann setzte sie die Scheibe vorsichtig wieder ein. Der Wolf sollte von allem nichts merken. Er war inzwischen zum Garten gekommen, sah den Korb des Mädchens und sagte zu

sich selbst: «Sie muss doch hier sein, wenn schon der Korb da ist!»
Er ging im abschüssigen Garten auf und ab, aber Maria sah er einfach nicht. Er wartete und wartete, die vereinbarte Zeit war schon längst vorbei. Da verlor er die Geduld und fasste einen Entschluss. Er wollte zu Maria gehen, unter dem Vorwand, ihr den Korb zurückzubringen, in Wirklichkeit aber, um herauszufinden, ob die Schelmin zu Hause sei. Er sah den schönen gelben Kürbis und packte ihn mit Mühe in den Korb, um ihn Maria zu bringen. Er wollte sie so bei guter Laune halten. Unter dem Fenster begann er überlaut zu schreien: «Maria, Maria!» Aber Maria zeigte sich nicht.
«Maria, Maria!»
Aber von Maria keine Spur. Da verlor der Wolf die Geduld. Voller Wut warf er den Korb mit dem Kürbis durch das offene Fenster. Der Kürbis schlug auf dem Boden auf, zersprang in Stücke, das schöne Mädchen kam heraus und trat ans Fenster. «Oh, Wolf, ich habe dir einen Streich spielen wollen. Weißt du, ich war im Kürbis drin und du Dummkopf hast mich sogar nach Hause getragen.»
«Oh, du Schelmin, es schien mir doch, der Korb sei so schwer. Ich bin todmüde.»
«Aber Wolf, ärgere dich nicht. Ich hab's doch nur zum Spaß gemacht», beschwichtigte ihn Maria.
«Also gut, ich will dir glauben. Jetzt nehme ich mir das Gemüse aber selbst. Erlaubst du's mir?»
«Aber sicher», beeilte sich Maria zu sagen, in der Hoffnung, die Geschichte sei damit zu Ende.
«Weißt du, Maria, ich habe schon lange keine Getrei-

desuppe mehr gegessen. Kochst du mir morgen eine? Ich habe solche Lust auf Getreidesuppe und weiß nicht, wie man sie kocht. Bringst du sie mir morgen an den Waldrand?» Maria zeigte ihre Wut nicht: «Also gut, ich werde dir den Gefallen tun. Ich koche sie dir zum Abendessen.»

Das Mädchen hatte große Angst und vereinbarte mit einem Nachbarn, dass er mit dem Gewehr bereitstehe, falls der Wolf sie fressen wolle. Dann machte sie sich mit einem Kesselchen voll Suppe auf den Weg. Der Wolf wartete schon auf sie.

«Probier, ob sie dir schmeckt», sagte Maria.

Der Wolf leckte ein-, zweimal und sagte dann: «Sie ist ausgezeichnet, wie kochst du sie denn?»

«Ich gebe viel Milch, Butter, Salz und Getreide hinein. Am Schluss rühre ich mit dem Schwanz um.»

Der Wolf wollte Maria in den Wald hineinziehen, aber er hatte den Gewehrlauf gesehen und beschloss darum, seine bösen Pläne auf ein andermal zu verschieben.

Am nächsten Tag kochte er die Suppe so, wie Maria es ihm gesagt hatte. Dabei dachte er: «Wo mag sie nur den Schwanz haben? Vielleicht hat sie ihn unter der Schürze versteckt.»

Als die Suppe fertig war, drehte sich der Wolf um, steckte seinen Schwanz hinein, um gut umzurühren. Aber er verbrannte sich so jämmerlich, dass er davonschoss wie eine Kugel aus einem Kanonenrohr, in einen Abgrund fiel und augenblicklich starb.

7 | Die drei Hühnchen

Es waren einmal drei Hühnchen. Die Mutter hieß die Weiße, ihre Kinder das Graue und das Schwarze. Die waren noch junge Hennen. Eines Tages sagte die Mutter zur Grauen: «Geh in den Wald und sammle mir ein wenig Streu, damit wir uns hineinlegen können, wenn es anfängt kalt zu werden!»

Die Graue gehorchte. Sie machte sich auf in den Wald, und kaum hatte sie die Wiese mit den vielen Blumen hinter sich und war ein Stück weit im Walde drin, da begegnete ihr ein Papiermüller. Der sprach zu ihr: «Kehr sofort zurück, denn nicht weit von hier ist ein böser gefräßiger Wolf, der würde dich sicher zerreißen.»

Und das Hühnchen bat: «Ach, so mach mir doch um Himmels willen ein Häuschen aus Papier und Karton, damit ich mich, sobald ich den Wolf kommen sehe, darin verstecken kann. Alsdann bin ich gerettet.»

Der Papiermüller baute ihr willfährig ein Hüttchen aus Karton und Papier. Eben war die Graue im Begriffe, ein paar dünne Blätter, die sie gesammelt hatte, auf ein Häuflein zu bringen, als sie ein grimmiges Gesicht zwischen den Baumstämmen hervorlauern sah, mit offenem Rachen, worin Zähne waren, Gott, was für furchtbare Zähne! Flugs versteckte sich das graue Hühnchen in seinem Häuschen aus Karton und Papier; aber der Wolf stürzte mit zwei Pfotenschlägen jene schwachen Mauern zu Boden, packte das arme Hühnchen beim Schopf und verschlang es in einem Bissen.

Unterdessen warteten die Mutter und die Schwester voller Sorge auf die Rückkehr; aber es dauerte immer

länger und das graue Hühnchen kam nicht wieder: «Nun gut», sagte die Schwarze, «jetzt will ich in den Wald gehen und schauen, was meinem Schwesterlein zugestoßen ist.»
Also machte sie sich auf den Weg, spazierte an vielen Wiesenblumen vorüber und kam in den Wald. Dort begegnete sie einem Mann, das war ein Schreiner. Der sprach zu ihr: «Kehr zurück, aber schnell! Nicht weit von hier ist nämlich ein böser Wolf und du gäbst wahrhaftig einen guten Leckerbissen für ihn.»
«Ach», sprach das Hühnchen, «mach mir doch schnell eine Hütte aus Holz, damit ich mich in der Not darin verstecken kann! Ich habe meine Schwester hier im Wald verloren und ich mag nicht von hier fortgehen, bis ich sie wiedergefunden habe.»
Der Schreiner zeigte sich gefällig und baute ihr ein starkes Hüttchen aus Holz. Unterdessen pickte und scharrte die Henne ein wenig auf dem Moosboden des Waldes. Da fand sie zu ihrem großen Schmerz eine Feder von ihrer Schwester; aber im selben Augenblick sah sie in der Ferne zwei feurige Augen aufleuchten und darunter einen grässlichen Rachen, ganz mit Schaum bedeckt. Zitternd vor Angst flüchtete sie in ihre Hütte; der Wolf aber schlug mit seinen Pfoten, dem Maul und dem Schwanz auf das Häuslein los, bis er es umgeworfen hatte, und so wurde auch die unglückliche Schwarze seine Beute, die er mit einem Bissen verschlang.
Inzwischen wurde die Mutter zu Hause immer mehr um ihre Kinder besorgt und sie dachte: «Was ist wohl aus meinen Kindern geworden? Sind sie etwa beide umgekommen? Oh, wie konnte ich so töricht sein und sie ganz

allein in den Wald hinausschicken, wo so viele Gefahren auf sie lauern! Ich hätte sie doch begleiten sollen. Es wäre besser gewesen, wenn ich mit ihnen zugrunde gegangen wäre, als jetzt so allein in Angst und Kummer zu leben.»

Also machte sie sich auf die Suche nach ihren Kindern, und wie sie in das Waldesgrün eintrat, begegnete sie einem Mann. Das war ein Schmied. Der sprach zu ihr: «Um Gottes willen, kehr sofort um; denn hier im Walde haust ein grimmiger Wolf, der streift überall umher und will alles verzehren.»

«Ach, so mach mir doch schnell ein Hüttchen aus Eisen, worin ich mich verbergen kann. Ich habe in diesem Walde meine beiden Kinder verloren und gehe nicht fort, bis ich sie wieder gefunden habe.»

Der Schmied tat ihr den Gefallen und baute ihr ein Häuslein von Eisen. Mittlerweile spazierte die Henne auf dem Grasteppich des Waldes umher und siehe, da lagen richtig auf dem Moos einige graue und schwarze Federn von ihren lieben Kindern. Bald darauf sah sie zu ihrem Entsetzen in der Ferne ein dunkles braunes Tier auftauchen, mit funkelnden Augen, grimmigem Blick und zwei hoch aufgerichteten Ohren. Beinahe vom Schlag getroffen flüchtete sie in die eiserne Hütte.

Der Wolf kam herangesprungen und versuchte, das Häuslein niederzureißen, aber wahrhaftig, diesmal war es haltbar gebaut und mit vorstehenden Nägeln und Eisenspitzen versehen. Er versuchte es mit dem Maul, mit dem Rücken und mit den Pfoten; jedoch vergeblich. Statt die Henne zu erreichen, zerkratzte er sich den ganzen Leib und blutete aus vielen Wunden.

Voller Ingrimm nahm er einen Sprung gegen die eiserne Hütte, erhielt aber dabei eine tiefe Wunde von einem Nagel und ließ nun vom Angriff ab. Halb tot legte er sich abseits auf den Waldboden in die Sonne und spähte dort, ob die Henne aus dem Haus herauskäme, damit er sie packen könnte. Trotz seiner Schmerzen überfiel ihn jedoch der Schlaf, so dass er bald schnarchend dalag. Als die Henne das bemerkte, rannte sie auf ihn los, pickte ihm mit dem Schnabel den Leib auf und zerstückelte ihm mit scharfen Hieben das Herz, bis der Wolf tot war. Da fand sie in seinem Bauch noch ihre beiden Kinder lebendig!
Da war die Freude des Wiedersehens groß. Sie kehrten alle drei froh nach Hause zurück und dachten ihr Lebtag daran, nicht mehr so unvorsichtig zu sein. Aber ehe sie in ihren Hühnerstall zurückkehrten, sagten sie noch dem guten Schmied, der sie gerettet hatte, schönen Dank.

8 | Der Bauer und die Schlange

Vor langer, langer Zeit, als die Tiere noch sprechen konnten, ging ein Bauer eines Tages heuen. Als er an einem Mäuerchen vorbeikam, hörte er eine Schlange laut klagen. Sie sagte: «Hilf mir, hilf mir herauszukommen!»
Der Bauer fragte: «Wer spricht denn da? Ich sehe niemanden.»
«Ich bin es, die Schlange, ich bin in der Mauer in einem Loch. Tu mir den Gefallen und nimm den Stein weg. Ich werde es dir zu danken wissen!»

Da zog der gutmütige Bauer den Stein weg.

Die Schlange aber fing an zu lachen: «He, he, he, du armer Tölpel du! Glaubst du wirklich, dass ich dich jetzt gehen lasse?»

«Ist das der ganze Dank? Unser Herrgott hat wirklich Recht. Die Schlange ist das niederträchtigste Tier auf Erden!»

Da kam dem Bauer eine Idee: «Schlange, höre! Bevor du mich beißt, wollen wir drei Tiere suchen und fragen, wem sie Recht geben.» Sie gingen und gingen und nach einer Weile trafen sie einen Hund. Der Bauer fragte ihn: «Höre, Hund, ich habe die Schlange aus dem Mauerloch befreit. Sie wäre sonst erstickt. Jetzt will sie mich zum Dank beißen. Wer von uns beiden hat nun Recht?»

Der Hund sagte: «Ich will ein wenig nachdenken, guter Mann.» Nach einer Weile meinte er: «Meiner Meinung nach hat die Schlange Recht.»

Und die Schlange: «Siehst du nun, he he he!»

Da sagte der Mann: «Sag mir Hund, warum gibst du dem niederträchtigsten aller Tiere Recht?»

«Solange wir Hunde euch helfen im Hause, gebt ihr uns die besten Bissen. Wenn wir aber alt sind, jagt ihr uns weg. Deshalb gebe ich der Schlange Recht!»

«Oh, ich Ärmster», sagte der Mann, «aber ich hab dich doch gerne, Hund.»

«Das weiß ich. Aber nicht alle sind wie du!»

Sie gingen weiter und trafen nach einer Weile ein Pferd.

«Liebes Pferd, du bist ein edles Tier. Höre, mir ist das und das passiert. Ich habe die Schlange befreit, und aus Dank will sie mich beißen. Wer von uns beiden hat denn Recht?»

Das Pferd wieherte und sagte: «Weise bin ich nicht, dafür aber edel. Ich gebe der Schlange Recht.»
«Auch du! Aber warum denn?»
«Solange wir jung sind, arbeiten wir für euch, ihr nutzt uns aus. Wenn wir aber nicht mehr arbeiten können, verkauft ihr uns dem Metzger und esst nachher die Koteletts. Deshalb gebe ich der Schlange Recht.»
Die Schlange zischte: «Siehst du! Jetzt ist aber Schluss!»
«Nein, wir wollen noch ein Stückchen weitergehen und andere Tiere suchen.»
Nach einer Weile stießen sie auf eine magere, struppige Katze. Der Mann fragte: «Höre, Katze, mir ist das und das passiert. Ich habe die Schlange befreit und dafür will sie mich jetzt beißen.»
Die Katze sagte: «Heißt du nicht Gioachín?»
«Doch.»
«Aha, du bist also Gioachín. Solange dein Hof voller Mäuse war, warst du froh über mich und hast mir immer zu essen gegeben. Dann aber hast du meine Jungen getötet. Jetzt streune ich umher, weil ich nichts mehr zu fressen habe. Deshalb gebe ich der Schlange Recht!»
Die Schlange triumphierte: «Siehst du nun, wer Recht hat?»
Der Mann sagte: «Ich habe die Hoffnung noch nicht aufgegeben. Gehen wir noch ein Stückchen weiter. Vielleicht finden wir noch jemanden.»
Da sind sie einem Affen begegnet, der sagte: «Erzählt mir, wie alles gekommen ist!»
Der Mann erzählte der Reihe nach alles.
Da sagte der Affe: «Ich bin also das letzte Tier. Gut, berufen wir eine Versammlung ein!»

Und er ließ das Pferd kommen. Es sagte: «Die Menschen haben mich schlecht behandelt, deshalb gebe ich der Schlange Recht!»
«Haben sie dich wirklich immer schlecht behandelt?»
«Nein, zuerst nicht. Im Gegenteil, sie haben mir immer gut zu essen gegeben. Dann aber wurde ich alt und sie brauchten mich nicht mehr. Aus einem meiner Kollegen haben sie schon Koteletts gemacht.»
«Zuerst hast du also gut gegessen?», fragte der Affe.
«Und jetzt bist du gegen deinen Herrn, nur weil du alt bist und er dich nicht mehr brauchen kann?»
Da hat das Pferd gewiehert: «Eigentlich hast du Recht, das ist nicht schön von mir!»
Die Schlange ärgerte sich.
Dann kam der Hund an die Reihe. Der Affe fragte ihn: «Hast du dich immer gut benommen?»
«Einmal, um ehrlich zu sein, habe ich den Sohn meines Herrn gebissen. Ich war wütend, und um mich zu rächen, habe ich den Sohn des Herrn gebissen.»
«Siehst du, darum hat dich der Herr weggeschickt. Du hast dich nicht als wahrer Freund des Menschen benommen. Dein Herr war ganz und gar im Recht!»
Dann kam die Katze. Sie sagte: «Ich war wütend, weil der Herr meine Jungen getötet hat.»
«Hast du dich denn immer gut benommen?»
«Ja, ich hab immer Mäuse gejagt.»
«Das schon, aber dann hast du doch nachts deinen Herrn nicht schlafen lassen, als du läufig warst. Die ganze Nacht hast du auf dem Dach gemiaut. Dann hast du selber eine Familie gegründet. Dein Herr war aber nicht reich und hatte selber Kinder. Er hat deine Jungen

nicht getötet, um sich zu rächen, sondern weil er sie nicht auch noch ernähren konnte. Er hat ganz Recht gehabt, dich wegzuschicken.»
Als der Bauer all das gehört hatte, ging er auf seine Katze zu und streichelte sie: «Verzeih mir, mein Kätzchen. Ich habe doch nicht gewusst, in welcher Lage du warst!»
Da sagte der schlaue Affe: «Dich, Schlange, hat der Herrgott verdammt, weil du die Menschen verführt hast. Du bist das niederträchtigste Tier der Welt. Zeig uns doch, wo du eingeklemmt warst!»
«In der Mauer!»
«Ja, aber zeig es uns. Von Worten haben wir nichts!»
Die Schlange kroch ins Loch zurück und der Affe gab dem Bauern ein Zeichen. Er setzte schnell den Stein wieder ein und sagte: «Und jetzt verreck da drin, du undankbares Tier!»

9 | Die Amsel und die Kröte

Einmal, vor vielen Jahren, als die Tiere noch sprechen konnten, trafen sich bei der Kirche von Brusino eine Amsel und eine Kröte.
Die Amsel sagte: «He, du, wollen wir nicht eine Wette abschließen und sehen, wer zuerst auf die Alp kommt und dem Cecch die Milch stiehlt?»
«Einverstanden!»
Die Kröte dachte sich: «Ich mache mich gleich auf den Weg, die Amsel ist ja mit zwei Flügelschlägen oben. Ich hingegen ...»

Die Amsel sang aus vollem Halse: «Oh, wie schön, ich leg mich jetzt gemütlich schlafen, mit drei Flügelschlägen bin ich ja oben. Du, Kröte, brauchst doch eine ganze Woche!»
Die Kröte machte sich indessen auf den Weg. Langsam, ganz langsam hüpfte sie von einem Stein zum andern, immer weiter hinauf.
Am nächsten Morgen früh, als man zum Ave-Maria läutete, war sie schon auf der Alp und trank gemütlich und in aller Ruhe von der Milch.
Endlich flog auch die Amsel los: vuff, vuff, vuff. Nach drei Flügelschlägen war sie oben. Die Kröte, dachte sie, ist sicher noch unterwegs. Und sie begann zu singen: «Ich bin die Erste auf der Alp, ich bin die Erste auf der Alp. Ah, du arme Kröte, du schaffst es überhaupt nicht mehr!»
Da begann die Kröte zu quaken: «Quacc, quaracc, mi ho già bevü al quacc, quacc, quaracc, mi ho già bevü al quacc!» (Quark, Quarark, ich hab ihn schon getrunken, den Quark.)
«Ist denn das die Möglichkeit?», wunderte sich die Amsel.
«Wer langsam geht, kommt weit!», antwortete die Kröte, «ich bin früher aufgebrochen und vor dir angekommen. Jetzt schau selber weiter!»

10 | Die verlorene Nadel

Einmal, zu der Zeit, als die Tiere noch sprechen konnten, lebte ein Falke. Er war mit den Hühnern eng befreundet.

Eines Tages nun musste die Glucke Kleider für ihre Küken nähen. Sie war gerade so schön am Nähen, da hat sie ihre Nadel verloren. Sie findet sie nicht mehr, soviel sie sich auch umschaut. Da sieht sie in der Luft den Falken vorbeifliegen.
«Oh, lieber Freund, kannst du mir einen Gefallen tun? Bitte, tu mir doch einen Gefallen!»
«Was brauchst du, Freundin?»
«Ich habe meine Nadel verloren und brauche dringend eine, um die Kleider für meine Kinderchen fertig zu nähen.»
«Gut, ich leih dir meine gerne. In drei Tagen komme ich wieder zurück, um sie abzuholen. Und wehe, wenn du sie dann nicht hast!»
«Sei unbesorgt!»
Und die arme Glucke machte sich wieder ans Nähen. Sie nutzte die Gelegenheit, um für alle ihre zwölf Küken ein schönes Kleidchen zu nähen. Nur verlor sie wieder die Nadel und konnte sie nicht mehr finden, soviel sie sich auch umschaute.
Da kam nach drei Tagen der Falke.
«Also du, Schneiderin, hast du alles fertig genäht?»
«Oh, lieber Falke, ich bin verzweifelt!»
«Warum denn?»
«Weil ich die Nadel verloren habe. Ich habe sie schon wieder verloren!» Und sie begann laut zu weinen.
«Du musst mir meine Nadel geben, such sie!»
Sie suchte und suchte, die Nadel aber fand sie nicht. Und wenn heute Küken oder Hühner im Hühnerhof sind, scharren sie die ganze Zeit. Sie sind immer noch dabei, die Nadel des Falken zu suchen.

11 | Die Geschichte der Glühwürmchen

Einmal, vor sehr langer Zeit, trugen die Glühwürmchen oben und unten an ihrem Körper ein Licht.
Da mussten eines Tages ein paar Schneiderinnen das Hochzeitskleid für die Gräfin fertig machen. Sie nähten beim Schein einer Öllampe. Aber das Öl ging langsam aus.
Da kam eine Fee vorbei und sagte: «Braucht ihr Hilfe?»
«Ja, ja, ja!»
«Gut, dann will ich alle meine Töchter rufen, damit sie euch helfen!»
Da kamen Tausende von Glühwürmchen. Die Schneiderinnen hängten sie an der Mauer auf. So hatten sie genug Licht, um das Kleid der Gräfin fertig zu stellen.
Und die Fee traf mit den Schneiderinnen eine Abmachung. Sie sagte: «Ich habe euch meine Glühwürmchen zur Verfügung gestellt. Dafür müsst ihr uns zum Hochzeitsfest einladen, und meine Glühwürmchen werden um die Krone und den Schleier der Braut einen Kranz bilden.»
Als die Glühwürmchen sich auf den Schleier der Braut setzten, sagte die glücklich: «Ja, ja, kommt nur!»
Der Bräutigam wollte aber nichts davon wissen und jagte die Glühwürmchen weg.
Da rächte sich die Fee und sagte: «Diesmal kann ich euch nicht verzeihen!»
Und von dem Tag an trugen die Glühwürmchen das Licht nicht mehr wie früher. Sie lassen ihr Lämpchen nur noch ab und zu aufleuchten, so dass die armen Schneiderinnen nichts mehr zustande bringen.

12 | Die drei Schwerter

Vor langer, langer Zeit lebten ein Bauer und seine Frau. Es war Winter, draußen war es bitterkalt und der Bauer hatte kein Brennholz mehr. Die Frau war schon fast steif vor Kälte. Da sagte sie zu ihrem Mann: «Es bleibt uns nichts anderes übrig, als den Pfirsichbaum zu fällen und ihn zu verbrennen.»
«Ja», sagte der Mann, «er ist ja halb dürr. Ich will ihn gleich fällen!»
Er ging hinunter in den Garten. Als er aber zum ersten Schlag ansetzte, hörte er: «Au, au, au, spalt mich nicht!»
«Was soll denn das?»
Er schaute um sich. Keine Menschenseele.
«Ich bilde mir das nur ein. Es ist ja niemand da.» Und er setzte nochmals zu einem Schlag an.
«Au, spalte mich nicht!»
«Oh, Madonna», sagte er, «das wird doch wohl nicht der Baum sein, der spricht.»
«Doch, ich bin es. Warum willst du mich denn spalten?»
«Weil ich kein Holz mehr habe. Meine Frau ist steif vor Kälte. Sie hat nicht mal mehr Holz, um im Kamin Feuer zu machen. Heute ist Weihnachten und ich brauche wenigstens ein Stück Holz, um für das Jesuskind ein Feuer anzuzünden.»
«Spalte mich trotzdem nicht, ich bitte dich. Brich nur die dürren Zweige ab!»
Der Bauer las ein paar herumliegende Zweige auf, und da sagte der Baum: «Nächstes Jahr werden aus mir drei Schwerter wachsen anstatt Früchte. Du wirst sie deinen Söhnen geben.»

«Ach, du guter Baum, entweder bist du schon verrückt oder du wirst es bald. Ich habe ja gar keine Kinder. Ich bin seit vielen Jahren verheiratet, aber Kinder habe ich keine.»

«Du wirst schon sehen!»

Der Bauer ging mit den dürren Zweigen nach Hause und sagte zu seiner Frau: «Du, Ginetta, hör, was mir passiert ist. Unser Baum hat mir gesagt, ich soll ihn nicht fällen, er will mir dafür drei Schwerter für meine Söhne geben.»

Die Frau meinte: «Tu, was er dir gesagt hat. Das ist sicher ein Zauberbaum.»

Ein bisschen Zeit verging, und man sah, dass die Frau ein Kind erwartete. Nach neun Monaten gebar sie drei Kinder. Und der Baum blühte wunderschön. Er trug so viele schöne Pfirsiche, dass der Mann sie auf dem Markt verkaufen konnte.

Die Frau aber sagte: «Du hast mir doch erzählt, dass der Baum dir drei Schwerter geben wollte. Drei Söhne haben wir nun, aber von den Schwertern nicht die Spur.»

Der Mann ging zum Baum und sagte: «Du Baum, drei Söhne haben wir nun, aber wo sind die Schwerter? Du hast mich wohl belogen?»

«Wart nur, wart nur, die Zeit wird schon kommen. Deine Söhne sind noch klein. Sie werden wachsen und du wirst schon sehen, was dann passiert.» Das hat der Bauer seinen Söhnen gesagt.

Eines Morgens gingen seine Söhne in den Garten. Da hörten sie: «Ich bin für den Ältesten!»

Der Älteste war eine Stunde früher geboren als die andern. Es war nur ein kleiner Unterschied zwischen ihnen, aber immerhin ein Unterschied.

«Ich gehe zum Ersten, ich zum Zweiten, ich zum Dritten!»
Und ein Stimmchen sagte: «Schaut zum Baum hinauf!»
Die drei Brüder sahen die Schwerter, eine Pracht, ein Glanz, sie waren aus reinem Gold. Da sagte einer: «Seht ihr nun. Vater und Mutter hatten Recht. Wir haben von unserem Baum wirklich Schwerter bekommen.»
Sie nahmen die Schwerter, und der Pfirsichbaum blühte weiter und trug Früchte.
Eines Tages sagte der Älteste zum Vater: «Vater, ich habe eine Idee. Du hast uns doch gesagt, dass unser Baum Glück bringt. Wer weiß, ob das wahr ist. Ich will es ausprobieren!»
Er nahm sein Schwert und sagte: «Vater, Mutter, gebt mir euren Segen. Ich will in die Welt gehen und das Glück suchen!»
«Also gut, Sohn. Und wenn du wieder nach Hause kommst, wird es dir an nichts mangeln.»
Die andern beiden arbeiteten wieder als Bauern. Der Älteste aber sagte zu seinen Brüdern: «Seht ihr das Bächlein dort im Garten?»
«Ja.»
«Wenn ich weg bin und das Bächlein sich trübt, heißt das, dass mir etwas zugestoßen ist. Dann kommt mir zu Hilfe. Sagt aber um Himmels willen Vater und Mutter nichts!»
«Nein, nein, sicher nicht! Wir sagen nichts!»
Dann machte er sich auf den Weg. Er ging und ging mit seinem Schwert und einem Stück Brot, das ihm der Vater mitgegeben hatte. Als er schon weit von zu Hause weg war, kam er zu einer Straßengabelung. Er sagte sich: Soll

ich die rechte Straße nehmen, oder die linke? Da sagte eine Stimme im Schwert: «Nimm die in der Mitte. Dann wirst du schon sehen, was passiert!»

Da sagte er: «Danke, Schwert. Ich werde deinen Rat befolgen!»

Die Straße führte in eine große Stadt, die ganz in Schwarz gehüllt war. Alle Leute weinten. Der König war da, die Königin und eine Prinzessin, ganz in Weiß. Der Bursche fragte einen Bauern: «Oh, guter Bauer, was ist denn passiert? Die Leute sehen alle so traurig aus. Was ist denn los?»

Da antwortete der Bauer: «Du kommst wohl von weit her, junger Mann? Du weißt nicht, was passiert ist?»

«Nein.»

«Heute um Mitternacht wird ein siebenköpfiger Drache kommen. Diesmal will er die Prinzessin haben. Vor sieben Jahren hat es eine andere Frau getroffen. Diesmal aber ist die Prinzessin an der Reihe. Deshalb weinen alle, denn die Prinzessin Klara ist wirklich lieb.»

«Aber will denn wirklich niemand diesen Drachen töten?»

«Niemand wagt es. Es gelingt ja doch nicht. Statt vier, fünf junger Leute opfern wir dem Drachen eine Frau. Wir bringen sie ans Ufer des Meeres und er zerfleischt sie.»

Da sagte der Bursche: «Ich will es versuchen!»

Alle fragten: «Wer ist dieser mutige junge Mann? Gegen den Drachen kann man doch nicht ankommen! Ihm wird's genau gleich ergehen wie den andern!»

Aber der Bursche ging in den Garten zum König und sagte zu ihm: «Majestät, ich bin gekommen, um eure Tochter und die Stadt vom Drachen zu befreien. Ich möchte eure Erlaubnis dazu.»

Der König antwortete: «Du bist bereit, für die Prinzessin zu sterben?»

Das Schwert klopfte dreimal und der Bursche hörte eine Stimme: «Du bist mutig, hab keine Angst! Mit einem Schlag wirst du dem Monster den Kopf abschlagen. Schlag aber zuerst den mittleren Kopf ab, dann werden auch die andern fallen. Und hab keine Angst, wenn der Drache Flammen speit. Ich bin bei dir. Bevor du aber hingehst, bekreuzige dich; du trägst ja den Namen des Erzengels Gabriel. Er wird dir helfen.»

Also gut. Der Bursche ging in den Garten. Die Brüder der Prinzessin waren dort und weinten.

Er sagte zu ihnen: «Habt keine Angst. Ich werde die Prinzessin befreien!»

«Oh, du armer, mutiger Prinz. Das kommt überhaupt nicht in Frage. Wir sind sicher, dass du genau wie die andern umkommen wirst!»

Der König aber sagte zum Burschen: «Ich schenke dir mein schönstes Pferd. Wenn du den Drachen besiegst, wird meine Tochter deine Frau!»

Die Prinzessin zog ein weißes Kleid an und setzte die Krone auf. So wollte es der Drache.

Mitternacht kommt. Es schlägt zwölf. Man hört die Wellen des Meeres – vuh, vuh. Der Drache steigt aus dem Meer. Von allen Seiten speit er Feuer.

Der Bursche zieht sein Schwert. Das Pferd – es war verzaubert – wiehert dreimal: «Vorwärts, geh deinem Feind entgegen!»

Der Bursche holt aus zum Schlage. Eine innere Stimme sagt: «Wirf dein Schwert auf den Hauptkopf, die andern fallen dann von selber!»

Er zielt und spaltet den Kopf des Drachen. Der Kopf rollt zu Boden mit den andern sechs zusammen. Der Drache – aufgedunsen wie ein Ballon – stöhnt: «Iiih!»
Und aus war's mit ihm.
Da liefen die Leute herbei: «Bravo, du bist unser Prinz, weil du unsere Prinzessin gerettet hast!» Und man jubelte ihm zu.
Der Prinz war schon ein paar Wochen am Hof, als der König zu ihm sagte: «Du solltest die Prinzessin heiraten. Schließlich bist du ihr Retter!» Sie heirateten und machten ein großes Fest.
Nach einem Monat, einer Woche und einem Tag wurde es unserem Prinzen langweilig. Immer nur Prinzessin, Essen, Trinken und Küsse. Seine Eltern zu Hause wussten nichts von alledem. Das Wasser im Fluss war nach so langer Zeit immer noch klar.
Eines Tages sagte der Prinz zur Prinzessin: «Meine liebe Frau, mich drängt's zur Jagd.» Und sie: «Nein, lieber Mann, geh nicht. In jenem Wald leben verzauberte Wildschweine. Die darf man nicht töten.»
«Mach dir keine Sorgen, mein Schwert hat mir geholfen, den Drachen zu töten. Deshalb fürchte ich mich nicht.» Er verabschiedete sich von seiner Prinzessin, vom König und von der Königin und machte sich mit seinem Pferd auf den Weg. Er ging und ging. Da brach plötzlich ein heftiges Gewitter aus. Der Prinz entdeckte ein Wildschwein und ritt ihm nach. Aber es donnerte und blitzte in einem fort, und so entwischte ihm das Wildschwein. Dann sah er eine Hütte und ging hinein. Ein alter Mann kam ihm entgegen und sagte: «Komm, junger Mann, du bist sicher hungrig. Willst

du etwas essen? Bist du nicht auf Wildschweinjagd gegangen?»
«Doch!»
«Ach so!»
Und der Alte grinste: «He, he. Das Wildschwein ist dir entwischt, nicht wahr. Du Pechvogel, du! Ich werde dir das Wildschwein zeigen!»
Und mit diesen Worten nahm der Alte seinen Zauberstab und verwandelte den Burschen und sein Pferd in eine Statue aus Stein. Der Bursche wollte noch etwas sagen, aber er konnte nicht mehr sprechen.
Zu Hause aber trübte sich das Bächlein. Die Prinzessin wartete und wartete. Schon ein Jahr war vergangen und der Prinz war immer noch nicht zurückgekommen. Der König ordnete Staatstrauer an, und ein Jahr lang trugen alle schwarze Kleider. Die Prinzessin weinte und weinte, sie war verzweifelt über den Tod ihres Liebsten.
Der Bruder des Burschen – sie glichen einander wie ein Wassertropf dem andern – sagte zu seinen Eltern: «Nun ist es schon eine Weile her, dass unser Bruder Gabriele weggegangen ist. Ich möchte zu ihm gehen und sehen, wie es ihm geht!»
«Nein, Michele, geh nicht!», sagte die Mutter.
Er aber sagte zum jüngsten Bruder Raffaello: «Wenn das Wasser des Bächleins zu Blut wird, ist mir etwas zugestoßen. Dann komm, um mir zu helfen!»
Dann nahm er sein Schwert und machte sich auf den Weg. Auch ihm wies das Schwert den Weg. Als er in die verhüllte Stadt kam, fragte er einen Bauern: «Was ist denn passiert?»
«Leute, unser Prinz ist zurückgekommen!»

Unser Bursche konnte gar nichts sagen. Er dachte: «Meinem Bruder muss etwas zugestoßen sein, wenn alle Trauerkleider tragen.»
Die Prinzessin aber warf ihre schwarzen Kleider weg. Sie war überglücklich: «Mein Mann ist wieder da, mein Mann ist wieder da!»
Der König kam: «Mein Sohn, warum bist du so lange weggeblieben? Sag mir, was dir passiert ist?»
Der Bursche aber antwortete nur: «Ich bin glücklich, wieder hier zu sein.»
«Siehst du nun, ich habe dich vor der Jagd gewarnt. Die verzauberten Wildschweine sind gefährlich. Jetzt bleibst du hoffentlich zu Hause. Die arme Prinzessin war ja ganz verzweifelt!»
«Hab keine Angst, ich geh nicht mehr weg!»
Die Zeit verging. Er lebte im Palast, zusammen mit der Prinzessin. Eines Tages sagte er zur Prinzessin: «Frau, ich muss weg. Eine Stimme ruft mich. Sie ist stärker als ich!»
«Nein, geh nicht! Willst du denn wirklich umkommen?»
«Lass mich gehen. Ich fürchte die Wildschweine nicht. Haben sie mich das erste Mal nicht getötet, werden sie es auch das zweite Mal nicht tun.»
Es erging ihm aber wie dem älteren Bruder. Auch er geriet in ein Gewitter, verfolgte ein Wildschwein und kam zu jener Hütte. Und auch ihn und sein Pferd verwandelte der Zauberer in Stein.
Zu Hause wurde das Bächlein rot.
Der jüngste Bruder sagte: «Sicher ist etwas passiert!» Er ging zu Vater und Mutter und sagte: «Ich hab hier schon lange nichts mehr zu tun. Ich will meinen Bruder suchen gehen!»

«Nein, geh nicht, mein Sohn!»
«Hab keine Angst, Mutter. Ich werde sie beide nach Hause bringen!»
«Also gut. Bete aber immer zur Madonna und zum heiligen Raffael, dessen Namen du trägst!» Er nahm sein Schwert und es wies ihm den Weg.
Als er in die Nähe der Stadt kam, hörte er die Totenglocken läuten. Die ganze Stadt war mit schwarzen Tüchern verhängt. Er hörte, wie jemand sagte: «Unser Prinz ist schon zum zweiten Mal verschwunden. Die arme Prinzessin ist verzweifelt.»
Er ging in die Stadt und die Leute riefen: «Unser Prinz ist wieder da, unser Prinz ist wieder da!» Er ließ sich nichts anmerken.
Da kamen der König und die Prinzessin: «Siehst du nun, das Wildschwein hat dich ein zweites Mal verschwinden lassen.» Es waren nämlich schon sieben Jahre vergangen. In den Märchen gehen immer sieben Jahre vorbei.
«Jetzt bleibst du aber hier!», sagte die Prinzessin.
Er dachte: «Madonna, die sprechen sicher von meinen Brüdern!»
Dann sagte er: «Ja, ja, ich bleibe hier!» Aber auch er hatte nach kurzer Zeit genug vom Hof und wollte auf die Jagd gehen. Die Prinzessin aber sagte: «Nein, geh nicht. Du wirst sehen, das Wildschwein überfällt dich wieder und du verschwindest zum dritten Mal. Geh nicht!»
«Hab keine Angst. Es wird mir nichts geschehen!»
Unterwegs traf er eine alte Frau, die bettelte. Sie sagte: «Mein Sohn, bist du nicht der Bruder der andern zwei, die sich im Wald verirrt haben?»

«Woher weißt du denn das?»
«Ich bin die Muttergottes, ich weiß alles. Deine Mutter hat nämlich immer zu mir gebetet. Also, pass auf: Wenn du dem Wildschwein nachjagst, wirst du zum Zauberer kommen. Er wartet schon auf dich. Er wird einen Kochkessel bereitstellen, um dich zu töten. Du musst ihn in diesen Kessel werfen. Nimm nichts an, was er dir auch anbieten wird!»
«Danke für deinen Ratschlag. Ich werd es so machen!»
Die Madonna verschwand, und auch er sah das Wildschwein. Wieder brach ein Gewitter los, er kam zur Hütte und der Zauberer öffnete ihm und bot ihm Wein an. Der Prinz erinnerte sich aber an die Worte der Madonna und nahm nichts an. Er sagte: «Ich werde weder essen noch trinken!»
«Warum denn, mein Sohn, du bist doch sicher hungrig!»
«Ich brauche gar nichts. Sag mir nur, wo meine Brüder sind!»
«Welche Brüder, ich weiß von nichts.»
«Ach nein? Hast du sie nicht in Stein verwandelt?»
«Was redest du denn? Das ist doch nicht wahr!»
Der Bursche drohte dem Zauberer mit dem Schwert: «Ich will meine Brüder zurück, sonst bring ich dich um!»
«Aber, ich kenne doch niemanden.»
Der Prinz hatte aber schon die beiden Statuen gesehen. Er ging auf den Zauberer zu: «Ich will meine Brüder!»
«Ich kenne niemanden. Du irrst dich!» Und er wollte sich über den Prinzen hermachen.
«Rühr mich nicht an! Gib mir eine Salbe, damit ich meine Brüder befreien kann. Sonst …»
Und er packte den Zauberer am Arm und sagte: «Ent-

weder gibst du mir meine Brüder zurück oder ich werfe dich in den Kochkessel!»

Da erschrak der Zauberer und sagte: «Oben auf dem Kamin ist eine Schachtel mit Salbe. Nimm sie dir!»

«Kommt nicht in Frage, du bringst sie mir. Ich traue dir nämlich nicht!»

Er setzte ihm das Schwert auf den Rücken: «Gib die Schachtel her!»

Dann begann er, die Statuen einzuschmieren, zuerst den Kopf. Und – ticch tacch – fielen die Steine ab und seine Brüder wurden wieder lebendig. Mit ihren Schwertern töteten sie den Zauberer und schlugen ihn – patim patom – in Stücke und warfen ihn in den Kochkessel. Dann kehrten sie in die Stadt zurück.

Unterwegs begegnete ihnen wieder die Madonna: «Seht nur, der Glaube eures Bruders hat euch gerettet. Ihr beide habt nicht gebetet und deshalb seid ihr verzaubert worden.» Sie küssten die Madonna und gingen weiter.

Als sie in die Stadt kamen, riefen die Leute: «Unser Prinz ist wieder da!» Aber niemand wusste, welcher der richtige war. Man hat ein großes Fest gefeiert.

Dann sagte der richtige Prinz: «Prinzessin, kannst du sagen, wer der Richtige ist?»

Und sie sagte: «Der Richtige hat ein Muttermal auf der Brust!» Sie hatte ihren Mann wiedererkannt. Die drei Brüder hätten aber ihre Eltern gern bei sich gehabt. Sie schlugen dreimal mit ihren Schwertern, und da erschienen Vater und Mutter. Der Pfirsichbaum aber verdorrte. Sie machten ein schönes Fest und waren glücklich und zufrieden.

13 | Wie Giovanín ein reicher Herr wurde

Ein Herr hatte ein Haus, aber niemand wohnte darin, weil man um Mitternacht immer Lärm hörte und weil man sich vor den seltsamen Leuten fürchtete, die dort erschienen.
Einmal fragte ein Schuster namens Giovanín bei jenem Herrn nach Arbeit.
Herr Bartolomeo sagte zu ihm: «Ich werde dir Arbeit geben, falls du es in jenem Haus dort aushältst.»
«Und warum sollte ich es nicht aushalten? Gebt mir nur fünf Pfund Fleisch, fünf Krüge Wein und vier Laternen.»
Der Herr gab ihm alles, was er wollte, und dann führte er ihn in jenes Haus.
Giovanín suchte ein Zimmer aus, in das vier Türen führten. Über jeder Tür hängte er eine Laterne auf. Dann begann er zu kochen.
Punkt Mitternacht klopft jemand an die Tür. Ein Mann mit einer Axt auf der Schulter kommt herein, geht durchs Zimmer und verschwindet.
Giovanín dachte: «Wenn das der ganze Lärm ist, den man hier hört!»
Am Morgen besuchte ihn der Herr Bartolomeo und fragte: «Hast du Angst gehabt, Giovanín?»
«Wovor denn? Vor der Axt auf der Schulter?»
«Was brauchst du für die nächste Nacht?»
«Dasselbe wie gestern.»
Der Herr gab ihm alles und ging weg.
Punkt Mitternacht hört der Schuster, wie man an zwei Türen klopft. Die beiden Türen gehen auf und zwei Männer erscheinen. Der erste mit einer Axt, der andere

mit einer Sichel. Sie gehen durchs Zimmer und verschwinden.
Am nächsten Morgen kam der Herr Bartolomeo und fragte: «Wie ist's dir denn ergangen, Giovanín?»
«Ausgezeichnet», sagte Giovanín, «oder soll ich mich etwa vor zwei Männern fürchten?»
«Was brauchst du für die dritte Nacht?»
«Dasselbe wie gestern. Heute Abend werden wir aber zu viert sein und deshalb brauche ich noch ein Spiel Karten.»
Der Herr gab ihm alles und ließ ihn dann allein. Um Mitternacht hörte Giovanín an drei Türen klopfen. Drei Männer kamen, der erste mit einer Axt, der zweite mit einer Sichel und der dritte mit einem Hammer auf der Schulter. Sie gingen durchs Zimmer und wollten verschwinden. Da sagte Giovanín: «Wollen wir nicht eine Partie Tressette spielen, wenn wir schon zu viert sind?»
«Doch, gerne», antworteten sie.
Sie spielten eine Weile. Dann sagten sie: «Wir sind bei dir geblieben. Komm du jetzt mit uns!»
Sie führten ihn in den Keller, zeigten ihm eine Geldtruhe und sagten: «Nimm sie. Wir waren verdammt, weil wir niemanden gefunden haben, dem wir diesen Schatz geben konnten. Jetzt haben wir ihn dir übergeben und werden nie mehr in dieses Haus zurückkommen.»
Früh am nächsten Morgen lud sich Giovanín seine Geldtruhe auf die Schultern, ging zum Herrn Bartolomeo und erzählte ihm alles.
Der Herr sagte: «Tüchtig bist du gewesen. Jetzt will ich dich bezahlen. Bist du mit einer Schüssel voll zufrieden?»

«Ich bin immer zufrieden!»
Der Herr gab am Abend ein Fest, um allen zu zeigen, dass es in seinem Hause nicht mehr spukte. Mitten im Fest kamen drei riesengroße Männer, gingen auf den Herrn Bartolomeo zu und sagten: «Entweder übergibst du Giovanín alles Geld oder wir töten dich!»
Der Herr erschrak und sagte: «Lasst mich am Leben. Ich gebe ihm das Geld!»
*Ma l püssee bell l è che l Giovann
da chi danee lí al seva mia cosa fann.*
(Das Beste aber ist, dass Giovann
mit diesem Geld gar nichts anzufangen wusste.)

14 | Giuvanín Pipeta

In einem unserer Dörfer lebte ein Junge namens Giuvanín Pipeta. Man nannte ihn so, weil er den lieben langen Tag die Pfeife im Mund hatte.
Giuvanín Pipeta war früh Waise geworden. Von da an war er immer traurig, weil er allein war. Um die Schwermut zu vertreiben, beschloss er eines Tages, auf Wanderschaft zu gehen. Er packte einen Laib Brot und ein Stück Käse ein und machte sich auf den Weg. Er ging und ging und traf gegen Abend zwei Männer, die am Straßenrand auf einem Mäuerchen saßen. Der ältere der beiden, ein weißhaariger Mann, bemerkte, dass Giuvanín Pipeta etwas unter dem Arm trug.
«Ich habe Hunger», sagte er zu Giuvanín, der stehen geblieben war, um ein wenig zu schwatzen. «Seit gestern

Abend habe ich nichts mehr gegessen, ich halt's nicht mehr aus!»

Giuvanín Pipeta, der gutmütig war, antwortete ohne Zögern: «Ich habe nur dieses halbe Brot und dieses Stück Käse. Teilen wir es und essen es gemeinsam als gute Freunde!»

Nach dem bescheidenen Nachtessen wollte Giuvanín Pipeta weitergehen, aber da sagte der jüngere Mann zum älteren: «Hör mal, willst du ihn einfach so weggehen lassen ohne ihm etwas zu geben? Er ist doch sehr grossherzig gewesen!»

«Ich habe gar nichts bei mir», sagte der andere.

«Dann gib ihm deinen Sack!», sagte der Jüngere.

«Aber der ist doch leer! Was soll er damit?», sagte der Ältere.

«Gib ihm den Sack trotzdem, er wird ihn auch so brauchen können.»

Der Ältere liess sich schliesslich überzeugen und gab Giuvanín Pipeta den Sack: «Jedes Mal, wenn du Lust auf etwas hast, greif in den Sack und dein Wunsch wird erfüllt!», rief ihm der Jüngere noch nach, während er sich entfernte.

«Danke, danke», antwortete Giuvanín Pipeta wenig überzeugt und warf sich den Sack über die Schulter. Gegen Mitternacht hatte er einen Riesenhunger. Er setzte sich, stellte den Sack auf den Boden und sagte zu sich: «Jetzt will ich doch ausprobieren, ob die beiden mir die Wahrheit gesagt haben oder ob sie sich nur lustig über mich gemacht haben.»

Immer noch ungläubig, sagte er halb im Spass: «Jetzt möchte ich eine grosse Tasse Milch und ein Stück heisse Polenta, dazu noch einen Löffel zum Essen.»

Dann griff er vorsichtig in den Sack und – oh Wunder –
fand wirklich eine Tasse Milch, einen Löffel und ein
Stück dampfende Polenta.
«Schau, schau, das ist ja unglaublich. Was für eine wunderbare Sache!», sagte sich Giuvanín Pipeta, der nicht
wusste, dass er vorhin den heiligen Petrus und den Herrn
getroffen hatte. Ganz zufrieden ging er weiter.
Nachdem er in vielen Dörfern herumgekommen war
und sich immer aus dem Sack ernährt hatte, beschloss
er, sich eine feste Arbeit zu suchen. Weil er viel guten
Willen hatte, fand er auch sofort einen Arbeitsplatz. Er
arbeitete und arbeitete und konnte recht viel sparen. Das
Essen fand er ja immer im Sack.
Eines Tages sah er ein schönes Haus, das ihm sehr gut
gefiel. Er beschloss, es zu kaufen. Er ging zum Besitzer,
machte einen Vertrag und gab ihm fast all sein Erspartes. Dann bekam er die Schlüssel und das Haus gehörte
ihm. Er kaufte die nötigen Möbel und richtete sich ein.
Giuvanín Pipeta gefiel es sehr in seinem Haus. Ab und
zu ging er ein wenig auf Reisen, um die Welt zu sehen,
natürlich immer zu Fuß, wie es damals üblich war.
Eines Tages war er wieder unterwegs. Nicht weit von zu
Hause überraschte ihn ein heftiges Gewitter. Er wurde
nass bis auf die Knochen und holte sich hohes Fieber.
Nach ein paar Tagen stellte sich heraus, dass er eine Lungenentzündung hatte. Er fühlte sich sterbenskrank. Als
er sich mühsam im Bett aufrichten wollte, sah er plötzlich am Bettende den Tod mit seiner Sense in der Hand.
Giuvanín Pipeta begann zu zittern, nicht nur wegen des
Fiebers, sondern auch aus Angst. Auf einmal aber erinnerte er sich an seinen Wundersack, den er unter dem

Bett versteckt hatte. Heimlich griff er danach und zog ihn langsam unter dem Bett hervor. Dabei dachte er: «Ich möchte den Tod in meinen Sack einschließen!» Noch hatte er den Wunsch nicht ganz ausgesprochen, als – zaffete – der Tod mitsamt seiner Sichel in seinem Sack steckte. Giuvanín Pipeta zog die Schnur fest zu, sprang vom Bett und war augenblicklich geheilt. Er wollte seine Beute gleich in Sicherheit bringen, stieg in den Estrich und hängte den Sack an einem dicken Nagel am Dachbalken auf. Dann ging er händereibend wieder hinunter. Jetzt würde ihm der Tod nichts mehr anhaben können.

Und wirklich, von dem Moment an starb niemand mehr im Dorf, im Gegenteil, die Kranken wurden schnell gesund, die Spitäler leerten sich, die Ärzte und die Apotheker hatten nichts mehr zu tun, weil die Leute nur leichte Krankheiten hatten und von selbst gesund wurden. Sie waren aber gar nicht zufrieden und auch der Totengräber war verstimmt, weil er nichts mehr verdienen konnte und hungern musste. Der Pfarrer verstand nicht, weshalb es keine Beerdigungen mehr gab.

Giuvanín Pipeta ging wieder auf Wanderschaft, er wanderte über Berg und Tal, durch Städte und Dörfer. Eines Tages kam er nach langer Abwesenheit nach Hause und fand alles schmutzig und voller Spinnweben. Er begann gleich zu putzen und zu kehren. Dann ruhte er sich eine Weile aus und stieg schließlich in den Estrich, um auch dort zu kehren und die Mäuse zu vertreiben. Im Estrich oben war es aber nicht sehr hell. Giuvanín Pipeta schlug mit dem Besen nach rechts und nach links, nach oben und nach unten, ohne an den Sack zu denken. Während er Spinnweben herunterholte, fiel plötzlich der Sack zu Boden, und die Schnur, die ihn zusammenhielt, löste sich. Der Sack öffnete sich und – zaffete – sprang der Tod heraus und Giuvanín Pipeta fiel augenblicklich tot zu Boden.

Von da an hatten der Doktor und der Apotheker wieder Arbeit, der Pfarrer hielt wieder Beerdigungen, der Totengräber begrub die Toten und der Kreislauf von Leben und Tod ging wieder weiter.

15 | Der Vogel mit dem goldenen Schweif

Es war einmal eine hochmütige und böse Königin, die einen schönen Sohn hatte. Ganz in der Nähe wohnte eine arme Frau mit ihrem buckligen, verkrüppelten Sohn. Die hochmütige Königin lachte den armen Krüppel aus und rief ihm immer «Buckliger» nach. Der arme Junge lief weinend nach Hause und sagte zu seiner Mutter: «Mamma, ich habe doch nichts Unrechtes getan, warum lacht mich die Königin denn aus?»

«Mach dir nichts draus. Ich gehe zur Fee und die wird schon sehen, dass alles in Ordnung kommt.»

Und sie ging zur Fee und sagte zu ihr: «Die hochmütige Königin hat meinen Sohn ausgelacht und er verdient das doch gar nicht!»

Da sagte die Fee: «Mach dir keine Sorgen, ich werde die Königin bestrafen!»

Die Fee war nämlich die Patin des jungen Prinzen, der eine so hochmütige Mutter hatte. Sie sagte zu ihrem

Patenkind: «Fürchte dich nicht, wenn du plötzlich in ein Schwein verwandelt wirst. Deine Mutter hat nämlich die schlechte Gewohnheit, euren verkrüppelten Nachbarn auszulachen.»
Das Patenkind antwortete: «Ich bin zu allem bereit, wenn nur meine Mutter für ihren Hochmut bestraft wird. Ich weiß, dass es nicht recht ist, diesen armen Krüppel auszulachen. Er ist schließlich auch ein Geschöpf Gottes!»
Gesagt, getan. Als der Prinz mit seiner Mutter spazieren ging, hörten sie auf einmal einen Riesenlärm.
«Was machst du denn, mein Sohn? Was ist denn los?», fragte die Königin.
Und er antwortete: «Ich weiß es nicht, Mamma», obwohl er in seinem Innersten ganz gut wusste, was geschah. Auf einmal hatte er den Kopf voller Borsten, und es wuchsen ihm vier Beine.
Seine Mutter erschrak: «Um Himmels willen, was passiert mit meinem Sohn? Er sieht ja aus wie ein Schwein!»
Die Untertanen liefen alle erschreckt davon. Aber der Sohn sagte: «Das ist die Strafe, Mutter. Hochmut wird früher oder später bestraft!»
Da sagte die Königin: «Geh sofort in dein Zimmer. Ich will nichts mehr von dir wissen!»
Der arme Prinz zog sich in sein Zimmer zurück, und da war er plötzlich wieder ein Mensch. Jedes Mal aber, wenn er aus dem Zimmer ging, wurde er zu einem Schwein.
Am Abend erschien ihm die Fee und sagte zu ihm: «Prinz Gabriel, hab keine Angst. Du wirst wieder ein normaler Mensch werden, wenn du ein Mädchen findest, das dich küssen wird, obwohl du ein Schwein bist.»

Also gut. Der arme Prinz ging aus seinem Zimmer und suchte überall nach jemandem, der ihn küssen würde, obwohl er ein Schwein war. So kam er auch zu einem Brunnen. Es gab damals noch den Dorfbrunnen, an dem alle Leute ihre Wäsche wuschen. An diesem Dorfbrunnen waren ein paar hübsche Mädchen beim Waschen. Der Prinz ging zu ihnen hin, aber da sagte eine: «Geh weg, du Schwein! Was suchst du hier bei uns schönen Mädchen? Geh weg!»
Und sie versetzte ihm einen Tritt und jagte ihn weg wie einen Hund. Und er weinte: «Oh, ich armer Kerl. Was hab ich denn Schlechtes getan?»
Aber in seinem Innern hörte er die Stimme der Fee: «Hab keine Angst. Der richtige Augenblick wird noch kommen!»
Da zog er sich in sein Zimmer zurück und wurde wieder zum Prinzen. Als aber seine Mutter die Türe öffnete, um ihm sein Essen zu bringen, war er gleich wieder ein Schwein.
Nach ein paar Wochen wollte er wieder einen Spaziergang machen. Er ging hinaus und kam wieder zu jenem Brunnen. Das Mädchen vom letzten Mal war nicht mehr da. Aber diesmal sagten auch die andern: «Geh weg, du Schwein, wir haben keine Seife zu verkaufen!» Und sie versetzten ihm wieder einen Tritt und jagten ihn weg.
«Oh, ich armer Kerl», jammerte er verzweifelt, «mich hat doch niemand gern, so ein armes Schwein!»
Aber die Fee sagte: «Verlier die Hoffnung nicht, du wirst schon sehen. Über kurz oder lang wirst du Glück haben.»
Nach ein paar Monaten machte er sich nochmals auf den Weg. Zufällig kam er wieder zum Dorfbrunnen. Dies-

mal war ein anderes schönes Mädchen dort. Sie war viel schöner als die andern, dabei aber einfach und nett. Sie kam zu ihm und sagte: «Oh, armes Schwein, komm doch zu mir!» Und dabei liebkoste und küsste sie ihn.
Da wurde er plötzlich wieder zum Prinzen. Die Fee erschien ihnen und sagte: «Geht weg, so schnell ihr könnt, und lasst euch ja nicht sehen!»
Zu dem schönen Mädchen, der Giüstina, sagte sie: «Die Nacht verbringt ihr zusammen, tagsüber aber gehst du weiterhin mit deinen Freundinnen zusammen waschen, als ob gar nichts geschehen wäre. Der Prinz aber wird wieder ein Schwein, bevor jemand seine Verwandlung bemerkt.»
Und wirklich, so ist es gewesen.
Nach einiger Zeit beklagte sich der Prinz bei der Fee: «Ich halte das nicht mehr aus, meine Frau immer nur nachts zu sehen!»
«Aber nein, reg dich nicht auf. Das muss so sein, weil niemand in euer Zimmer kommen und euch sehen darf. Wenn nämlich deine Mutter euch sieht, wirst du in einen Vogel mit einem goldenen Schweif verwandelt.»
Eines Tages – der Prinz und Giüstina waren schon seit einigen Jahren verheiratet – wollte die Königin wissen, was im Zimmer ihres Sohnes vorging. Nachts hörte sie nämlich immer Stimmen und jetzt wollte sie der Sache auf den Grund gehen. Als sie die Türe öffnete, sah sie Giüstina mit ihrem Prinzen. Da sagte sie: «Geh sofort weg aus diesem Zimmer und aus meinem Haus. Du hast überhaupt kein Recht, hier zu sein, in meinem Haus, bei meinem Sohn.»
Der Prinz sagte: «Geh weg, Mutter, geh weg! Ich bin ver-

heiratet. Und wenn du nicht weggehst, passiert ein großes Unglück!»
«Ich gehe nicht weg, solange diese Güstina in meinem Hause ist!»
Kaum hatte sie das gesagt, wurde der Prinz in einen goldenen Vogel verwandelt und flog zum Fenster hinaus. Die arme Güstina war verzweifelt: «Oh, ich armer Tropf, ich armer Tropf! Was soll ich jetzt bloß anfangen ohne meinen Mann, mit dieser bösen Königin!»
Aber da erschien ihr die Fee und sagte: «Du wirst deinen Mann wiederfinden. Du musst aber viele Opfer bringen, um ihn wiederzuhaben. Sieben Jahre, sieben Monate und sieben Tage wirst du unterwegs sein. Sieben Paar Schuhe wirst du durchlaufen, sieben Flaschen wirst du mit Tränen füllen und sieben eiserne Stöcke wirst du verbrauchen. Dann erst wirst du deinen Mann wiederfinden.»
«Ich bin zu jedem Opfer bereit!»
Und sie verabschiedete sich von der Königin, die ihren eigenen Sohn vernichtet hatte. Die Fee gab ihr sieben Eisenstöcke, sieben Paar Schuhe und sieben Flaschen. Dann machte sich Güstina auf den Weg. Sie ging und ging. Schon war ein Jahr vergangen und sie hatte noch nichts erreicht. Da füllte sie das eine Fläschchen mit Tränen und wechselte die Schuhe und den Eisenstab. Sie ging weiter und sah weit weg ein Licht.
«Was wird das wohl sein?», fragte sie sich. Sie ging hin und klopfte an die Tür. Eine Alte kam heraus, sie war sehr barsch. «Was willst du hier?», fragte sie.
«Ich bin auf der Suche nach dem Vogel mit dem goldenen Schweif.»

«Also, pass auf. Das hier ist das Haus eines Menschenfressers. Wenn der nach Hause kommt und dich sieht, frisst er dich auf, mit Haut und Haaren. Aber komm rein!»

Die Alte gab Giüstina zu essen und zu trinken und versteckte sie dann im Ofen.

«Aber sei schön still», sagte sie zu ihr.

Nach einer Weile kam der Menschenfresser nach Hause: «Ciuff, ciuff, ich rieche Menschenfleisch», sagte er zu seiner Frau, «es muss doch jemand da sein.»

«Aber nein, hier ist niemand. Du hast wohl geträumt!»

«Ich weiß nicht, mir sticht so etwas in die Nase.»

Und der Bösewicht spielte auf seiner Trompete – bububububu –, dass Töpfe und Teller nur so herumwirbelten. Die arme Giüstina im Ofen tanzte wie ein Hämmerchen: «Oh, ich armer Tropf, womit hab ich das nur verdient?» Aber sie schwieg.

Als der Menschenfresser sein Spiel beendet hatte, setzte er sich an den Tisch und aß ein ganzes Zicklein auf, das im Ofen geschmort hatte.

Nach dem Essen wartete seine Frau einen günstigen Augenblick ab und fragte ihn dann: «Du, Mann, hast du vielleicht zufällig den Vogel mit dem goldenen Schweif gesehen?»

«Den kenn ich nicht. Vielleicht kennt ihn aber mein Bruder, der Menschenfresser. Er kommt in der ganzen Welt herum. Ich weiß von nichts.»

«Also dann geh schlafen, wenn du schon nichts weißt. Geh schlafen, das wird dir gut tun.»

Als der Menschenfresser schlief, holte seine Frau Giüstina aus dem Versteck und sagte: «Geh weg, so schnell

du kannst. Nimm diese Nuss, du wirst sie brauchen können. Was der Menschenfresser gesagt hat, hast du ja gehört. Geh jetzt!» Und Giüstina machte sich wieder auf den Weg, obwohl sie noch ganz erschöpft war von den Schlägen, die sie im Ofen abbekommen hatte.
Sie ging und ging und ging, füllte die zweite Flasche mit Tränen und wechselte die Schuhe und den Eisenstab.
Nach einer Weile sah sie in der Ferne wieder ein Licht. Sie ging hin und klopfte an. Da kam eine schreckliche Menschenfresserin heraus, die kann man gar nicht beschreiben. Sie sagte zu Giüstina: «Was machst du hier?» Und Giüstina antwortete: «Ich bin nur ein armes Mädchen auf der Suche nach dem Vogel mit dem goldenen Schweif.»
«Komm rein, komm rein. Ich weiß zwar von nichts. Aber mein Mann, der Menschenfresser, weiß vielleicht mehr.» Sie bewirtete Giüstina mit Würsten und dann versteckte sie sie in einem Schuh des Menschenfressers: «Sei aber schön still, sonst wird es dir schlimm ergehen, wenn der Menschenfresser nach Hause kommt.» Giüstina versteckte sich im Schuh und schon kam der Menschenfresser nach Hause: «Ciuff, ciuff, ich rieche Menschenfleisch!»
«Aber nein, du Trottel. Hier ist niemand. Komm, iss. Ich habe dir ein schönes Huhn gebraten. Komm jetzt und iss!»
«Nein, nein, nein, ich will sicher sein, dass es kein Menschenfleisch zu essen gibt!»
Und er blies in seine Trompete, dass alles nur so herumflog. Die arme Giüstina tanzte in ihrem Schuh herum und war ganz blau von den Schlägen, die sie abbekam.

Als der Menschenfresser sah, dass nichts zu machen war, aß er sein Huhn und seine gebratenen Kartoffeln und ging schlafen. Vorher fragte ihn seine Frau noch, wo der Vogel mit dem goldenen Schweif lebe. «Das weiß ich nicht, aber mein Bruder weiß es vielleicht, er kommt in der ganzen Welt herum. Man muss ihn fragen. Aber warum willst du das denn wissen?»
«Ach nur so.»
«Ich kenn ihn nicht», sagte der Menschenfresser nochmals und ging ins Bett. Seine Frau sagte zu Giüstina: «Komm, iss etwas und dann gib Fersengeld. Nimm da noch diese Kastanie. Wenn du in der Not bist, mach sie auf, und du wirst sehen, was passiert!»
Giüstina füllte das dritte Fläschchen mit Tränen, wechselte die Schuhe und den Eisenstab und machte sich auf den Weg. Sie ging und ging und ging und sah wieder ein Licht. Das war das Haus des Menschenfressers Tumbolone, eines durch und durch verdorbenen Menschen. Er fraß auch Kinder auf, wenn sie ihm unter die Augen kamen. Giüstina ging zum Hause hin und klopfte an. Die Schwester des Menschenfressers kam heraus: «Was willst du hier?», fragte sie.
«Ich möchte wissen, wo der Vogel mit dem goldenen Schweif ist.»
«Komm rein, aber pass auf. Das ist das Haus des Menschenfressers!» Sie gab Giüstina ein bisschen Honig und sagte dann zu ihr: «Versteck dich dort unter der Treppe, aber rühr dich nicht! Wenn der Menschenfresser nach Hause kommt, frage ich ihn, ob er etwas weiß.» Giüstina hatte sich kaum versteckt, als der Menschenfresser auch schon kam. «Ciuff, ciuff, ich rieche Menschenfleisch!»

«Aber nein, du Dummkopf. Komm jetzt essen, ich habe dir ein halbes Schwein gebraten. Außerdem warten im Ofen auch schöne gebratene Kartoffeln.»
«Gut, ich komme. Aber zuerst will ich wissen, ob wirklich niemand hier ist.»
«Aber nein, was hast du nur, es ist niemand hier!»
Der Menschenfresser schlug auf eine Trommel und alles flog herum, Teller und Töpfe, alles tanzte, auch Giüstina unter ihrer Treppe. Dem armen Mädchen flogen Flaschen, Holzklötze und Steine auf den Kopf. Sie war ganz zerschlagen. Als der Menschenfresser sah, dass nichts zu machen war, hörte er auf. Seine Schwester fragte ihn: «Weißt du zufällig, wo der Vogel mit dem goldenen Schweif lebt?»
«Zum Donnerwetter, das fragst du doch mit einer bestimmten Absicht!»
«Ach nein, nur so.»
«Ich kenne den Vogel nicht, aber mein Freund, der Nordwind, weiß bestimmt etwas. Er kommt ja in der ganzen Welt herum. Dann weiß er bestimmt auch, wo dieser Vogel ist!»
Dann aß der Menschenfresser sein halbes Schwein und trank dazu eine riesige Flasche Wein. Bald danach schlief er wie ein Sack und schnarchte laut. Die arme Giüstina kam aus ihrem Versteck hervor. Die Schwester des Menschenfressers sagte zu ihr: «Um Gottes willen, geh ganz schnell weg. Wenn der Menschenfresser erwacht, frisst er uns beide auf mit Haut und Haaren!» Sie gab Giüstina eine Nuss und sagte: «Öffne sie, wenn du in Not bist!» Dann gab sie ihr noch ein wenig Brot, Roggenbrot, wie man es früher machte. Die arme Giüstina füllte

das vierte Fläschchen mit Tränen, wechselte die Schuhe und den Eisenstab und machte sich auf den Weg. Unterwegs füllte sie die andern drei Flaschen und verbrauchte noch drei Paar Schuhe und drei Eisenstäbe.
Nach langer Zeit kam sie zu einem Schloss, das stand ganz oben auf einem Berg. Drinnen war ein schöner Kamin, aber es zog fürchterlich, weil Türen und Fenster offen standen. Nach einer Weile tönte es uuh uuh uuh. «Um Himmels willen, was ist denn das?» Und Giüstina sah den Wind, er hatte einen Riesenkopf und ganz zerzauste Haare. Sie sagte zu ihm: «Guten Tag, Nordwind!» «Ich bin nicht der Nordwind», sagte er, «ich bin der Seewind. Aber was willst du?»
«Ich möchte wissen, ob du den Vogel mit dem goldenen Schweif kennst?»
«Nein, den kenn ich nicht, aber wenn du es wissen willst, geh zu meinem Bruder, der kommt in der ganzen Welt herum und weiß bestimmt etwas!»
Da kam auf einmal noch ein Wind. Giüstina sagte zu ihm: «Lieber Nordwind, kennst du vielleicht den Vogel mit dem goldenen Schweif?»
«Ich kenne ihn nicht, aber mein Bruder kommt aus dem Norden, der kennt ihn vielleicht. Er reist über Berge und Täler und weiß mehr als ich.» Und weg war er wie der Wind.
Nach einer Weile fing es im Kamin an zu schneien, es wurde kalt. Giüstina fror und fror. Da kam der Nordwind und sagte zu ihr: «Was willst du hier?»
«Ich möchte wissen, ob du zufällig den Vogel mit dem goldenen Schweif gesehen hast?»
«Sicher hab ich ihn gesehen, er ist mein Freund. Aber

ich muss jetzt weggehen, ich muss noch viel Schnee ausstreuen, es ist ja Winter. Wart hier auf mich, aber schlaf mir nicht ein!»
«Gut, gut, ich werde auf dich warten!»
Um vier Uhr morgens war der Nordwind endlich wieder da. Er sagte zu Giüstina: «Hab keine Angst, steig auf und halt dich gut fest!» Giüstina stieg auf und weg waren sie wie der Wind. Es ging über Berge und Täler und schneite die ganze Zeit und war eiskalt. Und der Wind sagte: «Halt dich fest, hab keine Angst!»
Und weiter ging's über Berge und Gletscher, bis der Wind sagte: «Jetzt halt dich noch ein wenig fest. Ich fliege jetzt ins Schloss, wo der Vogel mit dem goldenen Schweif lebt.» Dort setzte der Wind sie ab und flog wieder weiter.
Giüstina stand im großen Park eines Palastes. Um sie herum liefen lauter Gänse. «Oh, ich Ärmste, was soll ich mit all diesen Gänsen anfangen?» Da erschien ihr die Fee und sagte: «Öffne die erste Nuss, dann wirst du sehen, was passiert.» Und wirklich – ticch tacch – öffnete sie die erste Nuss. Darin war ein wunderschönes Kleid, eine Pracht. Giüstina sah darin aus wie eine Prinzessin. Die Gänse begannen zu schnattern: «Oh, wie schön ist unsere Hirtin, oh wie schön ist unsere Hirtin!» Giüstina spiegelte sich in einem Brunnen: «Bin ich das wirklich, diese schöne Frau mit dem wunderbaren Kleid?» Unterdessen war eine Prinzessin in den Garten gekommen, sie lachte: «Hahaha, was machst du denn in diesem Schloss?» Giüstina sagte zu ihr: «Ich bin auf der Suche nach dem Vogel mit dem goldenen Schweif.» «Der ist da im Schloss drin, im Palast. Machen wir doch

einen Tausch. Du gibst mir dein schönes Kleid und ich lasse dich dafür die Nacht mit dem Prinzen verbringen.» Und wirklich, Giüstina gab der bösen Prinzessin ihr Kleid und durfte dafür eine Nacht mit dem Prinzen verbringen. Bevor der Prinz schlafen ging, schüttete ihm aber die hochmütige Prinzessin ein Schlafpulver ins Wasser, ohne dass er etwas davon bemerkte. Er legte sich hin und – tachete – schlief wie ein Sack. Die arme Giüstina legte sich zu ihm ins Bett und sagte: «Sieben Paar Schuhe hab ich durchlaufen, sieben Flaschen gefüllt mit Tränen und sieben Stöcke verbraucht aus Eisen, bis ich meinen Prinzen wiedergefunden habe.» Er aber drehte sich nur um und sagte nichts.

Morgens, als er erwachte, war Giüstina nicht mehr da. Sie war schon wieder unten im Hof bei den Gänsen. Die schnatterten: «Gestern warst du so schön und jetzt bist du so hässlich.»

Die Fee aber sagte zu Giüstina: «Öffne jetzt die zweite Nuss!» Das tat sie und war schön wie vorher.

Die Gänse schnatterten wieder: «Oh, wie schön ist unsere Hirtin!»

Und da kam gleich wieder die böse Prinzessin und sagte zu Giüstina: «Ich lasse dich noch eine Nacht mit dem Prinzen verbringen, aber gib mir dafür dein Kleid!» Giüstina willigte in den Tausch ein und verbrachte eine zweite Nacht mit dem Prinzen. Und wieder schlief der Prinz. Am dritten Tag öffnete sie die Kastanie und tauschte nochmals ihr Kleid ein. Diesmal aber erschien dem Prinzen die Fee und sagte: «Pass auf! Du wirst so tun, als ob du trinkst. Trink den Wein aber nicht, den dir die Prinzessin gibt, er ist nämlich mit Schlafpulver vermischt.

Deine Frau, die Giüstina, war zwei Nächte lang bei dir, aber du hast nichts bemerkt!»
Abends warf der Prinz wirklich den Wein weg und tat so, als ob er schlafe wie immer. Die Diener trugen ihn ins Bett. Und als dann Giüstina kam und ihren Vers aufsagte, wachte er auf und küsste sie: «Du musst mir nichts erzählen, ich weiß alles! Gestern ist mir die Fee erschienen und hat mir gesagt, was alles passiert ist.»
In diesem Augenblick erschien die Fee wieder und sagte: «Schnell, macht schnell, ich habe schon zwei Pferde für euch gesattelt. Macht euch ganz schnell aus dem Staube. Reitet aber schnell, damit euch die böse Prinzessin nicht einholt. Sie hat sich mit deiner Mutter verbündet, Prinz. Sie wollte dich heiraten!»
Giüstina und ihr Prinz sprangen gleich auf die Pferde. Kaum waren sie weg, hörten sie einen Riesenlärm: bummm. Und das Schloss brannte lichterloh. Sie aber ritten weiter. In der schönen Kirche von San Lorenzo heirateten sie. Dann machten sie ein großes Fest und gingen auf Hochzeitsreise. Und sie sind immer noch nicht zurückgekehrt.

16 | Der Kater als Gevatter

Einem Mann wurde einmal ein Sohn geboren. Er sagte zu seiner Frau: «Wer soll unserem Sohn nur Taufpate sein?» Und er machte sich auf, um einen Taufpaten zu suchen. Er kam zu einem Palast und klopfte an. Ein

Mann kam heraus, den fragte er, ob er seinem Sohn Taufpate sein wolle. Der Mann war zwar Millionär, aber er sagte: «Mach, dass du wegkommst. Ich schmeiße doch mein Geld nicht weg, um einem Kind Taufpate zu sein.» Und er hat ihn weggejagt wie einen Hund.

Der arme Mann fragte in der ganzen Stadt nach einem Taufpaten, aber man jagte ihn überall weg.

Eines Tages war er mitten in einem Wald, als ein Gewitter ausbrach. Es donnerte und blitzte, und der Mann suchte Zuflucht unter einer Eiche. Er war nass bis auf die Knochen. Als es zu regnen aufhörte, machte er sich auf den Heimweg. Er ging und ging und sah auf einmal in der Ferne ein Licht. Er ging darauf zu und klopfte an. Niemand antwortete. Er klopfte nochmals an und da hörte er: «Miau, miau.»

«Was soll denn das?»

Er öffnete die Türe. Da sass ein Kater und sagte: «Komm nur herein! Ich weiß, dass du einen Taufpaten für deinen Sohn suchst. Wenn du willst, will ich gerne Pate sein.»

«Ich bin doch nicht verrückt! Ein Kater als Taufpate!»

Aber der Kater sagte: «Nein, nein, hab keine Angst. Du wirst schon sehen, wie ich dich, deinen Sohn und deine Frau bewirten werde!»

Der Mann ging hinein und sah einen gedeckten Tisch voller Gottesgaben; sogar gebratene Vögel waren da. Der Kater sagte: «Komm nur und iss!» Dann assen sie zusammen wie die Herren. Da sagte der Mann: «Wenn du wirklich Zeit hast, kannst du gerne der Taufpate unseres Sohnes sein. Ich will nur noch meine Frau fragen, ob sie einverstanden ist.»

«Ich komme mit dir!»

Der Mann ging zu seiner Frau nach Hause und sagte zu ihr: «Weißt du, was mir passiert ist? Ich habe einen Kater getroffen, der unserem Sohn Taufpate sein will.»
«Gut, soll er kommen!»
In diesem Moment klopfte jemand an die Tür. Ein schöner Kater ist erschienen, schön war er, sag ich euch. Er hatte einen Korb voller Sachen mitgebracht.
«Gehen wir jetzt in die Kirche und lassen wir euren Sohn taufen!»
Als sie aber in die Kirche kamen, wollte der Pfarrer nicht. «Fort mit euch, fort, fort! Ihr wollt doch nicht, dass euer Sohn einen Kater als Taufpaten hat!»
Schließlich war er aber doch einverstanden. Er las aus seinem Gebetbuch vor und der Kater antwortete wie ein richtiger Mensch. Dann machten sie ein schönes Fest. Der Kater passte auf sein Patenkind auf.
Aber auf einmal schlief er ein und ein Adler trug das Kind weg. Vater und Mutter weinten, sie waren verzweifelt: «Oh, Herr im Himmel, ein Adler hat unser Kind gestohlen!»
Auch der Kater weinte und sagte dann: «Ich werde mein Patenkind suchen. Ich bringe es euch wieder zurück!»
Und er machte sich auf den Weg.
Er ging und ging und kam zum Gipfel eines Berges. In einer Wolke drin war ein Adler mit dem Kind, das weinte. Er ging hin, nahm das Kind und brachte es seinen Eltern zurück. Dann ging er wieder in den Wald.
Jedes Jahr am Namenstag brachte er seinem Patenkind schöne Geschenke, Goldmünzen und anderes. Als das Patenkind zwanzig Jahre alt wurde, waren seine Eltern die reichsten Leute im Reich.

Eines Tages, am einundzwanzigsten Geburtstag des Patenkindes, brachte der Kater nichts mit und sagte: «Jetzt kommst du mit mir. Hab keine Angst. Du wirst ein Jahr, einen Monat, eine Woche und einen Tag bei mir bleiben!»
Vater und Mutter hatten großes Vertrauen in den Kater und sagten: «Geh nur mit ihm!» Sie gingen und gingen und stiegen in eine Höhle hinunter über sieben Treppen, die jede siebzig Stufen hatte. Dann gingen sie durch Korridore mit siebzig Türen und durch sieben Gärten mit siebzig Brunnen. Der Kater sagte: «Geh nur vorwärts. Du wirst etwas Schönes finden!» Sie kamen zu einem Palast mit siebzig Höfen. Der Kater sagte: «Geh jetzt in den Palast hinauf. Ich kann nicht. Du wirst ein schönes weißes Mädchen finden. Wenn es dir gelingt, sie zu wecken, wird sie deine Braut sein. Ich kann nicht mit dir kommen, denn im Palast leben viele Mäuse. Und wenn die mich sehen, rennen sie in alle Richtungen davon. Dann kommt die Fee und verwandelt auch dich! Möge das Glück dir beistehen! Ich warte hier auf dich.»
Der Bursche ging in den Palast hinein. Er stieg die Treppe hoch und schaute sich überall um. Dann öffnete er die Türe des letzten, des siebten Zimmers und sah auf dem Bett ein schönes Kätzchen, das schlief. Ein ganzer Haufen Mäuse bewachte es. Der Bursche zog eine Torte aus seiner Tasche und warf sie den Mäusen hin. Die stürzten sich gleich darauf. Er aber weckte das schöne Kätzchen. Da wurde es zu einem wunderschönen Mädchen und sagte: «Danke. Ich habe hier so lange geschlafen. Wer weiß, wie es meinem Vater geht?» Er sagte zu ihr: «Liebe Prinzessin, dein Vater wartet unten

auf dich!» Kaum waren sie unten, umarmte und streichelte sie den armen Vater. Da warf er sich zu Boden und riss sich alle Haare aus, wie ein Huhn, das sich rupft. Kaum war er fertig, kam ein schöner Greis zum Vorschein. Er sagte: «Ich danke dir. Eine böse Fee hatte mich verzaubert, weil meine Tochter schöner war als sie. Meine Tochter hat sie in ein Kätzchen verwandelt, mich in einen Kater.»
Sie gingen zu den Eltern des Burschen und luden sie zur Hochzeit ein. In der Kirche sagte der alte Mann zum Pfarrer: «Ich war jener Kater, der Taufpate sein wollte.»
«Aber, das ist doch gar nicht möglich. Oder bist du etwa der Teufel?»
«Aber nein, eine böse Fee hatte mich verzaubert! Meine Tochter heiratet nun mein Patenkind und ich will eine schöne Kirche bauen lassen!»
Da war auch der Herr Pfarrer zufrieden. Sie feierten ein schönes Fest und waren glücklich und zufrieden.

17 | Das Märchen von den Katzen und der Seife

Vor vielen, vielen Jahren, als es noch keine Waschmaschinen gab und die Leute ihre Wäsche im Fluss auf einem glatten Stein wuschen, lebte ein armes Mädchen. Es hieß Fiorina. Es hatte nur die Stiefmutter. Der Vater war nach Amerika ausgewandert. Die Stiefmutter hatte selbst auch eine Tochter, Rosetta.
Eines Tages sagte die Stiefmutter zu Fiorina: «Los, steh

auf, du Nichtsnutz, heute wird gewaschen.» Sie gab ihr einen Korb, ein schönes Stück Seife und einen ganzen Haufen schmutzige Wäsche, Leintücher, Kopfkissen, Hemden.
Fiorina ging also an den Fluss zum Waschen. Plötzlich aber entglitt ihr – tachete – die Seife und fiel in den Fluss.
«Oh, ich Ärmste, was soll ich jetzt nur machen ohne Seife. Wenn meine Stiefmutter das erfährt, bekomme ich eine Tracht Prügel. Was soll ich nur tun?»
Da hörte sie auf einmal eine Stimme: «Was weinst du denn? Was hast du, Fiorina?» Sie schaut sich um, sieht aber niemanden.
«Was weinst du denn?»
«Wer ruft mich denn?»
«Ich bin es, ich bin es! Ganz in der Nähe!»
Da sah sie einen Zwerg, der war nicht größer als einen halben Meter und hatte eine rote Kapuze wie ein kleines Teufelchen. Das war der Zwerg des Waldes.
«Warum weinst du, Fiorina?»
«Ich weine, lieber Zwerg, weil mir die Seife in den Fluss gefallen ist. Meine Stiefmutter wird mich dafür verprügeln und meine Schwester auch. Sie ist so böse!»
«Aber nein, hab keine Angst. Komm jetzt mit mir!»
Und er ging mit ihr den Fluss hinauf. Als sie oben ankamen, sagte der Zwerg: «Ich bleibe jetzt hier. Du musst aber weitergehen. Benimm dich immer gut!»
«Ja, ja!»
«Klopf an jenen Baum!»
Sie klopfte an. Ein schönes Kätzchen öffnete. Sie hieß Mirela, wie meine. Sie war die Pförtnerin. Sie sagte: «Was willst du, schönes Mädchen?»

«Wenn du wüsstest, was mir passiert ist!»
«Was ist dir denn passiert?»
«Meine Seife ist mir in den Fluss gefallen. Und jetzt kann ich nicht mehr nach Hause gehen, weil meine Stiefmutter mich sicher verprügeln wird!»
«Hab keine Angst, komm rein!»
Auf der Treppe stand eine andere Katze. Sie war daran, die Treppe zu putzen. Sie sagte: «Wohin gehst du, armes Mädchen?»
«Ich suche meine Seife!»
«Wenn du mir hilfst, die Treppe zu putzen, helf ich dir, deine Seife suchen.»
Also putzte das Mädchen den Dreck zusammen und warf ihn weg. Dann ging sie in die Küche. Da war ein anderes Kätzchen, hübsch, sag ich euch! Es hieß Pussi. Es war gerade dabei, Teller und Schüsseln abzuwaschen. Das Mädchen sagte: «Hör, armes Kätzchen, ich will dir helfen!» Sie wusch alle Teller und Schüsseln und trocknete sie ab.
«Und jetzt will ich meine Seife suchen!»
«Ich komme mit!»
Sie gingen durch den Flur, vorbei an vielen Zimmern, wo die Kätzchen am Bettenmachen waren. Da war auch ein besonders schönes Kätzchen, es hieß Petrunila. Es sagte: «Was willst du, hübsches Mädchen?»
«Ich suche meine Seife!»
«Hilf mir doch beim Bettenmachen!»
«Ja, ja, ich helfe dir!»
Sie machten die Betten und dann gingen sie alle zusammen zum König der Kätzchen. Er hieß Pirulé, wie mein ehemaliger Kater. Er saß in einem großen Saal. Zwei

Kätzchen, Negrín und Tigrín, standen Wache. Der König fragte: «Was willst du, schönes Mädchen?»
«Wenn du wüsstest, was mir passiert ist! Die Seife ist mir in den Fluss gefallen. Ein Zwerg hat mir geholfen, sie zu suchen, und so bin ich zu euch gekommen.»
«Gut, warte einen Augenblick. Ich will wissen, wie du dich unterwegs benommen hast.» Mirela, die Pförtnerin, sagte: «Sie ist lieb, sie hat mir sogar ein Küsschen gegeben!»
«Und mir hat sie beim Treppenputzen geholfen.»
«Und mir beim Abwaschen und beim Aufräumen in der Küche!»
«Und mir beim Bettenmachen!»
«Dann hast du dich benommen, wie es sich gehört. Wart einen Augenblick.»
Dann führte Pirulé sie in ein Zimmer. Da stand ein großer Schrank voller Kleider. Er sagte zu ihr: «Wähl das Kleid aus, das dir am besten gefällt!» Sie nahm das einfachste Kleid, ein richtiges Bauernkleid.
«Nein, nein, nein. Das ist kein Kleid für dich! Du hast dich gut benommen.» Und er gab ihr ein wunderschönes Kleid. Dann gab er ihr den Korb zurück mit der sauberen Wäsche und der Seife.
«Geh jetzt nach Hause und hab keine Angst mehr. Unterwegs wirst du den Hahn krähen hören: Kikeriki, kikeriki! Dann dreh dich um.»
Wirklich, unterwegs krähte der Hahn: Kikeriki, kikeriki! Sie drehte sich um und da fiel ihr ein Stern auf die Stirn, es war eine Pracht. An den Füßen hatte sie plötzlich ein Paar wunderschöne Schuhe. Die alten, ausgetretenen waren verschwunden. Sie sagte: «Ist das alles

für mich? Wirklich für mich?» Und kaum öffnete sie den Mund, fielen lauter Edelsteine heraus.
«Aber nein, das ist doch nicht für mich!» Und wieder kamen Edelsteine aus ihrem Mund.
«Die bring ich meiner Mutter», sagte sie, und jedes Mal, wenn sie den Mund öffnete, fielen lauter Edelsteine heraus. Als sie nach Hause kam, sagten Mutter und Schwester gleich: «Wo hast du denn all die Edelsteine her? Wo hast du die gestohlen?» Und den Stern wollten sie ihr abreißen. Aber er saß fest. Dann sagte die Mutter: «Ich will meine Tochter auch wegschicken!» Und sie schickte ihre Rosetta aus. Rosetta ging zum Brunnen und warf die Seife absichtlich hinein. Da erschien auch ihr der Zwerg: «Komm mit mir. Was ist dir denn passiert?»
«Die Seife ist mir in den Brunnen gefallen!»
«Komm mit mir, ich will dir suchen helfen!» Nach einer Weile kamen sie oben zum Baum. Der Zwerg sagte: «Ich geh jetzt zurück und du klopfst an den Baum!» Rosetta klopfte an und Mirela öffnete ihr.
«Wer bist du denn?», fragte Rosetta.
«Ich bin die Pförtnerin des Palastes!» Rosetta gab ihr zwei Ohrfeigen.
«Wie man sich bettet, so liegt man», sagte Mirela.
«Geh hinein, dort wirst du deine Seife finden!» Drinnen war ein anderes Kätzchen am Treppenputzen. Patim, patacch – stieß Rosetta sie von der Treppe und versetzte ihr noch eine Ohrfeige. Der ganze Dreck flog durchs Zimmer, und das arme Kätzchen war übel zugerichtet.
«Geh jetzt in die Küche!»

Da waren die Kätzchen beim Abwaschen. Rosetta schlug Teller und Schüsseln kurz und klein. Das Kätzchen sagte: «Wie man sich bettet, so liegt man!» Dann ging es weiter zu den Kätzchen, die die Betten machten. Dort zerrte Rosetta alle Leintücher von den Betten und riss sie in Stücke. Die armen Kätzchen sagten: «Wie man sich bettet, so liegt man.»
«Ich will meine Seife! Wo ist meine Seife?»
Da kam der König der Kätzchen und sagte: «Komm nur, komm. Bevor ich dir aber deine Geschenke gebe, will ich wissen, wie du dich benommen hast. Ich rufe jetzt meine Kätzchen!»
Die arme Mirela war noch ganz benommen von den Ohrfeigen. Das Kätzchen von der Treppe hatte sich alle Knochen gebrochen beim Sturz. Die Kätzchen aus der Küche waren ganz verzweifelt, weil sie kein Geschirr mehr hatten. Die Kätzchen von den Betten weinten.
«Gut, komm jetzt mit mir. Auch die Schlechten werden belohnt!» Er führte sie zum Schrank. Sie wählte das allerschönste Kleid. «Wart einen Augenblick!», sagte der König, «das ist kein Kleid für dich. Du sollst ein schöneres haben!» Und er zog ihr ein Sackkleid an, das ganz nach Katzendreck stank. Sie wollte es von sich reißen, aber es klebte fest.
«Das Geschenk, das wirst du unterwegs erhalten!»
«Also gut!» Er gab ihr den Korb mit der Wäsche, die voller Katzendreck war. Die Seife fehlte. Es stank alles fürchterlich.
«Aber ich …»
«Sei still, das Geschenk wird schon noch kommen! Wenn du den Esel schreien hörst, dreh dich um!»

Unterwegs hörte sie den Esel: ia, ia, ia. Sie drehte sich um und da fiel ihr ein Eselsschwanz auf die Stirn. Je mehr sie daran zog, desto fester klebte er an ihrer Stirn. Sie machte den Mund auf, und lauter Schlangen, Kröten und wüste Tiere kamen heraus. Ihre Schuhe waren voller Katzendreck.

Als sie so nach Hause kam, steckte die Mutter das andere Mädchen schnell in einen gläsernen Sarg, damit sie niemand mehr sehen konnte. Eine kleine Öffnung liess sie zum Atmen offen. Da kam der Zwerg und sagte zu dem armen Mädchen: «Sei unbesorgt, ich werde immer bei dir sein und dir zu essen bringen, wenn es niemand sieht.» Er brachte ihr Marzipan und Pudding und viele andere gute Dinge. Er wusste, wie man den Sarg öffnen konnte, und brachte dem Mädchen immer zu essen. Wenn jemand kam, machte er schnell den Deckel zu, und sie stellte sich schlafend.

Eines Tages kam der König des Landes in die Stadt. Die böse Mutter sagte zu ihrer Tochter: «Mach dich zurecht!» Sie gab ihr ein wunderschönes Kleid und setzte ihr eine große Perücke auf, so dass man den Eselsschwanz nicht mehr sah. Zuletzt kam noch eine schöne Krone auf den Kopf. So verwandelt sah sie ganz schön aus.

«Pass aber auf, sprich ja nicht!»

Der König kam also. Der Zwerg hatte ihn in die Stadt geschickt. Er hatte ihm gesagt: «In jener Stadt leben zwei Schwestern. Eine ist gut, die andere ist böse. Lass dich aber nicht hinters Licht führen!»

Der König suchte überall herum. Die böse Mutter sagte gleich: «Kommen Sie, Majestät. Hier ist das Mädchen!»

Der König sagte: «Ich habe gehört, dass Ihr zwei Töchter habt.»
«Nein, nein, die eine ist vor langer Zeit gestorben!»
Und sie weinte ein paar Krokodilstränen. Der König nahm also die Böse zur Frau. In der Kutsche sagte er zu ihr: «Frau, warum sagst du denn kein Wort? Bist du etwa stumm?» Sie sagte nichts.
«Dann bist du also wirklich stumm?»
Er lüftete ihr die Perücke ein wenig und sah den Eselsschwanz.
«Madonna, was soll das? Wen hab ich bloß geheiratet?»
Da brach sie ihr Schweigen und aus ihrem Mund kamen lauter Tiere heraus.
«Weg mit dir! Ich will keine solche Frau! Ich will deine Schwester.»
«Die ist gestorben!»
Und sie sprach und sprach und immer mehr Tiere sprangen aus ihrem Mund. Da erschien endlich der Zwerg und sagte: «Majestät, kommt mit mir. Ich weiß, wo sie ist.» Und er führte ihn zu ihr.
Das arme Mädchen lag da im Sarg. Seit drei Tagen hatte es nichts mehr gegessen. Der Zwerg hatte nämlich zu ihr gesagt: «Ich lasse dich jetzt drei Tage hungern, damit du mager wirst und alle sehen, was du mit deiner Mutter und deiner Schwester durchgemacht hast!»
Der Zwerg öffnete nun den Sarg und der König küsste das Mädchen. Sie sagte: «Oh, mein Prinz!», und lauter Edelsteine fielen ihr aus dem Mund.
«Du bist die richtige Braut!»
«Aber nein, ich bin nur ein armes Bauernmädchen. Ich kann nicht deine Braut sein.»

«Du bist meine Braut!»
Der Zwerg sagte: «Kommt jetzt mit mir!»
Inzwischen war auch der Vater des Mädchens nach vielen Jahren aus Amerika zurückgekommen. Der Prinz und das Mädchen haben geheiratet und ein schönes Fest zusammen mit dem Vater gemacht.
Die andern beiden aber mussten zur Strafe für ihren Hochmut und ihre Boshaftigkeit in der Welt herumziehen. Seither ist die Welt voller Schlangen und Kröten.

18 | Das faule Mädchen

Es war einmal ein Mann, der zwei tüchtige Töchter hatte. Als sie erwachsen waren, heirateten die zwei älteren. Die dritte aber wollte niemand, weil sie so faul war. Der Vater war verzweifelt: «Was soll ich bloß mit ihr anfangen? Sie macht ja doch nichts Rechtes. Wenn sie nur einen Mann fände! Aber hier im Dorf will sie keiner, man kennt sie ja!»
Eines Tages kam ein Fremder ins Dorf. Der Vater wartete, bis er an seinem Haus vorüberkam. Dann begann er seine Tochter zu beschimpfen.
«Was hat sie denn getan?», fragte der Fremde.
«Ich halt's nicht mehr aus. Sie will immer nur arbeiten und arbeiten. Die ganze Zeit ist sie am Spinnen und jetzt sind mir Leinen und Hanf ausgegangen. Was soll ich nur machen?»
«Wenn ihr sie mir gebt, will ich sie zur Frau nehmen. Ich hab viel Arbeit für sie!»

Sie heirateten und er nahm sie mit sich nach Hause. Dort traf sie einen ganzen Berg von Leinen und Hanf an. Der Mann sagte: «Hör zu, du kannst zufrieden sein. Du wirst eine ganze Weile mit Spinnen beschäftigt sein. Ich werde jetzt verreisen, nach Amerika, und werde dort drei Jahre bleiben. Wenn ich zurückkomme, muss alles gesponnen sein. Und wehe, wenn die Arbeit nicht getan ist!»
«Ja, ja, ja.»
Er ging weg. Seine Frau hatte aber nie Lust, mit der Arbeit anzufangen.
Als die drei Jahre schon fast um waren, dachte sie: «Was soll ich nur machen, wenn mein Mann kommt und ich noch nichts gesponnen habe?»
Eines Tages, sie wusste schon nicht mehr, welchen Heiligen sie anrufen sollte, schrie jemand auf der Straße: «Uff, uff, c'è qui il filù, donnette buone, occasione simile non torna più!» (Uff, uff, hier ist der Filù, gute Frauen, eine solche Gelegenheit kommt nicht mehr!)
Da dachte sie: «Welch ein Glück!»
Sie rief: «Komm doch rauf!» Dann zeigte sie ihm den Berg von Hanf und Leinen.
«All das könntest du verspinnen?»
«Ja, sicher. In einem Tag ist alles bereit!»
«Was willst du dafür?»
«Oh, fast nichts. Du musst mir nur meinen Namen nennen.»
«Wer weiß, wie dein Name ist?»
«Denke darüber nach. Wenn ich dir den fertigen Faden bringe, musst du mir den Namen nennen.»
«Aber wie soll ich den Namen herausfinden. Welcher wird wohl der richtige sein?»

Nachts konnte sie nicht schlafen. Sie stand auf und ging zum Fluss hinunter. Da hörte sie einen Riesenlärm, dem ging sie nach und stiess auf eine ganze Hexenversammlung, die auf der Wiese ein Feuer angezündet hatte. Auch ihr Helfer war dabei, aber ganz verkleidet, wie ein Monster sah er aus. Er hüpfte um das Feuer herum und sang: «Uff, uff, il mio nome è Belzebù, la sposina non lo sa e domani la porto qua.» (Uff, uff, mein Name ist Belzebub. Die junge Frau, die weiß es nicht und morgen bring ich sie her.)

Da dachte sie: «Welch ein Glück!»

Dann ging sie nach Hause. Am nächsten Morgen brachte ihr der Filù den Faden und fragte sie nach dem Namen. Sie antwortete: «Ja, wie soll ich das denn wissen. Ich bin ganz verwirrt. Ich weiß es wirklich nicht. Pietro?»

«Nein.»

«Oh, ich Ärmste! Paolo?»

«Nein.»

«Belzebù?»

«Du niederträchtiges, verfluchtes Frauenzimmer! Wie hast du das herausbekommen?»

Ganz verzweifelt ergriff der Filù gleich die Flucht. Am nächsten Tag kam der Mann nach Hause. Die Frau war überglücklich, dass die Arbeit getan war. Aber nun wollte sie sich rächen. Sie suchte auf der Wiese nach Schneckenhäusern und fand eine ganze Schürze voll. Die steckte sie sich unter das Kleid. Und als der Mann kam, umarmte sie ihn. Er fragte: «Was knackt denn da?»

«Oh, das sind meine Knochen, die ich mir beim Spinnen kaputtgemacht habe. Ich habe gesponnen und gespon-

nen und jetzt siehst du, wie ich dran bin. Ich kann kaum noch auf den Füßen stehen, so tut mir alles weh.»
Da sagte er: «Gut, gut, du bist eine tüchtige Frau. Ich habe in Amerika recht viel Geld verdient. Von nun an sollst du nicht mehr arbeiten, sondern nur noch im Sessel sitzen, spazieren gehen und tun, was du willst. Du hast es verdient!»

19 | Aschenputtel

Es war einmal ein armes Mädchen, das bei seiner Stiefmutter lebte. Der Vater war Witwer geworden und hatte zu seiner Tochter Gertrude gesagt: «So kann es nicht weitergehen. Ich muss wieder heiraten!» Und er hatte jene andere Frau geheiratet, die selber auch zwei Töchter hatte. Eine hieß Rosalba, die andere Rosaspina. Sie waren böse, böse.
Eines Tages saß Aschenputtel wie gewöhnlich am Feuer und rührte in der Asche. Da hörte sie Trommeln und Trompeten. Es war eine Riesenaufregung in der Stadt. Die Stiefmutter ging gleich hinaus, um sich zu erkundigen. Sie war nämlich eine Klatschbase.
Sie erfuhr, dass der Königssohn in die Stadt komme und ein großes Fest gebe, zu dem er alle Mädchen der Stadt einlade.
Natürlich wollten alle zum Fest gehen.
Das arme Aschenputtel musste seinen Schwestern die schönsten Kleider waschen, sie baden, kämmen und für das Fest herrichten. Rosalba und Rosaspina selbst lagen

auf der faulen Haut herum. Dann gingen sie, und Gertrude saß allein am Feuer und rührte in der Asche.
Sie weinte: «Nur ich muss immer zu Hause bleiben, das ist einfach ungerecht. Ich bin auch schön. Die andern gehen und mich lassen sie hier sitzen!»
Da hörte sie, wie jemand an die Türe klopfte. Ihre Taufpatin, die eine Fee war, kam herein und fragte: «Gertrude, warum weinst du denn?»
«Ich weine, weil meine Stiefmutter und meine Schwestern ans Tanzfest gegangen sind, das der Königssohn gibt. Ich möchte doch auch so gern hingehen und kann nicht.»
Da wusch und kämmte die Patin sie und zog ihr ein Kleid an. Es war himmelblau und mit kostbaren goldenen Sternen übersät.
«Jetzt geh ans Fest. Tanz aber nur einen Tanz! Draußen wartet schon eine zweispännige Kutsche auf dich.»
Die Kutsche fuhr los – tocch tocch tocch tocch.
Gertrude betrat den Tanzsaal. Der Königssohn tanzte gerade mit einem Mädchen. Kaum hat er Gertrude entdeckt, lässt er die andere stehen und tanzt mit Gertrude. Sie hat einen Tanz mit ihm gemacht. Dann schlug es Mitternacht und weg war sie wie der Wind.
Der Königssohn rannte ihr nach, aber es war schon zu spät. Als die andern beiden mit der Mutter nach Hause kamen, saß Aschenputtel schon wieder in ihren Lumpen am Feuer und rührte in der Asche, als sei nichts gewesen ...
«He du, Aschenputtel. Das hättest du sehen sollen! Eine wunderschöne Prinzessin ist zum Fest gekommen. Der Königssohn hat mich stehen lassen, um mit ihr zu tanzen.»

«Und ich muss hier in der Asche rühren, das ist doch nicht gerecht!»
Nach einiger Zeit sagte der Königssohn: «Ich will noch ein Fest geben, weil ich das schöne Mädchen wiedersehen möchte.»
Und wieder blieb Aschenputtel alleine zu Hause und weinte. Da kam die Fee und brachte ihr ein goldenes Kleid. Es leuchtete wie die Sonne. Gertrude ging damit zum Fest. Die Fee hatte ihr noch gesagt: «Heute erlaube ich dir zwei Tänze, aber nicht mehr!»
Vor Mitternacht hatte sie schon zwei Tänze mit dem Königssohn gemacht und dann, als die Uhr zwölfmal schlug, verschwand sie, so schnell wie der Wind.
Der Königssohn rannte ihr nach, aber es war schon zu spät. Am dritten Tag erlaubte die Fee ihr drei Tänze. Sie brachte ihr ein Paar wunderschöne Schühchen.
Gertrude ging zum Fest, machte den ersten Tanz, den zweiten. Da bot der Königssohn ihr in einem schönen Kelch zu trinken an. Zuvor hatte er ein Ringlein hineingelegt. Gertrude nahm das Ringlein und steckte es in die Tasche. Dann machte sie den dritten Tanz, und als es Mitternacht schlug, verschwand sie. Unterwegs verlor sie einen Schuh.
Der Königssohn rannte ihr nach, aber es war schon zu spät. Als die andern nach Hause kamen, saß sie schon wieder am Feuer und rührte in der Asche.
Die Schwestern sagten: «He, Aschenputtel. Die schöne Prinzessin ist wieder gekommen. Stell dir vor, sie hat dreimal mit dem Königssohn getanzt. Am Schluss hat sie ihren Schuh verloren und jetzt will der Königssohn sie im ganzen Reich suchen.»

«Ich wäre auch gern tanzen gegangen. Aber ich muss immer zu Hause bleiben und in der Asche rühren. Dabei möchte ich den Königssohn so gerne kennen lernen!»
Da sagte die Stiefmutter: «Du, den Königssohn? Du bist wohl verrückt. Du bist ja voll Asche und hast doch kein Recht darauf, mit dem Königssohn zu tanzen. Du nicht, nein, nein, nein!»
Der Königssohn reiste inzwischen im ganzen Reich herum, und alle Mädchen mussten den Schuh anprobieren. Der einen war er zu groß, der andern zu klein, der einen zu breit, der andern zu schmal. Keiner wollte er passen.
Da kam er auch zu Gertrudes Haus. Die Schwestern probierten den Schuh an. Der einen war er zu groß, der andern zu breit. Auf einmal hörte der Königssohn jemand singen. Es war eine melodiöse, schöne Stimme. Er fragte die Stiefmutter: «Signora, habt Ihr noch eine Tochter?»
«Ja schon, ich hab noch eine, das Aschenputtel. Aber die ist dreckig, die passt nicht zu Euch.»
«Ich will sie trotzdem sehen! Singt sie so schön?»
«Ja, die singt die ganze Zeit, aber sonst kann sie nichts.»
«Gut, ich will sie kennen lernen!»
Er ging ins Haus hinein. Auch die Patin hatte sich hineingeschlichen, ohne bemerkt zu werden.
Der Königssohn sagte: «Komm, schönes Mädchen, komm. Probier den Schuh an!»
«Ich nicht, Majestät, ich nicht! Ich bin zu schmutzig.»
«Doch, doch, probier ihn an!»
Und – oh Wunder – der Schuh saß ganz genau.
Da kam die Fee und berührte Gertrude mit ihrem Zau-

berstab. Da stand sie da in einem wunderschönen Goldkleid und einer Krone auf dem Kopf.
Die Fee sagte: «Zeig dem Königssohn, was du in der Tasche hast?»
Gertrude holte das Ringlein hervor und zeigte es dem König. «Hier, Majestät!»
«Du bist die Richtige. Du wirst meine Braut sein!»
Zu den andern sagte die Fee: «Ihr werdet bestraft, weil ihr die arme Gertrude geplagt habt. Von nun an werdet ihr durch die Welt ziehen und betteln!»
Und sie berührte sie mit dem Zauberstab und verwandelte sie in arme Bettlerinnen. Sie gehen immer noch von Haus zu Haus und betteln.
Inzwischen war auch der Vater nach Hause gekommen. Die Fee berührte ihn mit dem Zauberstab und sagte: «Geh, von nun an bist du der Stallmeister des Königs!»
Sie stiegen in die Kutsche und fuhren ins Schloss. Dort feierten sie Hochzeit und waren glücklich und zufrieden. Gertrude und der Königssohn bekamen zwölf Kinder und ihre Nachfahren leben heute noch in jenem Reich.

20 | Die zwei Buckligen

Ein Buckliger stieß auf eine Gruppe von Hexen, die tanzten und sangen: «Montag, Dienstag, Mittwoch, Freitag, Samstag und Sonntag.»
Alle Wochentage zählten sie auf, außer Donnerstag.
Der Bucklige zählte auch: «Montag, Dienstag, Mittwoch, Freitag, Samstag und Sonntag.»

Die Hexen hörten ihn und sagten: «Du bist einer von uns. Komm, wir wollen dir deinen Buckel wegnehmen.» Und sie schnitten ihm den Buckel weg.
Der Bucklige war überglücklich, ging nach Hause und erzählte alles seinem Bruder, der auch einen Buckel hatte. Der wollte es auch versuchen.
Er hörte die Hexen singen und begann, die Wochentage aufzuzählen, mitsamt dem Donnerstag.
Die Hexen aber packten ihn an der Gurgel und sagten: «Du gehörst nicht zu uns. Da, nimm noch einen Buckel!» Und sie setzten ihm einen zweiten Buckel auf. Er ging mit seinen zwei Buckeln nach Hause und weinte: «Einen schönen Gefallen hast du mir erwiesen, Bruder!»

21 | **Der treue Diener**

Es war einmal ein König. Er hatte einen Sohn namens Magiotto. Als dieser Sohn achtzehn Jahre alt war, musste der Vater weit weg in den Krieg ziehen. Da sagte er zu seinem Sohn: «Jetzt musst du das Land verwalten. Eines will ich dir besonders ans Herz legen: heirate nie!» Es verging sehr viel Zeit, der Prinz war fast schon zweiunddreißig Jahre alt. Da machte er sich eines Tages zusammen mit seinem Diener auf die Suche nach einer Frau. Sie gingen und gingen und kamen in das Land, wo sein Vater Krieg führte. Der Vater war glücklich, seinen Sohn wiederzusehen. Der Sohn sagte zu ihm: «Jetzt bin ich alt genug, um zu heiraten.» Der Vater antwortete: «Sicher musst du dich verheiraten, mein Sohn!»

So zog der Prinz mit seinem Diener weiter über Berge und Täler bis in die goldene Stadt. In der goldenen Stadt lebte ein schönes Mädchen, in die hat sich der Prinz gleich verliebt. Sie war nicht nur schön, sondern auch sehr gut erzogen. Ihre Eltern gaben sie dem Prinzen gern zur Frau, weil er auch ein guter Mensch war. Sie heirateten und feierten ein großes Fest. Dann gingen sie auf Hochzeitsreise.

Unterwegs übernachteten sie in einem Hotel. Der Diener, der vor der Türe Wache stand, hörte plötzlich um Mitternacht drei Raben, die miteinander sprachen. Der Diener verstand nämlich die Sprache der Tiere. Der erste Rabe sagte: «Heute Abend ist ein nettes Hochzeitspaar angekommen. Es tut mir so Leid für sie, dass sie bald Schlimmes erleben müssen.»

Der zweite sagte: «Morgen um Mitternacht wird die Brücke einstürzen, über die sie gehen müssen. Aber wir müssen aufpassen, dass uns niemand belauscht. Wer unser Gespräch hört, dessen Füße werden zu Stein.» Dann flogen die drei Raben weg. Danach kamen drei Tauben und sagten: «Wenn der Prinz und die Prinzessin die Brücke überleben, müssen sie sich vor der Kutsche des Königs in Acht nehmen. Sobald sie einsteigen, kommt nämlich ein Wind auf und weht sie in den Fluss. Hoffentlich hat unser Gespräch niemand gehört. Wer es nämlich hört, wird versteinert bis zu den Knien.» Und die drei Tauben flogen weg.

Nach einer Weile kamen drei Adler und sagten: «Wenn das junge Paar die Brücke und die Kutsche überlebt, wird der König ein anderes Mittel finden, um sich ihrer zu entledigen. Er wird dem Prinzen und seiner Frau ein wunderbares besticktes Kleid schenken. Sobald sie das Kleid anziehen, wird es Feuer fangen und sie werden verbrennen. Wenn aber irgendjemand unser Gespräch hört, wird er von Kopf bis Fuß versteinert.» Und sie flogen fort.

Am nächsten Morgen nach dem Frühstück sagte der Prinz: «Ich hab etwas Sonderbares geträumt!»

«Ich auch, ich auch!»

Der Diener sagte: «Auch meine Träume haben mich beunruhigt. Ihr müsst mir versprechen, auf meinen Rat zu hören.»

Dann machten sie sich wieder auf die Reise. Als sie zum Fluss kamen, wollten sie die Brücke überqueren. Da sagte der Diener: «Nehmt nicht diesen Weg, er ist gefährlich. Die Brücke ist nicht gesichert. Weg von hier, weg, weg!» Kaum hatte er das gesagt, stürzte die Brücke mit Tosen in den Fluss.

«Meine Träume haben mich also nicht getäuscht», sagte der Diener.

Nach einer Weile kam ihnen der König entgegen mit einer wunderschönen Kutsche, die von schönen Pferden gezogen wurde. Der Prinz wollte gleich umsteigen, weil seine Kutsche nicht so schön war.

Der Diener aber sagte: «Ich will die Kutsche zuerst anschauen. Mir scheint, mit den Rädern ist etwas nicht in Ordnung.»

Er schaute sich die Kutsche an und sagte dann: «Nein, nein, Majestät, diese Kutsche dürft Ihr nicht benützen. Sie ist zu gefährlich.»

Der Prinz sagte: «Du hast Recht. Dein erster Traum ist in Erfüllung gegangen. Die Brücke ist wirklich einge-

stürzt. Reisen wir mit unserer Kutsche weiter.» Kaum hatte er das gesagt, kam ein starker Wind auf und wirbelte die Kutsche durch die Luft, tricch trucch. Die Kutsche zersprang in tausend Stücke.
Der Diener sagte zum Prinzen: «Nicht wahr, ich hatte Recht.»
Dann stiegen sie wieder in ihre alte Kutsche und fuhren weiter. Nach einem Kilometer trafen sie auf der Straße Freunde des Königs, die ihnen wunderschöne Kleider brachten. «Majestät, die schenken wir Euch!»
Aber da sagte der Diener: «Nein, nein, zieht diese Kleider nicht an; sie sind zu leicht, sie sind ja wie Spinnweben. Ihr werdet darin frieren. Nein, nein, das sind keine Reisekleider.»
Und es war gut, dass sie die Kleider nicht anzogen. Sie fingen nämlich Feuer. In der ganzen Gegend roch es nach Verbranntem.
Der Prinz sagte zu seinem Diener: «Danke, dass du mich gewarnt hast vor der gefährlichen Brücke, vor der Kutsche und vor den Kleidern. Ich danke dir für alles, was du für uns getan hast.»
Dann fuhren sie weiter und kamen schließlich wieder nach Hause in ihr Land. Da erwartete sie der König höchstpersönlich. Er fragte sie: «Warum seid ihr denn nicht über die neue Brücke gefahren? Warum habt ihr meine Kutsche nicht benützt und warum habt ihr meine Kleider nicht angenommen? Ich wollte euch doch ein schönes Geschenk machen.» Da sagte der Prinz: «Vater, ich habe auf meinen Diener gehört.»
Und der Diener sagte: «Majestät, ich habe die Vögel belauscht. Ich verstehe nämlich ihre Sprache. Die Raben,

die Tauben und die Adler haben mir die Wahrheit enthüllt.» Kaum hatte er das gesagt, wurde er von Kopf bis Fuß zu Stein.
Und der Prinz sagte verzweifelt: «Das wusste ich nicht, dass mein Diener die Sprache der Vögel versteht. Jetzt habe ich meinen Diener nicht mehr, der so treu zu mir gehalten hat. Was hab ich nur getan. Es tut mir so Leid!»
In der Stadt, in der Magiotto mit seiner Prinzessin lebte, gab es eine alte Amme, die sich in Zaubereien auskannte. Magiotto ließ sie rufen. Sie sagte: «Schau, Prinz, damit dein Diener wieder seine normale Gestalt erhält, musst du zum glücklichen Mann gehen, der wird dir helfen. Du musst ihn aber suchen.»
Da liess der Prinz seine Frau zurück. Sie erwartete ein Kind. Er sagte zu ihr: «Schau, nach einem Jahr, einem Monat und einem Tag werde ich wieder bei dir sein.»
Dann machte er sich auf den Weg. Er ging und ging und ging.
Drei Tage und drei Nächte suchte er, ohne jemanden zu finden. Er schlief unter Bäumen und aß ab und zu etwas. Am dritten Tag kam er zu einem Fluss, an dem eine große Mühle stand. Der Müller fragte ihn: «Junger Mann, was suchst du hier?»
«Ich suche den glücklichen Mann», antwortete der Prinz.
«Wenn du ihn findest, frag ihn doch, weshalb ich immer noch so mausarm bin und kaum zu essen habe, obwohl ich mahle und mahle, den ganzen Tag.»
«Gut, wenn ich den glücklichen Mann finde, werde ich ihn fragen, was man tun muss, um reich zu werden.»
Und er machte sich wieder auf den Weg. Er ging und ging und kam zu einem schönen Gasthaus. Er ging hin-

ein und bat den Wirt um Essen und um ein Nachtlager. Der Wirt hatte drei schöne Töchter, die fragten den Prinzen: «Sagt uns bitte wohin Ihr geht, junger Mann.»
«Ich suche den glücklichen Mann.»
«Wenn Ihr ihn findet, fragt ihn, weshalb wir noch keinen Mann gefunden haben, obwohl wir schon dreißig Jahre alt sind. Wir sind doch nicht so hässlich und können gut kochen, bügeln und den Haushalt versorgen.»
«Gut, gut, wenn ich auf dem Rückweg hier vorbeikomme, gebe ich euch die Antwort.» Dann ging er schlafen.
Am Morgen zog er weiter und kam zu einem Flüsschen. Das sagte zu ihm: «Junge, du kannst mir einen Gefallen tun. Ich fließe jetzt schon hundert Jahre durch diesen Wald, aber ich bin immer ein schmales Flüsschen geblieben. Das kann ich einfach nicht verstehen. Kannst du mir den Grund erklären?»
Der Prinz antwortete: «Schau, ich bin unterwegs zum glücklichen Mann. Auf dem Rückweg bringe ich dir die Antwort.»
«Gut», sagte das Flüsschen, «frag ihn auch, weshalb in mir kein einziges Fischlein schwimmt.»
«Gut, ich werd ihn fragen.»
Der Prinz machte sich wieder auf den Weg. Er ging und ging, durch Wälder und an Flüssen entlang. Da sah er in der Ferne ein Häuschen. Er ging darauf zu. Eine Alte öffnete ihm. Sie war nicht gerade schön, aber gutmütig. Er sagte zu ihr: «Guten Tag, liebe Frau.»
«Ciao, schöner Jüngling, welcher gute Wind hat dich zu mir getragen?»
«Ich suche den glücklichen Mann. Bis jetzt habe ich ihn einfach nicht finden können.»

«Du hast Glück. Der glückliche Mann ist mein Sohn. Siehst du den Mann, der dort auf dem Feld arbeitet? Das ist er. Geh zu ihm, bring ihm das Frühstück. Aber pass auf, sag kein Wort, hast du verstanden? Wenn er dich etwas fragt, dann antworte. Sonst aber hilf ihm bei der Arbeit, als ob nichts wäre.»

Wirklich, der Prinz begann gleich zu hacken. Nach einer Weile setzte sich der glückliche Mann und packte Brot und Käse aus. Er gab auch dem Prinzen davon. Dann fragte er ihn: «Warum sagst du denn nichts?»

«Wenn man mich nichts fragt, rede ich auch nicht.»

«Sag mir also, warum du gekommen bist.»

«Ich möchte dich um einen großen Gefallen bitten. Ich bin ein Prinz. Mein Diener hat drei Raben, drei Tauben und drei Adler belauscht, die ihm die Wahrheit enthüllt haben. Deshalb ist er in Stein verwandelt worden. Ich möchte, dass er seine frühere Gestalt wieder erhält.»

Da sagte der glückliche Mann: «Du hast Glück. Wenn du nach Hause kommst, wird deine Frau einen schönen Jungen zur Welt bringen. Du wirst ihm mit einem Messer einen leichten Schnitt in den kleinen Finger machen. Die drei Blutstropfen, die herauskommen, wirst du mit den Kräutern vermischen, die ich dir gebe. Dann wirst du den Diener damit von Kopf bis Fuß einreiben und du wirst sehen, was passiert.»

«Ich möchte dich noch drei Dinge fragen. Ein Fluss ist außer sich vor Wut, weil er nie größer werden kann und weil kein einziges Fischlein in ihm schwimmt.»

«Pass auf», sagte der glückliche Mann, «bevor du ihm antwortest, musst du das Flüsschen überqueren und

dich auf einer Anhöhe in Sicherheit bringen. Dann kannst du ihm sagen, dass er noch nie ein Opfer gefordert hat und deshalb so klein geblieben ist. Aber bring dich zuerst in Sicherheit. Sonst wirst du das erste Opfer.»
«Gut. Auf meinem Weg habe ich drei Mädchen getroffen. Sie sind schon über dreißig und immer noch nicht verheiratet. Sie sind tüchtige Hausfrauen. Ich habe es selbst erfahren, weil ich dort gegessen und übernachtet habe. Sie möchten wissen, weshalb sie noch keinen Mann gefunden haben.»
«Sobald sie aufhören, den Staub vom Kehren der Sonne ins Gesicht zu werfen, werden sie heiraten. Die Sonne ist nämlich beleidigt. Wenn sie kehren, sollen sie den Staub mit einer Schaufel sammeln und ihn im Feuer verbrennen. Dann werden sie gleich einen Mann finden.»
«Dann habe ich einen Müller kennen gelernt. Der versteht nicht, warum er immer noch arm ist wie eine Kirchenmaus.»
«Ja, ja, ich kenne den Grund für seine Armut. Er ist zu geizig. Jedes Mal, wenn er für andere mahlen muss, nimmt er ein wenig Mehl aus ihrem Sack und behält es für sich. Deshalb ist er noch immer arm. Geiz bringt keinen Reichtum.»
«Vielen Dank», sagte der Prinz. Er verabschiedete sich vom glücklichen Mann und seiner Mutter und machte sich auf den Weg. Er ging und ging bis zu jenem Flüsschen.
Das fragte ihn gleich: «Hast du den glücklichen Mann gefunden?»
«Ja, ja, aber wart, ich will mich zuerst ein bisschen ausruhen.»

«Sag's mir aber. Ich kann's kaum noch erwarten. Ich bin schon ganz aufgeregt.»
«Ja, ja.»
Der Prinz ging etwa zwanzig Meter weg und setzte sich auf dem Hügel oben auf einen Stein.
«Jetzt kann ich's dir sagen. Du hast noch nie ein Opfer gefordert. Deshalb bist du so klein geblieben.» Kaum hatte er das gesagt, schwoll das Flüsschen an und trat über die Ufer. Der Prinz aber konnte sich rechtzeitig auf einen Stein retten. Da ritt in der Nähe eine Gruppe von Soldaten vorbei. Kaum waren sie von ihren Pferden abgestiegen, überschwemmte das Flüsschen sie alle und sie ertranken. Von dem Tag an war das Flüsschen ein stattlicher Fluss.
Als der Prinz zu den drei Mädchen kam, sagte er ihnen: «Ich kenne jetzt den Grund, weshalb ihr noch nicht verheiratet seid. Ihr seid zwar sehr sauber, aber ihr habt die schlechte Gewohnheit, den Dreck vom Kehren der Sonne ins Gesicht zu werfen. Die Sonne ist deswegen beleidigt.» Von da an warfen sie den Dreck immer in den Kamin und verbrannten ihn. Nach einem Jahr waren alle drei glücklich verheiratet.
Der Prinz kam zum Müller. Der fragte ihn: «Junger Mann, was hat der glückliche Mann gesagt?»
«Er hat mir gesagt, dass du zu geizig bist. Statt den Armen Mehl zu geben, nimmst du noch welches für dich. Deshalb bist du ärmer als die Armen. Also, ich lege es dir ans Herz: Gib den Armen in Zukunft noch ein paar Kellen dazu. Es wird dir besser gehen, du wirst sehen.» Von dem Tag an gab der Müller den Armen immer von seinem Mehl. Er wurde reich und alle Armen hatten ihn gern.

Als der Prinz nach Hause kam, hatte seine Frau einen hübschen Jungen zur Welt gebracht. Der Prinz machte mit einem Messerchen am kleinen Finger seines Söhnchens einen leichten Schnitt. Die drei Blutstropfen, die herauskamen, vermischte er mit den Kräutern des glücklichen Mannes. Dann rieb er den Diener damit ein. Brum, brum, brum, fiel der Stein ab und der Diener erhielt seine frühere Gestalt wieder. In dem Moment öffnete sich die Türe, und der König stand auf der Schwelle. Er fragte: «Wie geht's denn?»
«Gut, gut. Mein Diener ist wieder ein Mensch geworden. Er hat mich gewarnt vor allen Gefahren, in die du uns gebracht hast. Du wolltest ja nicht, dass ich heirate.»
Der König – er war schon alt – hatte keine Lust mehr zum Kämpfen. Er war stolz auf den kleinen Prinzen und hat sich mit allen versöhnt. Sie feierten ein großes Fest und haben immer noch nicht aufgehört.

22 | Fiaccone

Vor Zeiten lebten drei Schwestern, die den ganzen Tag arbeiteten. Sie gingen aufs Feld oder webten zu Hause und hatten immer viel zu tun.
Sie hatten einen großen kräftigen Bruder, der nur faul herumlag. Er hieß Fiaccone.
Eines Tages sagten die drei Schwestern zu ihm: «Fiaccone, nun bist du schon dreißig und lebst immer noch auf unsere Kosten. Es ist an der Zeit, dass du in die Welt hinausgehst und dir Arbeit suchst!»

«Gut, ich will mein Glück versuchen!»
Sie gaben ihm einen Laib Brot mit, eine Flasche Wein, eine Flasche Öl für den Salat, und ein Stück Käse. Dann machte er sich auf den Weg.
Er ging und ging und kam zu einer Kreuzung. Da saß auf einem großen Stein ein alter Mann, ein Zauberer aus der Stadt. Er sagte: «Fiaccone, wohin gehst du?»
«Ich bin auf Arbeitssuche.»
«Was kannst du?»
«Wenig arbeiten und viel essen und trinken!»
«Gut, dann komm mit mir. Ich habe eine Arbeit für dich.»
Und sie gingen zusammen weiter. Zu Hause aßen und tranken sie wie die Herren.
Fiaccone blieb ein paar Jahre beim Zauberer und sagte dann: «Ich möchte meine Schwestern wieder einmal besuchen!»
«Ja, ja, geh nur! Du hast sie lange nicht mehr gesehen.»
Der Zauberer gab ihm einen Esel und sagte: «Er wird dir Glück bringen. Du brauchst nur zu sagen: Eselchen, leg los!» Fiaccone nahm den Esel und machte sich auf den Weg. Unterwegs hielt er an und sagte: «Eselchen, leg los!»
Der Esel öffnete das Maul, und eine ganze Menge Goldmünzen fielen heraus.
Und Fiaccone sagte: «Jetzt bin ich ein richtiger Herr! Danke, Zauberer!»
Er las die Goldstücke auf und füllte seinen Sack damit.
«Die bring ich meinen Schwestern!»
Nur war er selber noch ein größerer Esel als sein richtiger Esel!

Er kam zu einer Herberge, und da er hungrig war, sagte er: «Bringt mir bitte zu essen und zu trinken!»
«Ja, ja, ja.»
«Und bringt auch ein bisschen Hafer für meinen Esel!»
«Ja, ja, ja.»
Die Wirtin zwinkerte dem Wirt zu: Der da scheint ein bisschen blöd zu sein! Wir werden ja sehen.
Dann führte Fiaccone den Esel in den Stall und sagte: «Gebt ihm zu essen und zu trinken, sagt aber ja nicht: Eselchen, leg los!»
So dumm war er!
Die Wirtin holte Hafer und ging in den Stall zurück.
Fiaccone war schon schlafen gegangen in sein Zimmer.
Sie sagte zum Esel: «Eselchen, leg los!»
Und der Esel öffnete das Maul, und eine Menge Goldstücke fielen heraus.
Da vertauschte die Wirtin den Esel schnell mit einem andern und versteckte den richtigen.
Fiaccone ging weiter und gab all sein Geld aus bis auf den letzten Groschen.
Da fielen ihm seine Schwestern ein. Er stieg auf seinen Esel und ritt schnell nach Hause.
Als er aufs Haus zuging, sang er: «Ich bin ein Herr, ich habe einen Goldesel, ich bin ein Herr!»
Die Schwestern sagten: «Fiaccone ist wieder hier und er ist ein Herr geworden! Wir wollen ihm entgegengehen!»
Sie empfingen ihn herzlich und gingen ins Haus hinein.
Fiaccone sagte: «Seht ihr, ich bin ein richtiger Herr geworden. Ich will euch zeigen, wie man's macht!»
«Eselchen, leg los!»

Der Esel drehte sich um und versetzte ihm einen solchen Tritt, dass er hoch in die Luft flog.
Die Schwestern schrien: «Schöner Herr das!»
Sie verdroschen ihn und warfen ihn samt dem Esel hinaus.
Der Esel führte ihn zum Zauberer zurück. Der arme Fiaccone sagte zu seinem Herrn: «Ich versteh das nicht! Unterwegs hat er lauter Goldstücke gespuckt und zu Hause hat er mir einen Tritt gegeben. Ich bin immer noch ganz verbeult.»
«Weil du der allergrößte Esel bist!»
Und er berührte ihn mit seinem Zauberstab – paticch patacch – und verwandelte ihn in ein Schwein.
«So, jetzt kannst du meinen Abfall fressen!»
Das Schwein wurde dick und dicker, und der Zauberer beschloss, es zu verkaufen.
Er ging auf den Markt und fragte einen Metzger: «Brauchst du vielleicht ein Schwein zum Schlachten?»
«Ja, ja.»
Der Metzger kaufte das Schwein und legte ihm ein Seil um den Hals. Dann ertränkte er es im Luganer See. Als er es aus dem Wasser zog, hing statt des Schweins nur noch die Haut am Seil. Fiaccone war aus der Haut geschlüpft und wieder ein richtiger Mensch geworden.
«Du hast mich betrogen! Ein Schwein hast du mir verkauft und dann war's nur eine Haut!»
Fiaccone war inzwischen aus dem Wasser gestiegen und hatte eine alte Frau getroffen.
Die hat zu ihm gesagt: «Junger Mann, ich bin so hungrig. Gib mir doch ein Stück von deinem Brot!»
Fiaccone gab ihr sein Brot, das er gekauft hatte.

«Lieber sterbe ich vor Hunger, als euch nichts zu geben!»
Die Alte sagte: «Ich danke dir. Da, nimm diesen Beutel. Er wird dir Glück bringen! Wenn du zehn Goldstücke ausgibst, sind zwanzig im Beutel. Je mehr du ausgibst, desto mehr hast du. Und hier hast du auch einen Sack. Wenn jemand dir etwas Böses antun will, dann sag zum Sack: Komm raus! Erzähl aber niemandem etwas von diesen Dingen, hörst du?»
Fiaccone bedankte sich bei der alten Frau und machte sich auf den Weg.
Er kam wieder zur Herberge, wo man ihm den Esel vertauscht hatte.
«Schau, der Tölpel vom letzten Mal ist wieder da!», sagte die Wirtin zum Wirt.
Fiaccone hörte es und sagte: «Ja, aber diesmal komme ich als Herr. Je mehr ich ausgebe, desto mehr habe ich. Je mehr Geld ich aus meinem Beutel nehme, desto mehr ist drin!»
Sie gaben ihm gut zu essen und zu trinken. Dann nahm er seinen Beutel und bezahlte. Er nahm drei Goldstücke heraus und im Beutel klingelten dreißig. Schließlich ging er schlafen. Der Wirt schlich leise vor sein Zimmer, horchte, ob er auch wirklich schlafe, drückte sachte die Türfalle, stahl ihm die richtigen Goldstücke und ersetzte sie mit falschen.
Am Morgen frühstückte Fiaccone und bezahlte. Er nahm zwei Goldstücke aus dem Beutel und nichts passierte. Er aß und trank aber weiter, bis er sein ganzes Geld ausgegeben hatte.
Schließlich sagte der Wirt: «Du hast nicht mal mehr

einen Groschen. Geh zu deinen Schwestern und lass dich ja nicht mehr hier blicken!»

Und er warf ihn raus.

Da fiel Fiaccone der Sack ein. Er hatte ihn draußen im Hof gelassen, weil er nicht wusste, was drin war.

Jetzt aber erinnerte er sich an die Worte der alten Frau und sagte: «Komm raus!»

Da sprang ein Stock heraus und schlug auf die Gäste in der Herberge ein – patim patom patim patom patim patom –, so dass sie von ihren Bänken fielen. Auch der Wirt und die Wirtin bekamen ihren Teil ab.

In diesem Augenblick kam die Alte zur Tür herein und sagte: «Schau, lieber Freund. Was man jemandem zuliebe tut, geht zur Tür hinaus und kommt zum Fenster wieder herein. Lass dir deinen Esel und deinen Beutel wiedergeben, die man dir gestohlen hat. Dann geh zu deinen Schwestern.»

Fiaccone nahm seinen Beutel und zog mit dem Esel nach Hause. Er und seine Schwestern haben von da an gut gelebt.

Mit Öl aus Oliven haben sie Salat gemacht
mich aber haben sie mit einem Tritt davongejagt!

23 | Die Höhlenstimmen

In einem fernen Dorf lebte einst ein armer Waisenjunge, der den Bauern half und im Sommer mit ihnen auf die Alp ging. Er hatte weder ein Haus noch sonst etwas. Die Reichen jagten ihn immer weg, nur die

Armen gaben ihm Käse und Brot oder auch Milch und Zucker. Er aß wenig, und wenn man ihn fragte: «Was hast du heute gegessen?», antwortete er: «Pochino» (wenig).
«Und hast du viel gearbeitet?»
«Pochino.»
Deshalb nannten ihn alle Pochino.
Den Leuten ging es gut, es war immer schönes Wetter. Die Ernte war gut und sie lebten im Überfluss. Deshalb waren sie auch hochmütig geworden.
Niemand dachte mehr an Pochino. Nur eine alte Frau nahm ihn immer mit sich nach Hause.
«Komm!», sagte sie, «komm, spalt mir das Holz.» Und dafür gab sie ihm zu essen.
Alle andern waren eigennützig und hartherzig geworden und jagten Pochino weg.
Da hat der Herrgott sie bestraft. Er hat es drei Jahre lang nicht regnen lassen, es war die ganze Zeit Sommer. Das Gras verdorrte, die Tiere verhungerten und verdursteten, die Leute mussten das Wasser von weit her holen wie heute in Süditalien.
Nur Pochino ging es gut. Obwohl er wenig aß, war er recht stark geworden.
Im Juni, wenn die Kirschen reifen, wuchs ihm im Gesicht ein Mal, es sah aus wie eine Kirsche. Ab und zu berührte er diese Kirsche und hatte zu trinken.
Die Alte, bei der Pochino wohnte, sagte: «Hört, Leute, Gott straft euch, weil ihr den armen, guten Waisenbuben so oft weggeschickt habt.»
Ihr und Pochino ging es gut. In ihrem Brunnen war immer Wasser, ihre Hühner legten immer Eier, auf ihrem

kleinen Acker wuchs immer Getreide, weil sie ihn bewässern konnten.
Die Brunnen der andern waren längst versiegt.
Da riefen sie: «Pochino, hilf uns doch!»
Und er: «Ich hab doch nichts, wie soll ich euch helfen!»
Eines Tages hörte man aus den Höhlen im Innern des Berges sonderbare Stimmen und Schreie. Der Pfarrer segnete die Höhlen, aber es wurde nur noch schlimmer. Die Stimmen schrien noch viel lauter.
Die Bauern machten sich auf mit ihren Schaufeln und Pickeln. Sie wollten den Berg abtragen. Jedes Mal, wenn sie zuschlugen, hörte man lauter Schreie.
Da sagte Pochino: «Lasst mich gehen. Ich fürchte mich vor nichts!»
Die Alte gab ihm Brot und Käse und eine Flasche Wein. Dann sagte sie: «Geh, mein Sohn, der Herrgott möge dich beschützen!»
Pochino nahm eine Schaufel und einen Pickel und machte sich auf den Weg. Die Leute folgten ihm und formten sich zu einer Prozession, sangen Litaneien und riefen die Heiligen an.
Pochino sagte zu ihnen: «Geht jetzt zurück. Ich merke, dass die Stimmen lauter schreien, wenn ihr mit dem Kreuz bei mir seid.»
Er ging weiter und fing an, zu graben.
Da verstummten die Stimmen auf einmal.
Pochino grub und grub, bis er einen langen Tunnel ausgehoben hatte. Er ging in den Berg hinein, und da erschien ihm eine Frau mit schwieligen Händen. Er wich vor ihr zurück. Sie aber sagte: «Was hast du denn? Weißt du nicht, wer ich bin?»

«Nein, nein.»
«Ich bin die Arbeit. Ich stütze diesen Berg. Komm mit mir, mein Sohn.»
«Aber ich muss doch zu der alten Frau zurück, sie wartet auf mich.»
«Hab keine Angst, ich werde ihr eine Nachricht schicken, damit sie sich nicht beunruhigt.»
Kaum waren sie am Ende des Tunnels, schloss er sich. Draußen hörte man immer noch die Stimmen.
Die Arbeit sagte zu Pochino: «Siehst du meine Hände voller Schwielen und meine gebeugten Schultern. Ich muss alle diese Felsen tragen. Hilf mir doch, sie auf die andere Seite zu tragen.» Pochino half ihr, und von dem Tag an hörte man keine Stimmen mehr.
Nachdem sie alle Steine weggetragen hatten, sagte die Arbeit:
«Geh jetzt durch diesen Tunnel zu meiner Schwester, der Geduld. Du wirst alles tun, was sie dir sagt.»
Und sie küsste ihn auf die Stirn und verschwand. Er kam in ein riesengroßes Zimmer und sah eine Frau mit langen Händen und Augen, die ihr fast aus dem Kopf quollen.
«Wer bist du, gute Frau?», fragte Pochino.
«Ich bin die Geduld. Komm zu mir. Willst du etwas essen?»
«Nein, nein, ich habe noch zu essen.»
Er hatte immer noch das Brot, den Käse und den Wein, die ihm die Alte gegeben hatte. Soviel er auch davon aß und trank, sie nahmen nicht ab.
Die Frau führte ihn in ein großes Zimmer. Darin waren Berge von Hirse, Roggen und Mais. Es waren sicher mehr als zehn Zentner.

«Pochino, du musst drei Haufen machen, einen für die Hirse, den andern für den Roggen und den dritten für den Mais. Wenn du fertig bist, ruf mich!»
Pochino machte sich an die Arbeit. Die Augen quollen ihm fast aus dem Kopf, die Hände wurden lang und länger. Aber er machte weiter.
Viele Jahre vergingen, aber am Schluss hatte er drei Haufen: Hirse, Roggen, Mais.
Dann rief er die Geduld: «Ich bin fertig, ich bin fertig!»
«Gut, du hast dich wacker geschlagen. Komm mit. Ich führe dich zu meinem Bruder, dem Schmerz!»
Sie führte ihn zu einem großen Mann. Er hatte starke Backenknochen und Tränen in den Augen. Man sah, dass er lange geweint hatte.
Pochino fragte ihn: «Warum habt Ihr denn geweint?»
«Ich habe die Schlechtigkeit in der Welt gesehen. Ich bin der Schmerz. Alle Schlechtigkeiten und alles Böse in der Welt fällt auf mich zurück. Siehst du die schöne Welt da draußen, mit den Bäumen und allem anderen. Das gehört alles mir. Aber wenn du wüsstest, wie hart ich arbeiten muss, um den Menschen zu helfen. Und niemand dankt es mir! Ich gebe ihnen die Früchte, die Sonne und alles. Sie zahlen es mir zurück mit Undankbarkeit. Deshalb weine ich so viel.»
Pochino machte sich gleich an die Arbeit. Er pflückte die Früchte und mähte das Gras. Dafür hatte er zu essen und zu trinken.
Als die Arbeit gemacht war, kam ein großer Herr, der Lohn. Er fragte Pochino: «Was willst du als Lohn für deine Arbeit?»
«Ich möchte, dass meine Leute zu Hause ein bisschen

Wasser bekommen. Es regnet schon so lange nicht mehr!»
Der Herr liess ihn durch ein Fernrohr blicken. Was hat er da gesehen! Es war zum Weinen! Die Tiere verdursteten, das Land war ausgedörrt, die Leute machten Prozessionen und flehten: «Wasser, Wasser!» Nur der alten Frau ging es noch immer gut. Da sagte der Lohn: «Komm, ich führe dich zu meiner Freundin, der Hoffnung!»
Die Hoffnung war eine schöne Dame mit einem goldenen Strahlenkranz um den Kopf. Sie sagte zu Pochino: «Ich bin die Hoffnung. Du hast eine Belohnung verdient. Komm mit mir! Du hast die Arbeit als Lehrmeister gehabt, die Geduld und den Schmerz. Nun wirst du belohnt. Verliere nie die Hoffnung!»
«Ich hoffe immer auf Gott.»
«Gut, komm jetzt mit mir!»
Sie führte ihn zu einem großen Meer und zauberte mit ihrem Zauberstab Maulesel, Fässer und Menschen hervor. Dann befahl sie ihnen: «Nehmt die Fässer, füllt sie mit Wasser und folgt Pochino nach.»
Pochino ging voraus und sie kamen aus dem Berg heraus.
Die Leute wunderten sich: «Wer ist denn dieser schöne Herr mit den vielen Wasserfässern?»
Die alte Frau hat ihn erkannt und gesagt: «Das ist unser Freund Pochino. Schaut, wie großzügig er ist. Ihr habt ihn schlecht behandelt, und er bringt euch Wasser.»
Pochino verteilte sein Wasser, es stieg zum Himmel auf und regnete endlich. Das Land erholte sich, die Früchte reiften.

Die Leute fragten Pochino: «Wie hast du das nur fertig gebracht?»
«Ich habe die Arbeit als Lehrmeister gehabt, die Geduld, den Schmerz und die Hoffnung. Dafür bin ich belohnt worden!»
Von dem Tag an waren alle glücklich und zufrieden.

24 | Der Vogel Greif

Es war einmal ein König, der hieß Gaudenzio und war sterbenskrank. Ärzte und Gelehrte kamen, aber keiner konnte ihm helfen.
Eines Tages sagte die Königin: «Weit weg in den Bergen lebt ein weiser Mann, der könnte dich mit seinen Arzneien heilen.»
Also schickte man nach ihm. Er kam und sagte, dass nur die Feder des Vogels Greif den König von seiner Krankheit heilen könne. Er zeige sich aber nur alle hundert Jahre einmal. Man müsse viele, viele Kilometer gehen, um zu ihm zu kommen und ihm eine Feder zu stehlen.
Da fragte der König: «Wie soll ich es nur anstellen, um zu dieser Feder zu kommen, es ist ja fast unmöglich.»
Seine drei Söhne sagten: «Vater, wir werden den Vogel suchen.»
Also gut. Die zwei älteren Brüder, Salvatore und Gaudenzio, wollten sich auf den Weg machen. Zu Massimiliano, dem Jüngsten, sagte der König: «Bleib hier, du bist zu jung.»

«Nein, nein, Vater, ich gehe mit. Ich erhebe keinen Anspruch auf das Reich, wenn du eines Tages sterben wirst. Ich will nur, dass du gesund wirst.»
Vor der Abreise ging Massimiliano zum weisen Mann und sagte zu ihm: «Ich will mich auf die Suche nach dem Vogel Greif machen. Mein Vater soll gesund werden!»
«Gut, dass du gekommen bist, mein Sohn. Du bist tüchtig und gescheit. Vor der Abreise soll man sich immer bei den Alten Rat holen. Sie kennen nämlich die Welt. Das lass dir gesagt sein: bleib niemals in der Stadt Bonastella und lass dich nie durch Vergnügungen aufhalten. Schlaf nur eine Nacht in Bonastella, um dich nach der langen Reise auszuruhen. Dann aber geh gleich weiter, hör auf mich! Nimm auch eine Flasche Wein mit aus deinem Weinkeller, einen Topf Honig von deinen Bienen und einen Eimer Milch von deinen Kühen. Während der Reise wirst du all das brauchen. Und jetzt, mein Sohn, gebe ich dir meinen Segen. Geh unbesorgt.»
Massimiliano hatte seinen Brüdern nichts vom Besuch beim Weisen gesagt. Nun machten sie sich auf den Weg, zusammen mit den Dienern und Pferden.
Nachdem ein gutes Stück Weg hinter ihnen lag, sagte Massimiliano zu den Dienern: «Geht jetzt zurück zu unserem Vater und sagt ihm, er soll sich keine Sorgen machen. Wir sind glücklich, diese Reise für ihn zu unternehmen.»
Die Brüder gingen weiter. Auf einmal hörten sie Musik und sahen wundersame Dinge. Mädchen liefen herum als Edelfrauen. Das war die Stadt Bonastella. Niemand

wurde dort älter, niemand starb oder wurde krank. Man vergnügte sich, aß, trank und gab sein Geld aus. Die Brüder machten hier Halt. Die zwei älteren tanzten die ganze Nacht. Massimiliano aber ruhte sich aus und sagte am Morgen: «Brüder, lasst uns jetzt weitergehen. Unser Vater braucht die Greifenfeder!»

«Oh, geh du nur. Uns kümmert der Vater nicht, hier geht es uns gut, wir bleiben.»

«Dann bleibt eben, ich jedenfalls gehe weiter. Aber kommt nach, ich bitt euch darum.»

«Geh nur, geh nur, mach, was du willst. Wir wissen ja, dass es dir nur ums Reich geht!»

«Nein, Brüder, so ist es nicht!»

Er ging und die beiden andern vergnügten sich mit den Edelfrauen, tanzten in einem fort und gaben das Geld mit vollen Händen aus. Sie waren glücklich und zufrieden.

Massimiliano ging und ging und kam an einen Fluss. Plötzlich hörte er, wie jemand klagte: «Hilfe, Hilfe!»

«Was soll denn das?»

Da kam ein armer Bär und jammerte: «Hilf mir, ich sterbe fast vor Hunger. Und auch meine Kinder halten's fast nicht mehr aus!»

«Hab keine Angst, armer Bär, da nimm!» Und Massimiliano gab ihm Honig, den die Bären ja so gerne mögen. Als der Bär satt war, gab er auch seinen Kindern davon und dann sagte er zum Jüngsten: «Los, mein Sohn. Begleite diesen Mann auf die andere Seite des Berges!»

Massimiliano setzte sich auf den Bären, und so brachten sie die Eisberge hinter sich. Die Bären laufen ja gut auf dem Eis. Auf der andern Seite gab der Bär Massi-

miliano ein Haar von seinem Fell und sagte: «Wenn du zurückkommst, wirst du es brauchen. Du kannst es in die Luft werfen und ich werde kommen, um dir zu helfen.»
Massimiliano ging weiter, bis er ans Ufer des Meeres kam. Da hörte er jemanden klagen: «Hilfe, Hilfe!»
«Was ist denn das?»
Es war ein Walfisch, der verzweifelt etwas zu trinken suchte: «Bitte, gib mir doch etwas zu trinken!»
Massimiliano fragte ihn: «Hast du gern Wein?»
«Ja, ja gib mir einen Schluck.»
Dann ließ er Massimiliano aufsitzen und sie durchschwammen das ganze Meer.
Am Ufer gab ihm der Walfisch eine Schuppe und sagte: «Wenn du etwas brauchst, wirf die Schuppe in die Luft und ich werde kommen und dir helfen.»
Massimiliano ging weiter. Plötzlich hörte er unter einem Baum jemanden jammern: «Hilfe, Hilfe!»
«Oh, Madonna, was ist denn das?»
Es war ein armer Adler, der klagte: «Die Räuber haben mir meine Kinder gestohlen. Ich bin verzweifelt und hab schon keine Kraft mehr, sie zu suchen!»
«Trink ein wenig Milch, das wird dir gut tun.»
Der Adler trank die Milch und kam wieder zu Kräften.
«Gut, steig jetzt auf. Ich will meine Kinder suchen und du kannst mitkommen. Wo willst du denn eigentlich hin?»
«Ich will zum Vogel Greif.»
«Da hast du aber Glück, der lebt nicht weit von hier, wir sind nämlich Verwandte.»
Am Schluss gab ihm der Adler noch eine Feder und sagte:

«Wenn du etwas brauchst, wirf die Feder in die Luft. Ich werde kommen und dir helfen.»

Massimiliano ging weiter und sah auf einmal eine Gruppe von Bauern, die Trompete, Geige und Gitarre spielten.

«Komm nur, komm», sagten sie zu ihm, «bei uns ist heute Fest. Der Vogel Greif kommt nach hundert Jahren.» Und wirklich, ein wunderschöner Vogel setzte sich auf einmal auf einen großen Tisch ganz in der Nähe.

Massimiliano nahm schnell seine Harfe und begann zu spielen. Da sagte der Vogel: «Ich bin der Vogel Greif, den du suchst. Die Federn meiner Flügel befreien von jedem Übel.» Dann zupfte er sich eine Feder aus und gab sie Massimiliano.

Die Bauern feierten mit dem Vogel Greif zusammen ein großes Fest. Dann sagte der Vogel: «Ich muss jetzt gehen. Ich danke euch allen.» Und zum Abschied schenkte er den armen Bauern eine ganze Menge Geld. Dann flog er weg.

Auch Massimiliano machte sich wieder auf den Weg. Nach einer Weile hörte er den Adler: «Komm, ich bin hier. Ich helfe dir.» Und er ließ ihn aufsitzen und weg waren sie.

Am Ufer des Meeres wartete schon der Walfisch. Er brachte Massimiliano ans Land. Dort wartete der Bär und brachte ihn in den Wald. Weit weg hörte Massimiliano wieder die Musik aus Bonastella. Er war überglücklich, weil sein Vater jetzt bald geheilt sein würde. Er war aber sehr müde und dachte: «Zum Glück bin ich jetzt bald in der Stadt, wo man tanzt und singt. Dort find ich vielleicht auch meine Brüder wieder.» Und wirklich, er traf sie bald. Sie hatten keinen roten Rappen mehr und waren verwahrlost und zerlumpt. Seit ihrer Trennung waren nämlich schon ein Jahr, ein Monat und ein Tag vergangen. Die beiden Brüder hatten unterdessen vereinbart, dass sie dem Jüngsten die Feder stehlen wollten. Der eine schlug vor: «Töten wir ihn!»

«Aber nein», sagte der andere, «so etwas mach ich nicht!» Der Jüngste aber war ahnungslos, er sagte zu ihnen: «Brüder, welch ein Glück, dass ich die Greifenfeder gefunden habe!»

«Oh, ja, aber wie hast du sie dir beschafft?»

Massimiliano erzählte ihnen alles. Auf einmal ging einer der Brüder mit dem Messer auf ihn los, tötete ihn und nahm ihm die Greifenfeder weg. Dann vergruben sie ihn mitsamt seiner Harfe unter ein paar Bäumen.

Als die Brüder nach Hause kamen, klatschten der König und die Königin vor Freude in die Hände: «Hoch sollen sie leben, unsere Prinzen!» Der König war aber besorgt, weil der Jüngste nicht dabei war: «Warum ist denn euer Bruder nicht bei euch?»

«Ach, Vater, wenn du wüsstest, was im Wald passiert ist. Ein Tier hat ihn angefallen und aufgefressen. Deshalb hat er nicht mehr mit uns kommen können. Aber schau, da ist die Feder des Vogels Greif, die dich gesund machen wird.»

«Ja, das ist schön!», sagte der König. «Aber wer weiß, wo mein Jüngster ist?» Als er das sagte, bewegte sich die Feder hin und her, als ob sie sagen wollte: «Er ist weit weg!» Der König bemerkte das aber nicht.

Nach ein paar Monaten suchte ein Hirt im Wald nach

Weiden für einen Korb. Da kam ihm plötzlich ein übler Geruch in die Nase. Die Bäume bewegten sich hin und her. Ringsum sangen die Vögel.

Er schaute sich um und sah unter einem Baum die Leiche des armen Prinzen mit seiner Harfe.

«Oh, das ist ja der Junge, der so schön gespielt hat. Jetzt kann er seine Harfe nicht mehr brauchen. Aber ich will sie hier nicht verfaulen lassen.» Er wollte die Harfe wegziehen, aber da fing sie zu spielen an:

«Amico mio, mi hanno ucciso sui Colli Pini
i miei fratelli sono gli assassini.
Non so dirti giammai la ragione
perchè mi hanno rubato la penna dell'uccello Grifone.»

(Mein Freund, man hat mich umgebracht auf den
                                        Colli Pini.
Meine Brüder sind die Mörder.
Ich kann dir nicht sagen,
   warum sie mir die Feder des Vogels Greif gestohlen
                                         haben.)

«Da steckt irgendein Zauber dahinter, seit wann kann denn eine Harfe reden?»

Der Hirt nahm die Harfe mit nach Hause und versammelte alle Bauern um sich: «Hört, hört, diese Harfe kann reden:

«Amici miei, mi hanno ucciso sui Colli Pini
i miei fratelli sono gli assassini.
Non so dirvi giammai la ragione
perchè mi hanno rubato la penna dell'uccello Grifone.»

Da sagten die Bauern: «Bring die Harfe dem König Gaudenzio. Zeig sie ihm und lass ihn zuhören. Hier geht etwas nicht mit rechten Dingen zu!»

Zuerst aber gingen sie in den Wald zurück, legten den Leichnam des Prinzen in einen Sarg, begruben ihn und stellten ein Kreuz auf sein Grab mit der Inschrift: Hier ruht Massimiliano, Märtyrer der Güte. Der Prinz hatte nämlich gesagt, dass er Massimiliano heiße. Am Schluss schmückten sie das Grab mit Blumen.

Kaum waren sie fertig, neigten sich die Bäume über das Grab und die Vögel begannen zu singen.

Der Hirt zog seine schönsten Festtagskleider an, setzte sich den Hut des Prinzen auf und machte sich auf den Weg. Als er in die Stadt kam, hielten ihn alle für den Prinzen: «Der Prinz ist nicht tot, er ist nicht tot. Die Brüder sind Betrüger. Der Prinz ist wieder da!», schrien die Leute. Der Hirt begann auf der Harfe zu spielen. Da sagten alle: «Das ist doch die Harfe unseres Prinzen Massimiliano.» Er spielte und die Harfe sang:

«*Amici miei, mi hanno ucciso sui Colli Pini*
i miei fratelli sono gli assassini.
Non so dirvi giammai la ragione
perchè mi hanno rubato la penna dell'uccello Grifone.»

Die Vögel pfiffen dazu: «Das ist wahr, das ist wahr!»

Aber die Brüder setzten sich zur Wehr: «Der da ist wohl verrückt! Es ist nicht wahr, was er erzählt.»

Die Untertanen aber riefen den König herbei: «Kommt, Majestät, kommt!»

«Was ist denn los?», fragte der König und sagte zum Hirten: «Komm, mein Sohn, wo hast du denn diese Sachen gefunden?»

«Oben im Wald. Ich weiß, dass ein junger Mann da war und die Feder des Vogels Greif geholt hat. Aber hört nur!» Und er spielte auf der Harfe:

> «*Padre mio, mi hanno ucciso sui Colli Pini*
> *i miei fratelli sono gli assassini.*
> *Non so dirvi giammai la ragione*
> *perchè mi hanno rubato la penna dell'uccello Grifone.*»

Und die Vögel sangen: «Es ist wahr, es ist wahr!»
Der König war höchst erstaunt und sagte zu seinen Söhnen: «Spielt ihr, dann erfahren wir die Wahrheit!» Kaum hatten sie angefangen, weinte die Harfe, sie hörte gar nicht mehr auf:

> «*Fratelli miei, mi avete ucciso sui Colli Pini*
> *Voi siete i miei assassini.*
> *Non so dirvi giammai la ragione*
> *perchè mi avete rubato la penna dell'uccello Grifone.*»

Und wieder sangen die Vögel: «Es ist wahr, es ist wahr!»
Der König befahl seinen zwei Söhnen, die hässlichsten Kleider anzuziehen, die es in seinem Reich gebe. Dann ließ er sie an Ketten legen und von da an mussten sie auf einem dreckigen Bauernhof die Schweine hüten. Zu dem Hirten aber sagte er: «Du sollst mein Sohn sein!»
«Aber nein, das kann ich nicht, ich bin nur ein armer Hirt, ich kann nicht Euer Sohn sein.»
«Da gibt es nichts zu diskutieren, du kommst mit mir!»
Die Harfe sang: «Du wirst meinen Platz einnehmen. Deine Freunde und du, ihr habt mich begraben und deshalb sollst du jetzt Prinz sein!»
Der König sagte: «Ja, du sollst mein Sohn sein!» Er ließ die Eltern des Hirten holen und alle seine Freunde mitsamt den Tieren und gab ihnen die schönsten Weideplätze.
Aus dem Hirten ist ein Prinz geworden; er hat die tüch-

tigste Prinzessin geheiratet und sie lebten glücklich und zufrieden. Der König aber sagte: «Mein Sohn, sei immer aufrichtig und ehrlich, nicht wie meine Söhne!» Und meine Geschichte ist zu Ende.

25 | Das Sternkind

Vor vielen, vielen Jahren lebte ein Holzfäller, der im Wald Holz sammelte, weil es schon Winter wurde. Es war bitterkalt und ein eisiger Wind wehte. Der Himmel war klar und voller Sterne.
Auf einmal löste sich ein Stern und fiel in den Wald. Der Holzfäller ging hin und fand ein Bündel. Es war ein goldener Mantel. Ein Stimmchen darin weinte: «Ne ne ne.» Der Holzfäller sagte sich: «Das ist wohl ein Kind, das vom Paradies heruntergefallen ist.» Er nahm es mit sich, obwohl er zu Hause schon zwölf Kinder hatte.
Seine Frau sagte: «Du bist wohl verrückt. Wir haben ja kaum für unsere Kinder genug zu essen!»
«Aber schau doch, es ist in einen goldenen Mantel eingewickelt. Schau, es hat auch eine goldene Kette um den Hals und unter den Windeln einen Beutel mit Goldmünzen. Wir wollen es doch behalten!»
«Nein, nein, du bist verrückt. Bring es gleich wieder dorthin, wo du es gefunden hast!»
«Nein, wir behalten es. Es wird unser Glück sein!»
Und so behielten sie es, und es wurde groß.
Das Kind war bildhübsch wie ein Prinz, aber furchtbar böse und grausam. Es fing Mücken und riss ihnen ein-

zeln die Beine aus. Die Katzen zog es am Schwanz, den Kröten stach es die Augen aus.

Der Holzfäller fragte besorgt: «Warum bist du denn so böse, mein Sohn?»

«Was geht das dich an?»

«Wir haben dich im Wald gefunden und großgezogen!» Eines Tages war das Sternkind mit andern Kindern draußen beim Spielen. Da kam eine alte Frau, eine Bettlerin vorbei. Sie hatte ganz zerrissene Kleider, wunde Füße und weinte verzweifelt. Das Sternkind sagte zu ihr: «Du alte hässliche Hexe! Dann bewarf es sie mit Steinen. Der Holzfäller sah das und kam ihr schnell zu Hilfe. «Du bist wohl verrückt!», sagte er zu seinem Sohn. «Hast du überhaupt ein Gewissen? Warum plagst du eine alte Frau, die um ein Almosen bettelt? Fort mit dir, du Bösewicht!»

Die alte Frau schaute das Kind an und sagte: «Warum bewirfst du mich mit Steinen? Ich habe dir doch nichts getan. Vor vielen, vielen Jahren hat man mir meinen kleinen Sohn entführt. Ich habe nie erfahren, wo er ist!»

«Du willst meine Mutter sein, du hässliche alte Hexe du?»

«Vielleicht bist du wirklich mein Sohn», sagte sie und fiel in Ohnmacht.

Der Holzfäller half der armen Frau. Er gab ihr zu essen. Dann erzählte sie ihm ihre Geschichte: «Vor vielen, vielen Jahren hat man mir meinen Jungen entführt. Seither bin ich unterwegs. Überall in der Welt habe ich ihn gesucht. Die Füße habe ich mir wund gelaufen. Aber sagt, warum ist euer Sohn so böse?»

Da erzählte der Holzfäller, dass er vor zehn Jahren in

den Wald gegangen sei und dort ein Bündel gefunden habe, ein Kind in einem goldbestickten Mantel, mit einer Goldkette um den Hals und mit Goldmünzen unter den Windeln.

Die Frau sagte: «Zeig mir, was du damals gefunden hast!» Er hat die Truhe geöffnet. Da waren der goldene Mantel und noch einige Goldmünzen, die übrig geblieben waren. Die andern hatte der Holzfäller aufgebraucht, um seine Familie zu ernähren. Die Kette war aber noch da.

«Dann hab ich meinen Sohn gefunden. Es ist wirklich mein Sohn! Sag ihm, er soll zu mir kommen! Ich will ihn umarmen und küssen. Zehn Jahre habe ich nach ihm gesucht.» Der Holzfäller rief seinen Sohn.

Der aber sagte: «Das soll meine Mutter sein, die Bettlerin da, die Hexe? Lieber küsse ich eine Schlange als die!» Die arme Frau fiel wieder in Ohnmacht. Als sie sich erholt hatte, sagte sie: «Danke, mein Sohn. Du wirst mich noch brauchen, aber es wird schon zu spät sein!»

Kaum war sie weggegangen, lief der Sohn des Holzfällers zu seinen Freunden zurück und sagte: «Endlich ist die Hexe weggegangen!»

Die andern erkannten ihn aber nicht mehr, denn er sah aus wie eine Kröte. Sie sagten: «Mit dir wollen wir nichts mehr zu tun haben. Mit dir wollen wir nicht mehr zusammen sein!» Und sie rannten weg.

Und er: «Das ist nicht möglich, dass ich plötzlich so hässlich bin!»

Er ging zu einem Fluss und sah, dass er wirklich in eine Kröte verwandelt worden war. Da weinte er: «Oh, was hab ich nur getan! Ich habe meine Mutter verleugnet. Wer weiß, wo sie jetzt ist. Ich will sie suchen!»

Und er weinte und weinte, so verzweifelt war er. Da sagte die Tochter des Holzfällers: «Mach dir keine Sorgen. Wir werden dir helfen. Wir haben dich doch gern.»

Er machte sich auf den Weg, um seine Mutter zu suchen. Er fragte einen Schmetterling: «Oh, Schmetterling, hast du vielleicht meine Mutter gesehen?»

«Wenn ich sie gesehen hätte, würd ich es dir nicht sagen. Du hast mir ja die Beine ausgerissen.»

Da kam ein Vogel geflogen: «Vogel, hast du vielleicht meine Mutter gesehen?»

«Das sage ich dir nicht, weil du mir immer die Eier aus dem Nest gestohlen hast.»

Er fragte alle, aber niemand wollte ihm Antwort geben, weil er alle immer schlecht behandelt hatte.

Er ging und ging, bis er zu einem Palast kam. Am Eingang erkundigte er sich, ob seine Mutter da wohne.

«Nein, deine Mutter wohnt nicht hier. Du bist ja eine Kröte!»

«Meine Mutter ist Bettlerin. Ich suche sie überall. Ich habe sie nämlich schlecht behandelt.»

«Geh weg, geh weg. Kinder, die ihre Eltern schlecht behandeln, wollen wir hier nicht.» Und man versetzte ihm einen Tritt und jagte ihn weg.

In dem Moment ging ein alter Mann am Palast vorbei. Er hatte einen langen Bart und ein böses Gesicht, das an einen Zauberer erinnerte.

Er fragte: «Was ist denn los?»

«Ich habe meine Mutter schlecht behandelt und jetzt bin ich auf der Suche nach ihr.»

«Gut, komm mit mir. Du sollst mein Diener sein!»

Sie gingen und gingen bis zu einem großen Palast. Der Zauberer verband ihm die Augen, damit er nicht sah, wohin sie gingen. Sie traten in den Palast ein. Der Bursche tappte im Dunkeln. Nach einer Weile kamen sie in einen Keller, der voller Spinnweben war. Da nahm ihm der Zauberer die Augenbinde ab und sagte: «Hier wirst du wohnen. Du bist jetzt mein Diener!»

Er gab ihm ein Stück schwarzes Brot und ein Glas frisches Wasser. «Nimm, wenn du Hunger hast, iss, und wenn du Durst hast, trink!»

Der arme Junge sagte: «Aber ich bin doch auf der Suche nach meiner Mutter. Ich will nicht dein Diener sein!»

«Vogel, friss oder stirb. Du bist mein Diener und damit basta!»

Am nächsten Morgen kam der Zauberer wieder, frisch und ausgeruht. Er sagte: «Du gehst jetzt in den Wald. Dort wirst du drei Goldstücke finden, eines aus weißem Gold, das andere aus gelbem Gold, das dritte aus rotem Gold. Bring mir das weiße Goldstück.»

Der arme Junge ging und ging.

Mitten in den Dornen fiel er hin. «Was soll ich bloß machen?»

Der Zauberer hatte ihm nämlich gesagt: «Wenn du ohne das Goldstück zurückkommst, verprügle ich dich nach Noten!»

Es wurde schon Nacht und er hatte das Goldstück immer noch nicht gefunden. Da hörte er auf einmal jemanden weinen: «Hilfe, Hilfe!»

Er ging der Stimme nach und fand einen armen Hasen, der in eine Falle geraten war. «Hilf mir, hilf mir!» Das Sternkind hatte Mitleid und befreite den Hasen.

«Mein Freund, auch ich bin nur ein armer Sklave. Aber dir will ich die Freiheit geben!»

Der Hase sagte zu ihm: «Wie kann ich dir nur dafür danken, dass du mich befreit hast?»

«Mein Herr hat mir aufgetragen, das weiße Goldstück nach Hause zu bringen. Wenn ich es nicht finde, verprügelt er mich nach Noten.»

«Gut, ich helfe dir, komm mit.» Sie gingen und gingen und fanden in einem Baum das Goldstück.

«Bring es deinem Herrn. Aber pass auf, dein Herr ist ein schlechter Mensch!» Und schon war der Hase verschwunden.

Der Bursche machte sich gleich auf den Heimweg. Auf einmal hört er wieder jemanden jammern. «Was ist denn das?»

Ein Leprakranker kam daher. Er war voller Geschwüre und weinte. Der Bursche hat zu ihm gesagt: «Warum weinst du denn, armer Mann?»

«Gib mir dein Gold oder wenigstens ein paar Franken. Ich habe solchen Hunger, ich halt's nicht mehr aus. Ich muss etwas zu essen kaufen.»

Da gab er ihm aus Mitleid das Goldstück.

Zu Hause fragte ihn der Herr: «Hast du das Gold gefunden?»

«Ja, aber ich habe es einem armen Leprakranken gegeben. Ich hatte Mitleid mit ihm.»

Da nahm der Zauberer einen Riemen und verprügelte ihn – patim patom patim patom. Anstatt ihm zu essen zu geben, setzte er ihm eine leere Schüssel vor. «Schau jetzt, wie du zurechtkommst! Du hast mir mein Gold nicht gebracht, stirb jetzt vor Hunger!»

Am nächsten Morgen kam der Zauberer wieder und sagte zu dem Burschen, der immer noch weinte: «Steh auf, geh in den Wald und bring mir das gelbe Goldstück. Wenn du's mir nicht bringst, kriegst du zweihundert Schläge auf den Hintern!» Der Junge machte sich wieder auf dem Weg, noch ganz zerschlagen von den Prügeln, die er am Abend vorher eingesteckt hatte.
Im Wald traf er wieder den Hasen, der nochmals in eine Falle geraten war.
«Warum weinst du, armer Hase?»
«Gestern hast du mich befreit. Hilf mir doch auch heute!»
Das tat er, und der Hase fragte ihn: «Was brauchst du heute?»
«Heute soll ich meinem Herrn das gelbe Goldstück bringen. Sonst gibt er mir zweihundert Schläge auf den Hintern.»
«Komm mit mir. Wir werden es schon finden.» Und wirklich: Sie gingen und gingen und fanden das Goldstück.
Auf dem Heimweg traf er wieder den Leprakranken.
«Hilf mir, hilf mir! Gib mir ein wenig Geld. Ich habe solchen Durst. Ich muss etwas zu trinken kaufen!»
«Aber ich hab doch nichts außer diesem Goldstück. Aber wart, ich will's dir geben. Behalt es. Mein Herr wird mich zwar verhauen, aber das macht nichts.»
«Der Herrgott möge es dir vergelten!»
Als der Bursche nach Hause kam, fragte ihn der Zauberer: «Wo ist das Gold?»
«Ich hab es einem armen Leprakranken gegeben!»
Da schlug er ihn mit einer Eisenkette und steckte ihn in ein tiefes Loch ohne Essen.

Am nächsten Morgen sagte er zu ihm: «Heute bringst du mir das rote Goldstück nach Hause. Und wehe dir, wenn du es wieder nicht bringst!»
Der arme Bursche ging wieder in den Wald und traf den Hasen.
«Aber warum weinst du denn, mein Junge?»
«Mein Herr hat mir aufgetragen, das rote Goldstück nach Hause zu bringen, sonst verprügelt er mich.»
«Du hast Glück. Dort in jener Höhle ist das rote Goldstück.»
«Danke, wie soll ich dir nur danken?»
«Nichts zu danken. Du hast mich aus der Falle befreit und ich habe dir dafür geholfen.»
Auf dem Heimweg traf er wieder den Leprakranken: «Ich habe Hunger, gib mir dein Goldstück!» Und der arme Bursche gab es ihm.
Gleich darauf donnerte es laut.
«Was passiert denn da?» Auf einmal stand ein großer Palast vor ihm. Die Diener sagten: «Wie schön, unser Herr ist wieder da!»
«Aber was soll denn das? Vor kurzem war ich noch eine Kröte und jetzt bin ich auf einmal ein Herr!»
In einer Ecke standen seine Mutter, die Königin und sein Vater, der König.
«Wie komme ich denn in diesen Palast? Vorhin war ich doch noch im Wald!» Da sagte sein Vater: «Ich war jener arme Bettler, dem du die Goldstücke gegeben hast. Und das ist deine Mutter, die dich gesucht hat und die du so schlecht behandelt hast. Jener Zauberer ist ein Freund von uns. Er hat dir absichtlich aufgetragen, die Goldstücke zu suchen. Du hast mit dem Hasen und dem

Leprakranken Erbarmen gehabt. Dafür bist du jetzt ein großer Herr!»
Sie feierten ein großes Fest und die Mutter sagte: «Ist es denn möglich, dass du nun so gut bist und deine Eltern und die Tiere nicht mehr plagst? Der Herrgott möge dich segnen!»
Und er antwortete: «Jetzt, da ich ein Prinz bin, will ich den Holzfäller mit seiner Familie einladen.»
Der Zauberer nahm seinen Stab und zauberte den Holzfäller mit seiner Familie herbei. Sie feierten das Wiedersehen, der Prinz heiratete die Tochter des Holzfällers, und meine Geschichte ist zu Ende.

26 | Der Silberfisch

Vor vielen, vielen Jahren lebte ein armer Fischer mit seiner Frau und seinen zwölf Kindern. Die waren alle Faulpelze und hatten keine Lust zu arbeiten.
Der Vater ging jeden Tag fischen. Eines Tages hatte er einen Fisch im Netz, der zu ihm sagte: «Nein, nein, lass mich springen, es wird dein Glück sein!»
Da erschrak der Fischer und sagte: «Wer ruft mich denn?»
«Ich bin es, der Silberfisch. Lass mich gehen, es wird dein Glück sein!»
«Also gut!»
Er ließ den Silberfisch ziehen und ging mit den andern Fischen nach Hause. Er sagte aber zu niemandem etwas, denn der Silberfisch hatte ihn gewarnt: «Sprich mit niemandem über mich!» Also gut.

Am nächsten Morgen ruft ihn wieder jemand: «Güstín, komm, ich bin da.» Er schaut sich um. Aber es ist niemand da.

Am Ufer war nur der Silberfisch. Er sagte: «Ich habe dich gerufen. Komm, hör mir gut zu! Du gehst jetzt diesen Weg entlang, bis du zu einem Fluss kommst. Geh immer schön hinauf. Wenn du oben ankommst, findest du einen Baum. Schlage dreimal an diesen Baum und du wirst sehen, was passiert.»

Güstín machte sich auf den Weg. Als er oben angekommen war, schlug er an den Baum, und der verwandelte sich in einen großen Palast. Vor dem Tor stand ein schwarz gekleideter Herr. Er hatte schöne, mit Brillantine glatt gekämmte Haare. Der arme Fischer erschrak, aber der Herr sagte: «Hab keine Angst. Ich bin der Silberfisch. Ein Zauberer hat mich vor langer Zeit verwandelt, weil ich zu hochnäsig gewesen bin. Im Wasser bin ich ein Fisch. Wenn ich hierher komme, bin ich wie früher. Der Zauberer hat mir gesagt, dass ich wieder normal werde, sobald ich jemandem Gutes tun kann, einem Menschen, der mich auch gern hat. Ich bin nicht mehr stolz wie früher und weiß, dass du meine Hilfe brauchst. Komm jetzt in mein Haus.»

Welche Pracht. In dem Hause gab es alles im Überfluss. «Nimm dir, was du willst», sagte der Silberfisch.

Der Fischer füllte seinen Korb mit Hühnern, Kapaunen, Wein und allen möglichen guten Speisen. Er sagte: «Danke, was schulde ich Euch dafür?»

Und der Silberfisch antwortete: «Sei still. Sag niemandem etwas von dem, was du gesehen und gehört hast. Sprich mit niemandem darüber. Denk daran! Und wenn

du etwas brauchst, komm wieder ans Ufer und du wirst mich finden. Und wenn dich deine Frau fragt, wo du all die guten Sachen herhast, dann sag ihr, dass du einen entfernten Verwandten aus Amerika getroffen hast.»
Also gut. Der glückliche Fischer brachte alles nach Hause, und sie lebten lange Zeit davon.
Dann wurde es kalt. Der Winter kam. Da fiel dem Fischer sein Freund, der Silberfisch, ein.
Er war zwar jeden Tag fischen gegangen, aber den Silberfisch hatte er nicht mehr gesprochen. Er zeigte sich immer nur schnell, um ciao zu sagen, und verschwand gleich wieder.
Schon begann es zu schneien. Der Fischer brauchte Mäntel, Decken und warme Sachen für seine Frau und seine Kinder. Er ging zum Ufer und sagte zum Silberfisch: «Ich möchte dich um etwas bitten.»
«Gut. Geh zu jenem Stein dort und drehe ihn um. Dann wirst du den Schlüssel zu meinem Hause finden. Geh dann zum Haus hinauf und tritt ein, ohne an die Tür zu klopfen. Ich werde auf dich warten. Öffne die Tür und ruf mich, wie das letzte Mal.»
Der Fischer ging zum Stein, nahm den Schlüssel, klopfte an den Baum, und da erschien wieder der Palast. Da war auch wieder jener Herr, der Silberfisch. Er sagte: «Du brauchst warme Sachen. Geh dorthin!» Da fand er ein Riesenzimmer, voll gestopft mit Mänteln, Decken. Alles war da im Überfluss. Es gab auch Essen, Öfen, alles, was man im Winter braucht, auch Holz.
Der Fischer nahm ein paar Decken und sonst noch einiges. Er war nämlich mit seinem Schiff gekommen. Das belud er nun mit all den Gottesgaben und fuhr weg. Der

Silberfisch sagte noch zu ihm: «Pass aber auf. Sag niemandem etwas und komm morgen früh wieder hierher. Es gibt noch andere Sachen für dich. Wer weiß, ob du in einem Monat noch etwas finden wirst. Jetzt, wo du ein Herr geworden bist, werden die bösen Zungen versuchen, dich auszufragen. Hör auf mich, sprich mit niemandem!»
Also gut. Der Fischer ging mit all den guten Sachen nach Hause. Seine Frau sagte zu ihm: «Sag mir doch, wo du all das herhast.»
«Ja weißt du, ich habe einen Verwandten aus Amerika getroffen.»
«Ich möchte ihn kennen lernen.»
«Nein, nein. Er hat mir gesagt, ich soll niemandem von unserer Begegnung erzählen. Er will niemanden sehen.»
Am nächsten Tag ging er nochmals zum Silberfisch. Der wartete schon auf ihn oben in seinem Palast. Er sagte: «Güstín, pass auf, pass nur ja auf. Der Teufel ist schon im Spiel. Trink ja keinen Wein! Hör auf mich, ich ahne Böses.»
Und der Fischer: «Nein, nein, mach dir keine Sorgen.»
Inzwischen waren schon ein Jahr und ein Monat vergangen. Sie hatten nun ein großes Haus, Kühe und Schweine. Es ging ihnen gut. Der Fischer war ein wohlhabender Bauer geworden. Sein ältester Sohn aber war hinterlistig und sagte: «Vater, wir wollen ein Fest feiern, weil wir jetzt reiche Herren sind. Gehen wir ins Restaurant!»
Der Fischer spürte, wie ihn jemand am Rockzipfel zog, wie um zu sagen: Sei auf der Hut! Aber er ging trotzdem mit seiner Frau und mit seinen Kindern ins Restau-

rant. Da sagten seine Freunde: «Güstín, du bist doch jetzt ein Herr. Wir möchten gerne wissen, wie man es anstellt, so reich zu werden.»

Güstín schwieg. In seinem Ohr flüsterte eine Stimme: «Pass auf! Sag nichts, sag ja nichts!» Sein Sohn war aber verdorben. Er gab dem Vater zu trinken, bis er einen Rausch hatte. Da erzählte er alles, wie er den Silberfisch getroffen hatte, und wie der ihm Geld gegeben hatte, wie er mit ihm nach Hause gegangen war, die ganze Geschichte hat er erzählt. Als sie zu Ende war, spürte er, wie ihn jemand am Arm riss, an den Beinen, am ganzen Körper. Und er wurde in eine Kröte verwandelt.

Alle riefen: «Hilfe, Hilfe!» Aber der arme Mann konnte nur noch quaken, er hatte keine Stimme mehr. Das war die Strafe des Silberfisches, der ihn vor dem Sprechen gewarnt hatte.

«Um Gottes willen, jetzt bin ich eine Kröte!»

Auch das neue Haus war verschwunden, das Vieh, alles, alles. Und Güstín war eine Kröte und wohnte von da an im Graben. Er fragte die Fische: «Oh, meine lieben Fischlein, habt ihr vielleicht meinen Freund, den Silberfisch, gesehen?»

Aber alle antworteten: «Wir nicht, wir nicht, wir nicht!» Die Fische verstanden ihn nicht.

«Oh, ich Armer.»

Da sah er einen Baum. Er schlug daran, aber es geschah nichts. Er lief ans Ufer des Meeres und sah eine Schwalbe. Da ging er zur Schwalbe: «Oh, Schwalbe, du bist doch in der ganzen Welt gewesen. Kennst du vielleicht meinen Freund, den Silberfisch?»

Die Schwalbe sagte: «Ich weiß, wo er ist. Aber du musst

jetzt zuerst ein wenig büßen, weil du zu viel getrunken und dann alles ausgeplaudert hast.»
Und er: «Mein Sohn ist schuld und meine Freunde!»
«Ja, aber du hättest auf den Silberfisch hören sollen. Nun gut, ich zeige dir den Weg!»
Die Schwalbe flog voraus und er folgte ihr nach. Dann sagte sie: «Du wirst jetzt gleich sehen, was passiert. Mein Freund, der Walfisch wird kommen. Ich werde ihm von dir erzählen.» Die Schwalbe erklärte dem Walfisch alles und sagte zu ihm: «Hilf ihm. Führ ihn zum Silberfisch!»
«Also gut. Wir wollen Freunde sein!»
Der Walfisch war nämlich auch verzaubert worden. Er war einst eine vornehme Dame gewesen. Aber dann hatte sie über alle Leute schlecht gesprochen und deshalb hatte sie die Zauberin in einen Walfisch verwandelt.
«Steig in meinen Rachen», sagte der Walfisch, «hab keine Angst, ich werde dich nicht fressen!»
«Danke, Schwalbe. Wir sehen uns sicher wieder.»
Der Fischer stieg in den Rachen des Walfisches, und sie schwammen und schwammen. Als sie aber zu einer bestimmten Stelle kamen, sagte der Walfisch: «Schau, jetzt kann ich dich nicht weiterbringen. Hier ist mein Gebiet zu Ende. Ich setze dich am Ufer aus. Pass auf, ein großer Lastwagen wird hier Halt machen. Er fährt nach Brasilien. Wart auf ihn. Pass aber auf. Lass dich ja nicht sehen von den jungen Leuten da am Ufer.»
Die hatten die Kröte aber schon entdeckt und bewarfen sie mit Steinen. In diesem Moment flog die Schwalbe vorbei und sagte: «Lasst die Tiere in Ruhe, sie sind Gottes Geschöpfe wie ihr. Wenn ihr dieser armen Kröte etwas zuleide tut, werde ich euch bestrafen. Ich rufe alle

Vögel des Himmels, damit sie eure Augen verdrecken und ihr blind werdet.»
Als die Jungen das hörten, erschraken sie. Sie hatten noch nie eine Schwalbe sprechen hören. Sie verschwanden und ließen die Kröte alleine zurück.
Unterdessen war der Lastwagen gekommen, der nach Brasilien fuhr. Darauf saßen viele Arbeiter. Es gab da auch Wein, Bier, Schnaps und alles Mögliche. Die Arbeiter stiegen aus und gingen in die Schenke. Die Kröte aber wagte sich sachte, sachte vor, sprang auf den Lastwagen und versteckte sich hinter den Flaschen. Es fehlte nicht an Essen. Sie lebte gut von Insekten und Eidechsen. Als der Lastwagen in Brasilien ankam, sprang die Kröte runter und schaute sich gleich nach dem Silberfisch um: «Ach Silberfisch, mein Freund, hilf mir!»
Der Silberfisch zeigte sich aber nicht. Aber da rief jemand: «Güstín, Güstín, komm her zu mir!» Er hat sich umgeschaut. Aber niemand war zu sehen.
Dann kam eine Sirene. Sie sagte zu ihm: «Ich weiß, wohin du gehst, Güstín. Ich bin auch verzaubert worden. Du bist eine Kröte, weil du zu viel geschwatzt hast. Ich bin eine Sirene, weil ich zu hochmütig war. Da hat mich die Zauberin halb zur Frau, halb zum Fisch gemacht. Aber ich weiß, wo der Silberfisch ist. Er wohnt viele Kilometer entfernt von hier. Die Zauberin hat mir versprochen, dass ich wieder ein Mensch werde, wenn ich jemandem etwas Gutes tue. Setz dich auf meinen Rücken, ich werde dir helfen!»
Das ließ er sich nicht zweimal sagen. Er saß auf und sie legten zusammen Kilometer um Kilometer zurück, bis sie zu einer Ebene kamen.

«So, jetzt kann ich nicht mehr weiter, hier ist mein Gebiet zu Ende. Aber wenn du vom Silberfisch zurückkommst, rufe mich, und ich werde dir weiterhelfen!»
Er blieb also alleine zurück, trank ein bisschen Wasser und ging zu einem Bächlein, um sich im Schatten einer Pinie zu verstecken. Auf dem Grund des Bächleins diskutierten die Fische eifrig. Einer sagte: «Es tut mir Leid, dass ich den armen Güstín bestrafen musste, weil ja an allem seine Familie schuld war. Er könnte jetzt ein reicher Herr sein. Ich möchte ihn so gerne wieder treffen, um ihm zu helfen. Ich hoffe, dass er mich findet.»
Das hörte die arme Kröte. Sie war nur ein paar Meter entfernt. Da fragte sie leise: «Bitte, meine lieben Fische, habt ihr vielleicht meinen Freund, den Silberfisch gesehen?»
Da sagte der Silberfisch: «Ich bin hier, aber wer bist du?»
«Ich bin eine arme Kröte. Ich bin der arme Güstín, der zu viel geredet hat.»
«Schau, es hat mir immer Leid getan, dir so etwas anzutun. Aber ich hatte dir doch gesagt, dass Schweigen Gold ist. Wenn du nicht gesprochen hättest, wärst du nicht verwandelt worden. Wenn ich mich nicht so hochmütig benommen hätte, wäre ich kein Fisch. Die Sirene wäre immer noch eine Prinzessin, wenn sie nicht so stolz gewesen wäre. Und der Walfisch wäre kein Walfisch, wenn er nicht die andern verleumdet hätte. Aber sicher hast du jetzt bereut.»
«Ja, ich habe bereut. Ich schwöre dir vor dem Herrn, dass aus meinem Mund nie mehr etwas zu hören sein wird!»
Da sagte der Silberfisch: «Jetzt rufe ich meine Freundin, die Sirene. Sie wird dich zum Walfisch bringen. Der Wal-

fisch wird dich ans Ufer bringen und dort wirst du mich wieder treffen.»
Und wirklich, die Sirene kam.
Er setzte sich ihr auf den Rücken und sie gingen zum Walfisch. Am Ufer fand er einen schönen Prinzen. Es war der Silberfisch. Der Prinz heiratete die Sirene, die wieder zur Prinzessin geworden war. Der Walfisch aber war die Mutter des Prinzen.
Der Fischer fand seine Familie wieder. Seine Kinder waren artig, und er wurde Herr des ganzen Palastes. Sie feierten ein schönes Fest, und die Geschichte ist zu Ende.

27 | Die beiden Kesselflicker

Zwei Kesselflicker aus dem Val Colla zogen von Dorf zu Dorf und suchten Arbeit. Da wurden sie eines Tages auf einer abgelegenen Landstraße von der Dunkelheit überrascht. Nicht weit entfernt sahen sie ein einsames Haus. Sie klopften an und baten um Unterkunft.
«Ich habe zwar wenig Platz und viele Kinder», sagte der Hausherr, «aber wenn ihr euch mit einem Strohlager in der Küche zufrieden gebt, könnt ihr hier übernachten.»
«Besser hier als draußen unterm Sternenhimmel», sagte einer der Kesselflicker.
«Danke», fügte der andere hinzu, «wir sind auch schlechtere Betten gewöhnt. Hier ist es wenigstens warm!»
Der Hausherr machte das Lager bereit, wünschte ihnen eine gute Nacht und ging nach oben, um zu schlafen.
Während des Nachtgebets schaute ein Kesselflicker

himmelwärts und da fielen ihm eine ganze Reihe Würste auf, die oben im Kamin hingen und vom Feuer beleuchtet wurden.
«Schau mal, wie viel Gottesgaben da oben hängen», sagte er zu seinem Kumpanen. Der andere stand da mit offenem Mund: «Nehmen wir doch eine Wurst für uns, nur eine. Es sind ja so viele. Keiner wird es bemerken, wenn eine fehlt!» Es brauchte wenig, um den Kumpanen zu überzeugen, eine große Wurst abzuhängen und im Sack zu verstauen.
Am Morgen kam der Hausherr, der nicht der Dümmste war, herunter, bevor die zwei Kesselflicker erwacht waren. Er zählte rasch seine Würste und merkte bald, wohin eine verschwunden war. Dann klopfte er den Kesselflickern leicht auf die Schultern, um sie zu wecken, und sagte: «Ihr könnt euch hinter dem Haus waschen. Das Brunnenwasser kommt direkt aus den Bergen.» Und während die beiden draußen waren, nahm er schnell die Wurst aus dem Sack, lief in den Stall und füllte den Sack mit Mist. Dann stellte er ihn an seinen Platz zurück.
Als die Kesselflicker unterwegs waren, merkten sie auf einmal, dass etwas stank.
«Was für ein fürchterlicher Gestank!», sagte der jüngere Kesselflicker, der eine feine Nase hatte.
«Das bildest du dir nur ein!», sagte der ältere.
«Was für ein Gestank!», wiederholte der jüngere nach einer Weile.
«Ich weiß wirklich nicht, was du immer hast», wiederholte der andere.
Als sie aber zu einem Bächlein kamen und den Sack

abstellten, um ihren Durst zu stillen, sahen sie, wie ein paar flinke weiße Mäuschen im Sack verschwanden und ganz verdreckt wieder herauskamen.

«Du hast Recht gehabt!», sagte der ältere, «es muss etwas Dreckiges, Stinkiges im Sack sein!»

Sie schauten nach und leerten den Inhalt des Sackes angeekelt aus. Dann rieben sie den Sack mit Flusssand tüchtig aus.

Der jüngere Kesselflicker sah plötzlich, dass die weißen Mäuse tanzten und zu ihnen kamen, gerade als ob sie sich schon lange kennen würden.

«Wir nehmen sie doch mit», sagte er. «Sie werden uns Gesellschaft leisten!»

«Du bist ja verrückt. Zwei Mäuse sollen wir in der Welt herumschleppen!»

Der jüngere konnte den älteren schließlich überzeugen, und so verschwanden die beiden Mäuschen im Sack.

Die Kesselflicker kamen in die nächste Stadt und erfuhren, dass es die Hauptstadt des Reiches sei.

Überall an den Mauern war angeschlagen, dass derjenige, der die traurige Prinzessin zum Lachen bringe, einen Preis erhalte.

«Wir könnten unsere Mäuse tanzen lassen», schlug der jüngere Kesselflicker vor. «Vielleicht wird die Prinzessin lachen.»

«Eine gute Idee, wir wollen's jedenfalls probieren!»

Sie meldeten sich im königlichen Palast, und als sie an die Reihe kamen, trat der jüngere Kesselflicker mit seinen Tierchen vor der Prinzessin auf. Die Mäuschen vollführten allerlei Kapriolen und Sprünge, bis die Prinzessin von ganzem Herzen lachte.

Der König, der die ganze Szene mitverfolgt hatte, war außer sich vor Freude und rief den Fremden schleunigst zu sich: «Du bist ein schöner Bursche! Man sieht dir auch an, dass du Humor hast und meine Tochter aufheitern kannst. Nur dir hat sie zugelacht. Als Belohnung will ich sie dir zur Frau geben.»

Der Jüngling hatte aber schon eine schöne Verlobte zu Hause im Dorf. Er war wie versteinert und wusste nicht, wie er es anstellen sollte, die Prinzessin zurückzuweisen, ohne den König zu beleidigen. Auf keinen Fall wollte er in einem dunklen Gefängnis enden. Und so stand er auf einmal, ohne es überhaupt zu merken, inmitten von Luxus und Ehren vor dem Traualtar.

Am Abend jedoch, als das Bankett zu Ende war, dachte er voller Wehmut an seine Verlobte, die im Dorf auf ihn wartete und die viel schöner war als seine Braut. Die war inzwischen ins Schlafzimmer gegangen und ins Ehebett geschlüpft. Der Kesselflicker war unten im Saal geblieben, hatte die Mäuschen aus dem Sack geholt und schaute sie traurig an: «Ich habe eine andere Belohnung erwartet. Wegen euch sitz ich ganz schön in der Tinte!»

Die beiden Mäuschen schlüpften schnell davon und liefen im ganzen Palast hin und her. Schließlich gingen sie in den Stall und sprangen hierhin und dorthin, bis sie voller Pferdemist waren. Sogar vom Mist der Kühe, die den Hof mit Milch versorgten, bekamen sie noch etwas ab. Dann liefen die beiden verrückten Viecher ins Schlafzimmer der Prinzessin, krochen unter die Decke und kitzelten die Prinzessin. Die lachte aus vollem Hals, so dass der König, der nebenan schlief, erwachte und schmunzelte. Inzwischen war auch der Kesselflicker ins Schlafzimmer gekommen. Er zog das Leintuch zurück und sah, dass alles verdreckt war.

Er lief schnell zum König und sagte zu ihm: «Schwiegervater, kommt schnell und seht euch unser Ehebett an. Ich kann nicht bei einer Frau bleiben, die noch ins Bett macht. Bitte befreit mich von meiner Verpflichtung als Ehemann. Die Prinzessin ist noch zu jung.»

Der König war natürlich erstaunt, als er die Bescherung sah. Aber er bereute auch schon ein wenig, dass er seine Tochter einem gewöhnlichen Kesselflicker zur Frau gegeben hatte anstatt einem Prinzen.

Der Kesselflicker hatte begriffen, wie die ganze Sache passiert war, und nützte nun die Situation aus. Der König war ja schon überglücklich, dass seine Tochter überhaupt gelacht hatte, und befreite den Bräutigam von seinen Verpflichtungen. Dann legte er ihm noch ans Herz, niemandem von dem schmutzigen Bett zu erzählen. Schließlich gab er dem Kesselflicker einen Sack voll Geld, damit es ihm leichter falle, das Versprechen zu halten.

So kehrten die beiden Kesselflicker mit einem schönen Scherflein Geld nach Hause zurück. Als sie wieder an jenem Bächlein vorbeikamen, stellten sie ihren Sack auf den Boden und ließen die beiden Mäuschen springen.

28 | Der tapfere Giuanín

Es war einmal ein Junge, er hieß Giuanín und war ein Schlingel, wie es keinen zweiten gab.
Da kam eines Tages der Pfarrer zu seiner Mutter. Sie sagte: «Herr Pfarrer, ich bin verzweifelt, weil mein Giuanín so böse ist. Ich bin eine arme Witwe, ich arbeite, so viel ich kann, aber mein Giuanín hilft mir kein bisschen.»
Giuanín aber, schlau wie er war, hatte sich hinter der Küchentüre versteckt. So hörte er, wie seine Mutter sagte: «Herr Pfarrer, nehmen Sie ihn mit sich nach Hause und gehen Sie dann mit ihm in den Wald. So ist er nicht mehr bei mir.»
Giuanín ging schnell an den See und sammelte eine Hand voll weißer Steine und steckte sie in die Tasche. Als der Pfarrer am Morgen von der Messe kam, sagte er: «Frau Ines, ich gehe jetzt in den Wald auf Jagd und nehme Giuanín mit. Komm!»
«Ja, ja, Herr Pfarrer.»
Der Pfarrer wusste aber nicht, dass Giuanín schon alles vorbereitet hatte.
Sie gingen also weg, und Giuanín ließ einen Stein nach dem andern fallen. Als sie oben auf der Höhe angekommen waren, sagte der Pfarrer: «Warte hier auf mich, ich habe dort Vögel gesehen, auf die ich schießen will!»
Es war nämlich im Oktober. Pim, pom, er schießt, hebt die Vögel vom Boden auf und geht auf einem andern Weg nach Hause.
Der arme Giuanín wartete eine Weile auf ihn. Dann sagte er sich: «Mein lieber Pfarrer, du glaubst wohl, schlau zu sein, aber ich bin schlauer als du.»

Er folgte seinen Steinen nach und kam nach Hause zurück.
Dort versteckte er sich unter dem Fenster und sah, wie seine Mutter Maisbrei machte und seufzte: «Oh, mein Gott, was hab ich bloß getan. Warum hab ich meinen Giuanín vom Pfarrer aussetzen lassen? Oh, was hab ich nur getan. Herr, verzeih mir. Oh, wenn doch nur mein Giuanín hier wäre und meinen Maisbrei essen könnte. Oh, was hab ich gemacht!»
Da dachte Giuanín, es sei genug der Strafe, und er sagte: «Mamma, mach dir keine Sorgen, ich bin hier.»
Da war sie wie alle Mütter lieb zu ihm und umarmte ihn: «Oh, Giuanín, verzeih mir.» Und sie aßen zusammen und gingen dann schlafen.
Einen Monat lang war Giuanín ganz brav. Dann war es wieder das alte Lied. Er schlug im Hause des Pfarrers die Fensterscheiben ein. Der Glaser hatte Arbeit. Kurz, Giuanín brachte alle in Wut. Da rief seine Mutter wieder den Pfarrer und sagte zu ihm: «Oh, Herr Pfarrer, ich halte es nicht mehr aus, ich halte es einfach nicht mehr aus. Giuanín tut mir Leid, aber ich halte es einfach nicht mehr aus.»
«Also gut, machen wir es so und so.»
Giuanín hörte zu, aber diesmal konnte er keine Steinchen sammeln. Er ging aber in den Keller, wo sein Vater – er war Maurer – eine Richtschnur aufbewahrte. Er dachte: «Mein lieber Pfarrer, du kannst mich nicht reinlegen.»
Am Morgen kam der Pfarrer: «Also, Frau Ines, Giuanín kommt jetzt auf einen Spaziergang mit mir in den Wald.»
«Ja, Giuanín, geh mit dem Herrn Pfarrer, aber sei brav!»

«Ja, ja, ja.»
Oben am Weinberg zog Giuanín seine Schnur hervor. Damals gab es längs des Weges viele Pfähle. Giuanín band seine Schnur am untersten Pfahl fest und zog sie während des Gehens nach. Zuoberst band er sie am letzten Pfahl fest. «Falls der Pfarrer mich wieder verliert, finde ich zurück», dachte er.
Und wirklich, der Pfarrer sagte: «Giuanín, warte hier auf mich. Ich will mich nach Brennholz umsehen.»
«Ja, ja, Herr Pfarrer.» Der Pfarrer ging weg und Giuanín blieb ganz alleine zurück. Es wurde Nacht. Giuanín rief und rief, aber der Pfarrer kam nicht zurück. Da fiel ihm seine Schnur ein. Er ging zum Weg zurück und begann, die Schnur aufzuwickeln. Er wickelte und wickelte auf und machte einen schönen Knäuel. So kam er wieder nach Hause. Seine Mutter war da und weinte. Sie hatte schon gegessen und lag im Bett. Sie sagte: «Oh, Madonna, lass meinen Giuanín zurückkommen. Oh, was hab ich nur getan, was hab ich nur getan. Oh, verzeih mir, Giuanín, verzeih mir. Was hab ich nur getan!»
Da hatte Giuanín Mitleid mit der armen Frau. «Ich bin böse gewesen und deshalb war sie gemein mit mir, aber schließlich hat nicht sie mich im Wald ausgesetzt.»
Und die Mutter: «Oh, Herr, lass meinen Giuanín zurückkommen. Wer weiß, wo er ist.»
«Mamma, ich bin hier, ich bin hier!»
«Komm, mein lieber Sohn. Ich habe dem Pfarrer gesagt, dich in den Wald zu bringen. Aber ich hab es doch nicht ernst gemeint.»
«Mamma, es macht nichts, ich verzeihe dir, hab keine Angst.»

Nach einiger Zeit war Giuanín schon wieder ganz ausgelassen. Er wollte nicht mehr zur Messe gehen. «Ich gehe doch nicht zu diesem bösen Pfarrer.» Seine Mutter war von neuem verzweifelt.
«Herr Pfarrer, ich kann nicht mehr, ich kann einfach nicht mehr.»
Da sagte der Pfarrer: «Aber diesmal darf Giuanín nichts hören.» Er schaute sich um, und wirklich, Giuanín hatte sich unter einer Bank versteckt, um alles mit anzuhören. Da schickte die Mutter ihn ins Bett.
Am nächsten Morgen früh ging er mit dem Pfarrer weg. Es gelang ihm noch, ein paar Körner für unterwegs in die Tasche zu stecken. Als sie mitten im Wald waren, verschwand der Pfarrer auf einmal und Giuanín fand den Rückweg nicht mehr. Er war verzweifelt, die Vögel hatten alle seine Körner aufgepickt. Da setzte er sich auf einen Stein und weinte: «Mamma, verzeih mir, ich bin so böse zu dir gewesen. Mamma, verzeih mir, von jetzt an will ich immer brav sein.»
Er war verzweifelt. Da kam eine alte Frau. Man sagt, es sei die Madonna gewesen, die alle Kinder gern hat. Sie sagte: «Was hast du, Giuanín? Weshalb weinst du?»
«Ich bin böse gewesen zu meiner Mutter. Jetzt möchte ich nach Hause gehen, aber ich finde den Weg nicht mehr.»
Da sagte die Madonna: «Pass auf, mein Sohn, ich will dir helfen. Du hast jetzt deine Strafe erhalten. Du weißt doch, dass deine Mutter für dich viele Opfer bringt. Und du hast dich unmöglich benommen. Freilich hat auch der Pfarrer nicht gerade eine schöne Tat vollbracht. Aber ich will dir jetzt helfen.» Und die Madonna gab ihm drei

Steinchen. «Falls du irgendetwas brauchst. Mit dem ersten Steinchen kannst du eine Handharmonika herzaubern. Aber pass auf! Wenn du zu spielen anfängst, müssen alle Leute tanzen, bis sie umfallen. Erst dann hört die Handharmonika von selbst zu spielen auf. Mit dem zweiten Steinchen kannst du dir ein Haus verschaffen zum Übernachten. Das dritte Steinchen ist für das Essen. Den Heimweg wirst du erst in dreißig Jahren finden. Aber du wirst als großer Herr zurückkommen. Deine Mutter wirst du noch lebend antreffen, denn ich werde immer bei ihr sein. Hab keine Angst!» Und sie verschwand.
Giuanín nahm die drei Steinchen. Wie er so durch den Wald ging, hörte er plötzlich pim, pum, pang, jemand war dabei, zu schießen. Er sah sich um und entdeckte den Herrn Pfarrer.
Da sagte er sich: «Mein lieber Pfarrer, jetzt zahle ich dir alles heim!» Er warf sein Steinchen auf den Boden und da erschien eine Handharmonika. Er wartete, bis der Pfarrer geschossen und eine schöne Amsel getroffen hatte. Die Amsel fiel mitten in die Dornen. Als der Pfarrer den Vogel holen wollte, begann Giuanín zu spielen: zige, zage, zige, zage, zig.
«Mein lieber Pfarrer, jetzt bist du mitten in den Dornen!»
Der Pfarrer begann zu tanzen. Plötzlich erkannte er Giuanín: «Hör auf, hab Erbarmen mit mir, oh, hab doch Erbarmen mit mir! Ich habe die Soutane abgelegt, hab Erbarmen mit mir, ich stehe ja im Hemd da, ich hab nur noch die Unterhosen an. Sei doch lieb, Giuanín, sei doch lieb, hör auf zu spielen, hör doch auf. Ich will dich auch

zu deiner Mutter führen.» Aber Giuanín wollte sich rächen und spielte und spielte.

Erst als der Pfarrer in Unterhosen dastand, ganz zerkratzt und mit dem Vogel in der Hand, hörte die Harmonika auf zu spielen. Der Pfarrer ging, so wie er war, mit seiner Flinte und dem Vogel nach Hause. Giuanín sagte: «Endlich hab ich's dir gezeigt.»

Und er ging weiter und immer weiter. Auf einmal war er schläfrig. Er warf sein Steinchen auf den Boden und schon stand ein schönes Haus vor ihm, mit einem Bett und vielen andern schönen Dingen. Nun musste er auch essen. Er warf das dritte Steinchen zu Boden und hatte zu essen und zu trinken. Jedes Mal, wenn er hungrig war oder durstig, klopfte er dreimal auf den Tisch und sogleich war alles bereit. Er war ein richtiger Herr geworden.

Eines Abends war im Dorf unten Fest. In jener Zeit tanzte man in den Ställen. Während die Frauen Strümpfe strickten und die Männer die Maiskolben schälten, spielte einer zum Tanz auf.

Da sagte Giuanín: «Jetzt geh ich auch ein wenig in die Ställe, um zu sehen, was sie da machen.» Er kam in einen Stall, da saß in einer Ecke eine alte Frau mit einem riesengroßen Kropf, den sie mit drei Heugabeln stützte. Die Mädchen sagten: «Oh, Giuanín, spiel uns etwas vor!»

«Ja, gerne. Aber bringt zuerst die alte Frau in der Ecke weg.»

Sie war schon über neunzig. Die Mädchen sagten: «Nein, nein, unsere Mutter bleibt hier.»

«Also gut, dann spiele ich nicht. Ich will nicht, dass sie

an einem Herzschlag stirbt. Meine Harmonika ist nämlich verzaubert.»
«Erzähl uns doch keine Geschichten!»
«Gut, wie ihr wollt, aber auf eure Verantwortung.»
Da sagte die Alte: «Spiel nur, spiel, es gefällt mir. Spiel nur, ich habe Freude daran.»
«Aber Mütterchen, ich darf nicht spielen, weil es gefährlich für euch ist!»
«Ah, nein, nein, spiel nur, spiel!»
Da fing er an: Zin zige zin zin, din dige din din … Die Alte sang: «Ga, gagaga.» Es war zum Lachen. Die drei Gabeln aber zerfetzten ihren Kropf, die Alte fiel zu Boden und streckte die Beine von sich.
«Hör auf, Giuanín, hör auf, welch ein Unglück!»
«Ich kann nicht, ich kann nicht!»
Die Harmonika spielte und spielte. Erst als alle am Boden lagen, Menschen, Kühe, Schweine und der ganze Stall durcheinander war, hörte sie auf. Die Großmutter war tot.
Da packte Giuanín seine Harmonika und rannte davon, weil die Frauen ihm mit Besen und Rechen nachliefen. «Wir bringen dich um, wir bringen dich um!», haben sie geschrien. «Gauner, du hast unsere Mutter getötet!» Sie liefen und liefen ihm nach.
Und Giuanín: «Ich hab es euch ja gesagt, dass es so herauskommen würde!» Zum Glück hatte er sein Steinchen. Er brauchte nur zu sagen: «Steinchen, Steinchen mein, lass mich finden mein Häuschen fein!» Und wirklich, auf einmal war er wieder zu Hause, ohne dass es jemand bemerkt hatte. Nach einiger Zeit wollte Giuanín wieder einmal in sein Dorf gehen. Er wusste nicht mehr

genau, wie sein Haus aussah, weil so viele Jahre vergangen waren. Da kam er unterwegs in ein Dorf, in dem gerade Markt war. Außer Stoff gab es Teller, Gläser, Porzellan, Gabeln und Löffel zu kaufen. An den Ständen standen viele Frauen und wählten aus. Unter diesen Frauen war auch die Haushälterin des Pfarrers. Sie erkannte Giuanín sofort. Die anderen merkten nichts, weil Giuanín ein junger Bursche geworden war.
Auf einmal kam ein Händler auf ihn zu und sagte: «Oh, Giuanín, spiel doch, komm!»
«Nein, nein, ich spiele nicht.»
«Weshalb willst du nicht spielen?»
«Ich spiele nicht, weil meine Harmonika verzaubert ist. Sobald ich zu spielen anfange, tanzen die Pferde, die Wagen, die Teller, die Leute, alles, was hier ist.»
«Oh, erzähl doch keine Witze. Komm, spiel!»
«Ich habe Nein gesagt.»
Da kam die Haushälterin des Pfarrers herbeigelaufen und sagte: «Du Gauner, du Halunke. Du hast meinen Herrn Pfarrer ganz übel zugerichtet. Ganz zerkratzt und blutend ist er nach Hause gekommen.»
«Ja, ja, ich war es.»
«Haltet ihn, haltet ihn, er hat dem Herrn Pfarrer bös mitgespielt!»
Giuanín nahm schnell seine Harmonika und begann zu spielen: zige, zigezin, zige, zigezin ... Da tanzten die Pferde, die Teller, die Schüsseln, die Frauen. Es war ein Höllenspektakel.
Alle schrien: «Giuanín, hör auf. Hör auf zu spielen!»
«Ich hab euch ja gewarnt, tanzt jetzt!»
Und zin zigezin, zin zigezin, er spielte und spielte in einem

fort. Als die Pferde am Boden lagen, die Teller zerbrochen waren und die Frauen alle viere von sich streckten, hörte die Harmonika zu spielen auf. Und Giuanín sagte glücklich: «So, jetzt hab ich's allen gezeigt!»

Er suchte und suchte und fand schließlich sein Haus. Drinnen saß seine Mutter und betete den Rosenkranz. Die arme Frau sagte: «Oh, liebe Madonna, lass mich meinen Giuanín finden. Er wird jetzt schon ein tüchtiger Junge sein. Wer weiß, wo er jetzt ist?»

Giuanín klopfte an die Tür und sagte: «Mamma, hier bin ich!» Da umarmte ihn seine Mutter.

«Du bist heimgekommen, mein Sohn! Die Madonna hat das Wunder vollbracht.»

Giuanín erzählte ihr alles, was er erlebt hatte. Jetzt konnte er auch spielen, so viel er wollte. Der Zauber hatte aufgehört.

Er nahm die Harmonika und spielte für die Mutter ein Liedchen. Auf einmal erschien in der Tür eine schöne junge Frau. Sie sagte: «Oh, junger Mann, schon seit vielen Jahren suche ich einen braven Burschen. Ich bin ganz alleine und würde gern heiraten.»

Die Mutter sagte: «Mein Giuanín kann dir gehören.»

«Aber ich bin arm, ich habe nichts!»

Da sagte Giuanín: «Schau, ich hab dich gern, aber ich weiß nicht, ob du mich willst.»

Die Mutter sagte: «Giuanín, das ist die Frau, die du brauchst!» Und sie erzählte, dass die junge Frau mit Giuanín in die Schule gegangen sei. «Als du weggegangen bist, du Narr, hat sie mich nie im Stich gelassen, sie war immer meine einzige Gesellschaft.»

Die beiden haben geheiratet und sind in das Haus des

Giuanín gezogen. Von dem Tag an waren sie glücklich und zufrieden.

29 | Der Mann aus Eisen

Es war einmal ein Mann, der immer mehr seine Kräfte verlor, weil er alt wurde. Eines Tages beschloss er, einen Knecht zu suchen, weil er nicht mehr alle Arbeit alleine machen konnte. Aber in seinem Dorf und in den Nachbardörfern fand er niemanden. Er dachte lange nach und hatte schließlich eine gute Idee. Er ging zum Schmied und sagte zu ihm: «Ich werde immer müder. Ich muss so viel Land bebauen und niemand hilft mir dabei. Mach mir einen jungen Mann aus Eisen, der mir bei der Arbeit helfen kann.»
Der Schmied dachte eine Weile nach und sagte dann: «Komm nächsten Samstag wieder vorbei. Du wirst mit mir zufrieden sein!»
Der Bauer konnte den Samstag kaum erwarten. Als er dann zum Schmied kam, fand er dort einen großen kräftigen jungen Mann. Der Bauer war überglücklich. Er nahm den jungen Mann an der Hand und sagte: «Komm, wir werden zusammen essen und du wirst mir auf dem Felde helfen.»
Der Mann aus Eisen war wirklich ein guter Arbeiter. Der Bauer staunte über seine Kräfte und betrachtete ihn bald als eigenen Sohn. Der Sohn gab sich alle Mühe, seinem Vater eine gute Ernte und somit viel Geld einzubringen. Als die Getreidespeicher und der Kassenschrank voll

waren, sagte der Sohn zum Vater: «Ich habe große Lust, in der Welt herumzuziehen!»
«Gut», sagte der Vater, «du bist ein guter Sohn gewesen und hast viel gearbeitet. Geh nur. Bleib aber nicht länger als ein Jahr weg. Ich kann die Felder nicht alleine bebauen. Dieses Jahr werde ich wenig Korn, dafür aber viel Tabak anpflanzen. Korn habe ich ja noch genug!»
«Ja, Vater», sagte der Mann aus Eisen, «in einem Jahr bin ich zurück!»
Und er nahm die fünf Silberfranken, die ihm der Vater mitgab als Reisegeld. Dann machte er sich auf den Weg. Nach einem Tag kam er in ein Dorf, als es gerade Mittag läutete. Er sah eine Bäckerei, trat ein und streckte dem Bäcker die Silbermünze hin: «Ich möchte mich satt essen. Bezahlen kann ich!»
Der Bäcker dachte für sich: «Der ist wohl nicht ganz bei Trost. Noch nie hat mir jemand fünf Silberfranken angeboten für zwei, drei Brote. Ich mach ein gutes Geschäft!»
Und er sagte: «Iss nur, so viel du magst. Ich will inzwischen weiterarbeiten.»
Der Mann aus Eisen begann zu essen. Er aß und aß. Der Ladentisch war bald leer. Dann ging er zum Ofen, griff nach einem noch warmen Brotlaib und verschlang ihn.
«Finger weg!», schrie der Bäcker, «ich hab dir doch gesagt, du sollst das Brot beim Ladentisch nehmen!»
«Das ist schon alles gegessen, aber ich hab noch immer Hunger», sagte der junge Mann.
Der Bäcker wollte nachsehen. Er dachte, der Schlaumeier wolle nur ganz frisches Brot. Aber auf dem Ladentisch war wirklich kein einziger Laib übrig geblieben.

Da bekam er es mit der Angst zu tun: «Dieser sonderbare Kerl wird mich noch ruinieren.»

Er bat ihn: «Geh weg, junger Mann, du schadest mir zu sehr. Behalt deine fünf Franken, aber hör auf zu essen und geh weg, so schnell du kannst.»

Der Mann aus Eisen ging sogleich weg. Er hatte aber großen Durst bekommen. Da kam er an einer Weinhandlung vorbei. Der Küfer war gerade dabei, Eisenringe um ein Fass zu legen.

«Ich habe solchen Durst. Ich gebe euch meine fünf Franken. Lasst mich dafür von Eurem Wein trinken!»

«Aber sicher, nehmt dieses Glas und zapft Wein ab, so viel ihr wollt», antwortete der Küfer ohne zu zögern. Die rare Silbermünze wollte er sich nicht entgehen lassen.

Der junge Mann hatte im Nu drei Gläser getrunken, dann war ihm das Abzapfen zu mühsam, und er setzte gleich das ganze Fass an. Als das eine leer war, machte er sich an ein zweites. Und er wurde nicht einmal betrunken, weil das viele Brot, das er gegessen hatte, den Wein aufsog.

Der Küfer sagte: «Warum bist du denn zum andern Fass gegangen? Wie trinkst du denn?»

«Das erste Fass ist leer», war die Antwort.

«Weg von hier, du ruinierst mich!», rief der wütende Küfer und jagte ihn fort.

So stand der Mann aus Eisen wieder auf der Straße mit seinem Geldstück in der Hand. Der Küfer hatte nämlich in der Eile vergessen, ihm die Silbermünze abzunehmen.

Der junge Mann hatte gegessen und getrunken und ging

singend weiter, bis er zu einem großen Hof kam. Ringsum waren gepflegte Felder. Er klopfte an die Türe und hörte: «Herein!» Der Hausherr saß an seinem Schreibtisch und machte die Abrechnung.

«Habt ihr Arbeit für mich?», fragte der junge Mann, der vom Reisen genug hatte.

«Sicher, aber du musst hart arbeiten. Mein Hof ist groß. Ich habe zwar viele Knechte, aber es gibt trotzdem viel zu tun. Was verlangst du als Lohn?»

«Ich will nur essen, schlafen und ein wenig Geld am Ende der Saison. Ich bin sicher, dass ihr mit mir zufrieden sein werdet. Ich bin stark und arbeite hart.»

Der Herr musterte ihn, sah, dass er kräftig war, und beschloss, ihn anzustellen. Sie einigten sich auch über den Lohn. «Er verlangt wenig», dachte der Bauer. «Das wird ein gutes Geschäft!»

«Eine Bedingung stelle ich noch», sagte der Mann aus Eisen, «wenn ich meinen Dienst beende, will ich euch einen Tritt in den Hintern geben!»

Der Bauer begann zu lachen: «Was für ein Witzbold. Welch eine Bedingung. Nie habe ich etwas Ähnliches gehört.»

Und für sich überlegte er: «Er verlangt wirklich wenig. Die Sonderbedingung kostet mich nichts, die kann ich ruhig annehmen. Wenn die Zeit gekommen ist, wird er sie ohnehin vergessen haben.»

«Einverstanden!», sagte er und schlug in die Hand des jungen Mannes ein. «Morgen fängst du an zu arbeiten. Ich zeige dir dein Zimmer.»

Am nächsten Morgen befahl der Bauer einigen Knechten, die Ochsen anzuspannen und im Wald Holz zu holen. Der Mann aus Eisen war der Letzte in der Reihe. Die andern beeilten sich alle, er aber blieb zurück und machte noch ein Nickerchen. Die andern hatten schon aufgeladen und machten sich auf den Rückweg. Da erwachte der Mann aus Eisen und fällte mit zwei Hieben einen großen Baum, der die ganze Straße versperrte. Als die anderen darauf stießen, meinten sie, der Baum sei von selbst auf die Straße gefallen.

«Das hat gerade noch gefehlt. Wir sind so schon müde, und jetzt müssen wir noch den Baum da aus dem Weg räumen. Aber es geht nicht anders.»

«Wartet, ich bring das schon in Ordnung. Ihr wisst noch nicht, wie stark ich bin!», sagte der Mann aus Eisen. «Aber zuerst muss ich noch etwas erledigen. Ich komme gleich wieder.»

Und er lief in den Wald, riss ein paar Bäume aus und belud damit den Wagen. Dann spannte er die Ochsen an und fuhr auf den Weg zurück, wo seine Kameraden sich mit dem Baum abmühten. Der Mann aus Eisen packte den Stamm und schob ihn spielend beiseite. Jetzt war die Straße frei. Weil aber die Ochsen zu langsam waren, zog der junge Mann den Wagen selber und kam noch viel früher als die andern nach Hause.

Der Bauer stand in der Tür und sah seinen Knecht kommen. Er war überglücklich, ihn angestellt zu haben, weil er dreimal so viel arbeitete wie die andern.

Gegen Abend kamen auch die andern Knechte und erzählten, wie alles gewesen war. Da begann sich der Bauer doch ein wenig vor der Kraft des neues Knechts zu fürchten und vor dem Tritt in den Hintern, von dem sie halb im Ernst, halb im Scherz gesprochen hatten.

Die Tage vergingen. Der Bauer hätte den Knecht möglichst lange behalten wollen, weil er so gut arbeitete. Der Gedanke an den Tritt in den Hintern raubte ihm aber den Schlaf, und so gab er dem Knecht eines Tages einen besonderen Auftrag, mit dem Hintergedanken, ihn vor dem Zahltag loszuwerden.

«Höre, ich habe einen guten Freund, den Teufel. Bring ihm bitte diesen Brief. Den Weg werde ich dir erklären.»

«Aber gern. Ich fürchte niemanden. Aber ich will eine Zange mit mir nehmen.»

«Ja sicher, hier liegen so viele davon rum. Aber was willst du damit?»

«Ich brauche sie für eine geheime Arbeit, die ich im Kopf hab. Ich erzähl euch später mehr darüber. Meine Zange muss aber eine besondere Form haben.»

Er nahm ein Stück Kohle aus dem erloschenen Feuer und zeichnete eine lange Zange auf den Boden.

Der Bauer dachte sich: «Am besten lässt du sie so schnell wie möglich machen. Wenn er nur geht!»

Er lief zum Schmied und bestellte die Zange. Als sie bereit war, klemmte der Mann aus Eisen sie unter den Arm, nahm den Brief und machte sich auf den Weg. Er lief und lief und kam schließlich zur Hölle. Ein kleiner Teufel schaute heraus: «Was willst du?»

«Den Oberteufel.»

«Ich will ihn holen.»

«Was willst du, Erdenmensch? Deine Stunde ist noch nicht gekommen.»

«Ich muss euch diesen Brief übergeben von meinem Herrn.»

«Lass sehen», sagte der alte Teufel.

Er war erkältet, und von seiner Nase tropfte es ständig auf den Brief.

Auf einmal gab ihm der Mann aus Eisen eine Ohrfeige und sagte: «Was besudelst du den Brief meines Herrn, du Erzteufel du. Lies ihn richtig.» Und er versuchte, den Brief selber auch zu lesen, weil er inzwischen einen Verdacht hatte.

Bei jedem Tropfen gab es eine Ohrfeige. Das wurde dem Teufel zu viel. Er verlor die Geduld, und die beiden lagen sich in den Haaren.

Im Brief aber stand, der Teufel solle den Mann aus Eisen in der Hölle behalten. Der Oberteufel rief den jungen Teufel und gemeinsam versuchten sie, den Mann aus Eisen in die Hölle hineinzuziehen.

Der aber packte mit seiner Zange den jungen Teufel an der Nase, lud ihn auf die Schulter und ging davon. Das Teufelchen schrie und zappelte, aber befreien konnte es sich nicht. Da begegneten sie einer Prozession, die ein Kreuz mit sich trug. Der Teufel erschrak zu Tode, zappelte noch heftiger und konnte sich aus der Zange lösen. Der Mann aus Eisen fing ihn aber wieder ein und brachte ihn seinem Herrn, um dem eine Lektion zu erteilen.

Der Herr stand auf der Laube. Als er die beiden kommen sah, rief er: «Oh, mein Gott. Oh, Madonna. Statt dass er in der Hölle sitzt, bringt er mir den Teufel nach Hause. Wie soll ich mich bloß vor diesem Ungeheuer retten?»

Der Mann aus Eisen band den Teufel an einer Kette im Stall fest. Der Herr tat so, als ob er nichts gesehen habe. Die Saison ging zu Ende, und der starke Knecht wollte sich verabschieden. Der Herr hatte sich aber vor Angst

in einem unsichtbaren Wandschrank versteckt. Der Knecht suchte ihn überall und konnte ihn nicht finden. Dann schlug er mit den Fäusten an die Wand, bis er auf eine hohle Stelle stieß. Mit der Achsel drückte er kräftig dagegen, und der Schrank sprang auf. Der Bauer saß da, zuhinterst in der Ecke, ganz zusammengekauert.
«Aha, du hast dich versteckt, weil du mich nicht bezahlen willst.»
«Das ist nicht wahr, das ist nicht wahr! Dort in der Schublade ist alles bereit.»
«Aber ich sehe, dass du kein reines Gewissen hast. Sicher hast du mich reinlegen wollen. Ich hätte auf den Tritt verzichtet, wenn du dich nicht jetzt so schlecht benommen hättest.»
«Verschone mich», flehte der Bauer ihn an, «ich werde dir auch mehr Geld geben.»
«Nein, Abmachung ist Abmachung. Du kannst wählen. Willst du stehen oder sitzen, wenn ich dir den Tritt versetze?»
Der Bauer dachte eine Weile lang nach: «Wenn er gegen den Stuhl tritt, wird es mich weniger schmerzen.» Und er entschloss sich für die sitzende Variante.
Der Tritt war aber trotzdem so stark, dass der Bauer aus dem Fenster flog bis auf den Mond. Dort sieht man ihn heute noch, wenn Vollmond ist. Der Mann aus Eisen aber kehrte mit seinem Lohn zum Vater zurück und half ihm, solange er lebte.

30 | Die vier Brüder

Es waren einmal vier arme Brüder, die auf Arbeitssuche gingen. Sie kamen zu einer Kreuzung, und jeder ging auf einer anderen Straße weiter.
Der Älteste kam zu einer Räuberbande, der Zweite zu den Hexen, der Dritte befreundete sich mit Riesen, der Vierte ging zu den Jägern.
Die Räuber brachten den jungen Burschen zu ihrem Anführer. Der wollte ihn zuerst erproben und sagte: «Heute Abend wird hier auf der Straße ein Herr vorbeikommen und du wirst ihn überfallen, verstanden!»
Der Bursche ging auf die Straße und versteckte sich in einem Wäldchen. Da kam ein Herr zu Pferde des Weges. Der Bursche kam aus seinem Versteck heraus, befahl dem Herrn anzuhalten, vom Pferd zu steigen und sich auf den Boden zu werfen. Dann fiel er über ihn her, erhob sich und ließ den Herrn weiterziehen. Er ging zu den Räubern zurück und erzählte ihnen alles. Der Anführer wurde wütend und wollte ihn wegjagen. Aber dann sagte er: «Morgen kommt ein anderer Herr vorbei. Du wirst ihm den Geldbeutel stehlen, aber den ganzen, hast du verstanden?»
Er ging wieder zu jener Stelle an der Straße, und als der Herr vorbeikam, hielt er ihn an und befahl ihm, den Geldbeutel herauszurücken. Der Herr gab ihm den Geldbeutel. Der Bursche schüttete dem Herrn das Geld in den Hut und kam mit dem ganzen, aber leeren Geldbeutel nach Hause.
Der Räuberhauptmann dachte: «Was für ein Idiot! Aber ich will ihm noch eine Chance geben.» Und er sagte zu

ihm: «Heute Abend kommt noch ein Herr vorbei. Halt ihn an und raub ihm das Geld, das Geld, hast du verstanden?»
Der Bursche nahm einen Sack und ging weg. Er hielt den Herrn an und ließ sich alles Geld geben, das der im Hosensack hatte. Die Noten las er heraus und gab sie dem Herrn zurück. Das Kleingeld behielt er.
Als der Anführer das hörte, sagte er: «Du bist zwar mutig, aber ein bisschen zu dumm. Heute Abend kommt auf der Straße eine Kutsche voller Geld vorbei. Darin sitzen zwei Männer. Alleine schaffst du es nicht. Nimm zwei Männer mit und überfall mit ihnen die Kutsche. Raubt ihnen alles Gold, verstanden?»
Er wählte zwei Männer aus und ging mit ihnen zur Straße. Sie versteckten sich im Wald. Als die Kutsche kam, zwangen sie sie, anzuhalten.
Sie nahmen alles Gold an sich und gingen zum Anführer zurück.
Der Bursche hat gesagt: «Jetzt will ich nach Hause gehen und ein bisschen Geld mitnehmen!»
Der Räuberhauptmann antwortete ihm: «Geh in jenes Zimmer und nimm mit, was du willst.»
Er ging und füllte seinen Sack mit den größten Geldstücken. Dann nahm er das schönste Pferd und ritt weg.
Bei der Kreuzung traf er seine Brüder und sie fragten ihn, wie er denn zu all dem Reichtum gekommen sei.
Er antwortete, dass er unter die Räuber gegangen sei. Und sie kehrten alle zufrieden nach Hause zurück.
Ihre Eltern wohnten auf einem Bauernhof und hatten seit zwei Monaten die Pacht nicht mehr bezahlt. Der Besitzer hatte sie gewarnt: «Wenn ihr die Pacht nicht be-

zahlt, schicke ich euch weg.» Da kam der Räuber und sagte: «Wenn Ihr wollt, kaufe ich das Haus!»

Der Herr war von da an nicht mehr ruhig und wollte unbedingt herausbekommen, wie der arme Bursche so reich geworden sei.

«Ich bin unter die Räuber gegangen», sagte der Bursche. «Also gut», sagte der Herr, «wenn du ein guter Dieb bist, so beweise deine Kunst. Schließen wir eine Wette ab. Ich gebe dir mein Pferd, wenn du es aus dem Stall stehlen kannst.» Der Dieb bat ihn um zwei Monate Zeit, und der Herr willigte ein, weil er sicher war, dass der Dieb ihm sein Pferd nicht stehlen könne. Tag und Nacht war nämlich ein Knecht im Stall, der auf dem Pferd saß und es bewachte.

Der Bursche wartete, bis es eines Tages regnete. Dann verkleidete er sich als Bettler und nahm zwei Kürbisse mit, einer war voller Wein, der andere enthielt ein Schlafmittel. Er klopfte an das Stallfenster und bat um Unterkunft für eine Nacht. Der Knecht auf dem Pferd hatte Erbarmen und erlaubte ihm, sich in einer Ecke des Stalls auszuruhen. Der Bursche trank einen Schluck Wein.

«Was machst du da?», fragte der Knecht auf dem Pferd. «Ich trinke einen Schluck Wein. Er ist vorzüglich. Trink doch auch ein wenig!»

Und er gab ihm den Kürbis mit dem Schlafmittel. Der Knecht nahm einen tüchtigen Schluck davon und schlief ein. Da nahm ihn der Bursche vom Pferd und legte ihn in die Ecke. Dann nahm er das Pferd und brachte es zum Herrn. Der wurde wütend und ging in den Stall. Da fand er den Knecht, der noch immer schlief. Er schlug ihn mit einem Stock und sagte: «Also so passt du auf mein Pferd

auf!» Und der Knecht, noch immer ganz schlaftrunken, sagte: «Hier ist es, unter mir!»
Am nächsten Tag ließ der Herr den Räuber wieder rufen und sagte zu ihm: «Ich gebe dir auch mein Haus, wenn du fähig bist, den Ring, den meine Frau trägt, zu stehlen!»
Der Räuber wartete, bis eine Frau starb. Er nahm die Leiche und brachte sie nachts im Mondschein vor dem Fenster des Herrn zum Tanzen. Der Herr sah den Schatten und schoss auf ihn. Die Tote fiel auf den Boden, und der Herr stand ganz verstört auf, um sie zu begraben.
Unterdessen war der Dieb ins Haus geschlichen zur Frau des Herrn. Er hat sie geküsst. Sie glaubte, es sei ihr Mann und liess alles geschehen. Er nahm ihr den Ring vom Finger und tat dann so, als gehe er auf die Toilette. Dann machte er sich davon, schnell wie der Wind. Auch diesmal hatte er die Wette gewonnen.
Da hörte er, dass ein Zauberer die Königstochter geraubt hatte. Der König versprach sie demjenigen zur Frau, der sie befreien könne. Der Räuber rief seine Brüder zusammen. Sie nahmen sieben Bretter und gingen zum Zauberer.
Er fragte den Bruder, der bei den Hexen gewesen war: «Was macht der Zauberer jetzt?» Und der antwortete: «Er schläft auf der Prinzessin, weil er Angst hat, dass man sie ihm raubt!»
Da ging der Räuber ins Zimmer, schob die sieben Bretter unter und hob den Zauberer langsam an. Der Riese trug die Prinzessin weg.
Da erwachte der Zauberer und rannte ihnen nach. Der Jäger aber schoss auf ihn und tötete ihn.

Der König aber konnte seine Tochter nicht durch vier teilen. Er hat ihnen einen Sack voll Gold gegeben, einen Korb voll Brot, einen Kürbis voll Wein, nur ich bin zurückgeblieben wie ein dummer Narr.

31 | Der Kastanien-Giovannino

Ein Vater hatte viele Kinder zu ernähren. Eines Tages im Herbst war er in den Wald gegangen, um Kastanien zu sammeln. Er wollte sie mit seiner Frau zusammen im Kamin rösten. Er hatte sie aber nicht gut eingeritzt, so dass einige zu prasseln begannen, aus der Pfanne sprangen und zerplatzten. Kleine zappelnde Wesen kamen daraus hervor. Die Frau zog schnell ihren Holzschuh aus und – tacch tacch – machte sie sich daran, die kleinen Wesen zu zerquetschen. Eines konnte sich jedoch retten. Es war das kleinste, und als die Frau es genau anschaute, bemerkte sie, dass es ein richtiges kleines Kind war.
«Behalten wir's doch!», sagten der Mann und die Frau, «wir haben zwar schon viele Kinder, aber für den Kleinen wird auch noch Platz sein. Taufen wir ihn Kastanien-Giovannino.»
Giovannino brauchte nicht viel zum Leben. Er war so klein, weil er wirklich wenig aß. Und als er größer wurde, stellte er sich als sehr dienstfertig und gehorsam heraus. Er half seinem Vater, wenn er mit dem Karren und dem Ochsen aufs Feld ging. Eines Tages waren sie mit einer Ladung auf dem Heimweg und machten bei einem Wirtshaus Halt, um einen Schluck zu trinken. Giovan-

nino war als Erster hineingegangen. Während der Vater die Ochsen in den Schatten führte, sah Giovannino drei Räuber, die sich gerade ans Plündern machten. Weil er so klein war, konnte er sich leicht hinter dem Tisch verstecken und rufen: «Lass die Sachen da!» Die üblen Kerle schauten sich um und machten sich wieder ans Werk. Aber bei der zweiten Warnung ließen sie die ganze Beute liegen und machten sich erschreckt davon. Sie fürchteten sich vor Geistern.

Der Wirt, der sich in den Keller geflüchtet hatte, kam in die Gaststube zurück und sah den kleinen Giovannino, der ihm sein Hab und Gut gerettet hatte. Er holte den Vater des Kleinen, erzählte ihm die ganze Geschichte und gab ihm eine schöne Belohnung für seinen tüchtigen Sohn.

Kurze Zeit später konnte Giovannino einmal in einer heißen Sommernacht nicht einschlafen. Er ging ans Fenster, um ein wenig Luft zu schnappen. Der Mond schien hell und Giovannino glaubte, Schatten zu sehen, die durch den Hof zum Hühnerstall des Nachbarn huschten. Er zog sich schnell an und lief nach draußen. Er hatte sich nicht getäuscht. Die Hühner gackerten aufgeregt, jemand hatte sich an sie herangemacht. Da begann Giovannino zu schreien: «Lasst die Hühner da!» Da nahm einer der Räuber ein Streichholz, zündete es an und sah nach, wer denn gesprochen habe. Er konnte aber niemanden sehen. Giovannino hatte sich in einer Mauerritze versteckt. – «Lösch das Streichholz aus!», befahl er. Die Räuber zitterten vor Angst und meinten, ein unsichtbares Wesen sei in ihrer Nähe. Sie liefen Hals über Kopf davon und ließen alles stehen.

Der Hausherr hatte den Lärm gehört und kam im Laufschritt, die Hosen haltend, zum Hühnerstall. In der Eile hatte er die Hosenträger nicht gefunden. Er kam gerade rechtzeitig, um die Räuber ohne Beute flüchten zu sehen. Glücklich hörte er sich Giovanninos Geschichte an und versprach ihm eine schöne Belohnung.
Der kleine Giovannino war nun schon bekannt für seine Fähigkeit, Räuber zu vertreiben. Es gelang ihm, ein hübsches Sümmchen für seine Eltern und Geschwister zusammenzuverdienen.

32 | Die Geschichte der zwölf Räuber

Es lebte einmal eine Stiefmutter mit ihrer Stieftochter. Eines Tages fragte sie den Spiegel: «Spiegel, sag mir, ob ich schön bin!»
Und der Spiegel antwortete: «Du bist schön, aber deine Stieftochter ist noch viel schöner als du!»
Die Stiefmutter war weiß vor Wut, weil sie nicht ertragen konnte, dass jemand schöner war als sie.
Eines Tages rief sie ihren Diener und sagte zu ihm: «Führ meine Stieftochter spazieren, und wenn ihr schon recht weit weg seid, töte sie!»
Der Diener gehorchte, und als sie in einen Wald kamen, sagte er: «Jetzt muss ich dich töten. Deine Stiefmutter hat es mir befohlen!»
«Hab doch Mitleid mit mir! Rette mich! Ich versprech dir auch, dass ich nicht mehr nach Hause zurückkehren werde.»

Der Diener hatte Mitleid und ließ sie laufen. Das arme Mädchen ernährte sich von Kräutern und Wurzeln und schlief auf einem Baum.

Eines Tages sah sie aus einer Höhle zwölf Männer herauskommen. Als sie weg waren, ging sie in die Höhle hinein. Sie putzte, aß, wusch ab und ging dann wieder in den Wald zurück.

Als die zwölf Männer zurückkehrten, sahen sie die gemachten Betten, alles war fein säuberlich, und sie staunten. Einer von ihnen wollte am nächsten Tag zu Hause bleiben, um zu sehen, wer ihnen den Haushalt besorge. Das Mädchen sah die Männer herauskommen und zählte sie. Es waren nur elf. Sie hatte aber keine Angst und ging trotzdem in die Höhle. Sie aß, putzte, wusch Geschirr und wollte gerade die Betten machen, als sie in einem Bett den zwölften Mann sah, der eingeschlafen war. Sie ging in den Wald zurück.

Als die Räuber nach Hause kamen, sahen sie, dass alles gemacht war und dass ihr Kamerad eingeschlafen war. Sie lasen ihm die Leviten.

Dann blieb ein anderer zu Hause, aber auch er schlief ein, und das Mädchen machte wieder alles wie jeden Tag.

Dann blieb der Kleinste zu Hause. Das Mädchen ging in die Höhle, räumte auf und wusch ab. Als sie gerade die Betten machen wollte, sprang der Räuber aus dem Bett. Das Mädchen warf sich vor ihm auf die Knie, und der Räuber versprach ihr, dass sie es wie eine Königin behandeln würden. Inzwischen hatte die Stiefmutter ihren Spiegel wieder befragt, ob sie die Schönste sei. Der Spiegel sagte: «Du bist schön, aber deine Stieftochter ist noch viel schöner als du!»

«Was, meine Stieftochter lebt noch!»
Und sie ging zu ihrer Gevatterin, die eine Hexe war, und erzählte ihr alles.
Die Gevatterin sagte: «Ich werde zu ihr gehen und ihr etwas verkaufen. Meine Sachen sind aber alle verhext, und sie wird sterben!»
Sie nahm einen Korb voller Spitzen und Bänder, Kämme und Haarnadeln mit. Das Mädchen kaufte einen Kamm. Kaum hatte sie ihn ins Haar gesteckt, fiel sie tot um.
Als die Räuber nach Hause kamen und sie so sahen, wussten sie nicht, was sie tun sollten. Sie zogen sie aus und nahmen ihr den Kamm aus den Haaren. Da war sie wieder lebendig und erinnerte sich an nichts.
Die Stiefmutter hat wieder ihren Spiegel befragt, ob sie die Schönste sei und der Spiegel antwortete wie beim letzten Mal. Sie ging wieder zu ihrer Gevatterin und die sagte: «Gut, ich werde zu ihr gehen und ihr Pantoffeln verkaufen. Sie wird sie anziehen und sterben.»
So machte sie es. Das Mädchen kaufte die Pantoffeln, zog sie an und fiel tot um.
Als die Räuber zurückkamen, zogen sie ihr die Kleider und die Pantoffeln aus, und sie war wieder lebendig.
Die Stiefmutter hat ihren Spiegel befragt und er gab ihr die gleiche Antwort. Sie ging wieder zur Gevatterin und sagte: «Man muss das Mädchen endgültig töten!»
Die Gevatterin dachte nach und dann sagte sie: «Gib mir die schönste Bluse ihrer Mutter. Die wird sie kaufen, das sag ich dir! Mehr braucht es nicht.»
Sie ging wieder zur Höhle der Räuber und verkaufte dem Mädchen ihre Bluse. Das arme Mädchen zog sie an und fiel tot um.

Die Räuber kamen nach Hause, weinten und zogen sie aus. Die Bluse allerdings ließen sie ihr an. Dann legten sie das Mädchen in einen Sarg und stellten ihn auf eine Anhöhe.
Als der Königssohn auf die Jagd ritt, sah er den Sarg, nahm ihn mit sich nach Hause und ließ ihn von zwei Frauen bewachen.
Die Frauen sahen die schöne Bluse des Mädchens und wollten sie austauschen.
Sie zogen ihr die Bluse aus, und da erwachte das Mädchen. Die Frauen riefen den Königssohn, und das Mädchen musste ihm seine ganze Geschichte erzählen. Sie hat sie ihm erzählt, genauso wie sie war.
Der Prinz liess die Räuber holen. Sie sind alle gekommen, und als sie ihr Mädchen sahen, weinten sie vor Freude. Sie konnten kaum glauben, dass sie wieder lebendig war. Sie knieten vor sie hin und küssten ihr die Hände. Sie erzählten ihr, dass sie vom Augenblick ihres Todes an nichts mehr geraubt hatten. Sie wollten Edelmänner werden.
Dann rief man die zwei Frauen und verbrannte sie bei lebendigem Leibe.
Der Prinz aber warb um sie, und sie wurde seine Frau.

33 | Die Träne der Mutter

In einem glücklichen Reich lebte ein junger, weiser und guter König.
Eines Tages ging er auf die Jagd. Er stieg auf einen Hügel

und sah dort eine Hirtin, die fünf oder sechs Schafe weidete und dabei strickte.

Der König fragte sie nach ihrem Namen. Sie sagte ihm den Namen und zeigte auf die Hütte, in der sie wohnte. Dann fügte sie hinzu, dass sie Waise sei. Sie habe Vater und Mutter früh verloren. Der König sprach eine Weile mit ihr und sah, dass sie nicht nur strahlend schön, sondern auch gütig war. Er ging weiter, aber während der folgenden Tage dachte er immer an das Mädchen.

Eines Tages beschloss er, der Königinmutter von ihr zu erzählen. Er sagte ihr, er habe endlich das Mädchen gefunden, das er heiraten wolle. Er habe sie gesehen, ein wenig mit ihr gesprochen und nun könne er sie nicht mehr vergessen. Er erklärte ihr, wer sie sei und wo sie wohne.

«Nein, nein», sagte die Mutter barsch, «bist du denn verrückt? Du kannst doch keine Hirtin heiraten. Du musst eine Prinzessin heiraten.»

«Hören Sie, Mutter, und wenn die Prinzessin nichts wert ist? Wenn sie nur an ihre Kleider denkt? Dann wäre ich sicher nicht glücklich. Ich ziehe dieses Mädchen vor.»

Er ließ sich nicht von seiner Idee abbringen.

Eines Tages beschloss er, dem Mädchen durch seine Diener schöne Kleider und eine Kutsche zu schicken und sie in den Palast zu holen. Die Diener sagten dem Mädchen, sie kämen auf Befehl des Königs. Jemand werde bei ihren Schafen bleiben und auf sie aufpassen. Sie wollte zuerst nicht und sagte, sie passe nicht in einen Königspalast.

«Wir haben die fertigen Kleider und die Kutsche mitgebracht. Und Befehl ist Befehl», sagten die Diener entschlossen.

Und sie gehorchte.
Der König, der am Fenster saß, sah sie von weitem und ging ihr entgegen. Er nahm sie an der Hand und stellte sie seiner Mutter und seinen Schwestern vor. Die wurden aber nur noch wütender, als sie sahen, wie schön das Mädchen war und wie viel Güte aus ihren Augen sprach. Sie hassten sie sogleich. Sie täuschten jedoch Sympathie vor, so dass der König nichts bemerkte.
Die Hochzeit fand statt, und einige Monate lang war das Paar sehr glücklich.
Eines Tages aber erklärte ein benachbarter König dem Land den Krieg. Er drang ins Staatsgebiet ein und raubte die Frauen. Der gute König musste die Soldaten einberufen, sich an ihre Spitze stellen und mit ihnen in den Krieg ziehen. Sie mussten doch ihre Frauen zurückerobern.
Der König vertraute seine junge Frau der Mutter und den Schwestern an, weil es ihr in jenen Tagen nicht besonders gut ging.
«Wenn ein Kind auf die Welt kommt, behandelt es gut. Denkt daran, dass es mein Sohn ist, der Erbprinz.»
Die Zeit verging, und wirklich kam ein junger Prinz zur Welt. Als die Königinmutter und die Schwägerinnen sahen, dass das Kind sehr schön war und seiner Mutter glich, wurden sie noch böser und neidischer. Sie beschlossen, die junge Frau und das Kind, das unreines Blut hatte, wegzujagen.
Dem König schrieben sie, das Kind sei hässlich und missgestaltet. Man könne es niemandem zeigen, wenn man sich nicht schämen wolle. Sicher sei nicht er der Vater. Ein König könne kein solches Kind zeugen.

Mutter und Kind schlossen sie im Schlafzimmer ein. Sie ließen sie nicht einmal in den Gängen spazieren gehen, damit niemand sie sehen konnte.
Schließlich schrieben sie dem König, die beiden seien gestorben. Nachts ließen sie sie aus der Stadt bringen, weit weg vom Königspalast, in die Nähe des Häuschens, das die Hirtin einst bewohnt hatte.
Die arme Frau ging ein Stück zu Fuß, wickelte dann ihr Kind aus dem Tuch, in dem sie es mit sich trug, und legte es an die Brust. Dabei weinte und weinte sie in einem fort.
Eine ihrer Tränen fiel auf das Gesicht des Kindes und bewirkte ein sonderbares Wunder. Das Gesicht des Kindes begann zu wachsen und zu wachsen und wurde ganz hässlich.
Das Kind begann freundlich zu reden: «Hab keine Angst, ich werde dein Haus wieder in Stand setzen. Ich werde den Garten besorgen und die Tiere hüten. Ich bin stark und werde dir helfen.» Die Mutter übersah wie alle Mütter, dass ihr Kind hässlich geworden war. Sie war glücklich über das Wunder. Sie fühlte sich nicht mehr allein und dachte, eine Fee habe ihr geholfen. Der Junge war aber nackt. Er hatte keine Kleider. Die Mutter begann die Wolle der Schafe zu spinnen, die sie im Stall wiedergefunden hatten. Bevor die Kleider fertig waren, kam aber der Winter.
Da sagte der Junge zu der Mutter: «Ich bin nackt. Warum soll ich nicht in den Palast gehen und mir Kleider holen? Eigentlich gehören sie mir ja.»
Die Mutter erklärte ihm, wo das Schlafzimmer des Vaters mit dem Kleiderschrank sei.

Er ging und lief ganz nackt durch die Stadt. Als er in den Palast kam, liefen alle vor ihm davon, weil ihnen seine Hässlichkeit und Nacktheit Angst machte.

Er fand die Kleider und ging durch die Stadt zurück, die inzwischen menschenleer war, weil alle davongelaufen waren.

Mitten im Winter merkte der Junge, dass die Vorräte knapp wurden. «Warum soll ich nicht in den Palast gehen und welche holen? Eigentlich gehört mir ja dort alles.»

Und er machte sich wieder auf den Weg. Diesmal war er bekleidet, aber sein hässliches Gesicht war geblieben. Er machte alles gleich wie beim ersten Mal und wie damals liefen die Leute davon. Sogar die Soldaten gingen erst wieder auf die Wehrtürme hinaus, als er schon weit weg war. Sie wagten nicht, auf ihn zu schießen, weil sie dachten, er sei irgendein mächtiges Wesen.

Als der König nach Hause kam und hörte, was vorgefallen war, wollte er als tapferster Mann des Reiches den sonderbaren Gast verfolgen. Er ging in die Richtung, die ihm die Untertanen angegeben hatten.

Er ging und ging und kam schließlich in die Nähe des Häuschens, wo er seine Braut kennen gelernt hatte. Die Tränen standen ihm in den Augen und er ging auf das Häuschen zu. Was fand er aber da? Den Furcht erregenden Jungen, den ihm alle beschrieben hatten. Er stieg vom Pferd. Bevor er zum Schwert griff, wollte er mit dem Jungen reden, der vor ihm stand und ihn nach seinem Geheimnis fragen.

«Vater», sagte der Junge erstaunt, «nehmt das Schwert aus der Scheide und gebt mir einen gezielten Schlag auf den Nacken. Ich weiß, dass ich hässlich bin. Alle gehen

mir aus dem Weg. Lieber will ich sterben, als so weiterleben. Von nun an könnt Ihr für meine Mutter sorgen.»
Der König dachte über die Lage des Jungen nach: «Vielleicht hat er Recht.»
Nach langem Bitten ließ er sich überzeugen. Ein König musste Entscheidungen treffen, die über die Kraft seines Herzens gingen. Er war es gewöhnt.
Er nahm das Schwert und mit im Krieg geübter Hand schlug er auf den Jungen ein.
Aber was sah er? Der Kopf war nicht abgehauen, nur eine äußerliche Haut hatte sich gelöst, der Junge zog sie über den Kopf wie eine Kapuze.
Die Träne der Mutter hatte sich um seinen Kopf gelegt und ihm wie durch ein Wunder geholfen zu überleben. Unter diesem Schutz kam der echte Kopf des Jungen hervor, er war wunderschön und glich nun stark dem Vater.
«Aber sagt mir, was soll denn dieses Wunder? Weshalb nennt Ihr mich Vater? Ich bin wohl der Landesvater, aber man nennt mich Sire!»
Inzwischen war die Hirtin aus dem Haus gekommen, weil sie Stimmen gehört hatte. Sie hielt den Atem an, als sie ihren Mann sah und den Sohn, der plötzlich ganz anders aussah.
Der Sohn zeigte auf seine Mutter und der König erkannte sie sogleich wieder, obwohl er lange Jahre im Krieg gewesen war. Die gütige Natur der Hirtin hatte ihr Gesicht jung erhalten. Sie erklärte ihrem Mann, wie alles gekommen war.
Er fiel vor ihr auf die Knie, um sie im Namen seiner Mutter und seiner Schwestern um Verzeihung zu bitten. Dann stieg er auf sein Pferd und ritt im Galopp davon.

Nach einiger Zeit kamen die Diener des Königs mit einer Kutsche, um Mutter und Sohn in den Palast zurückzuholen.
Der König gab inzwischen Befehl, die Koffer seiner Schwestern und seiner Mutter zu packen und sie in das Häuschen der Hirtin zu bringen. Dorthin wollte er sie zur Strafe verbannen, damit sie sich nicht mehr in seine Ehe einmischen konnten.

34 | Der blaue Schleier mit den goldenen Sternen

Es war einmal eine Prinzessin, sie hieß Flora und war überaus hochmütig. Ihre armen Diener zwang sie dazu, die Teller zu waschen, auch wenn sie sauber waren, und im Garten zu arbeiten, auch wenn es schon Nacht war. Kurz, sie schikanierte sie von früh bis spät.
Eines Tages – sie war schon über zweiundzwanzig – sagte der Vater zu ihr: «Es ist Zeit, dass du heiratest.» Aber sie hatte keine Lust dazu. Alle Bewerber, die gekommen waren, jagte sie davon, weil sie keinesfalls heiraten wollte. Da waren tüchtige Könige und Prinzen und alle waren reich. Aber sie wollte keinen. Sie las aus und las aus, bis nur noch drei Bewerber übrig blieben. Einer war Prinz Guglielmo d'Altamura, der zweite Giordano da Torre Fiorita und der dritte Alfredo dei Forti. Der Vater ließ alle drei rufen und sagte zu seiner Tochter: «Hier hast du drei Helden, such den aus, der dir gefällt.»
Sie wählte alle drei aus. Guglielmo d'Altamura ging nach

rechts, Giordano da Torre Fiorita in die Mitte und Alfredo dei Forti nach links. Lassen wir jetzt Guglielmo d'Altamura und Alfredo dei Forti und beschäftigen wir uns mit Giordano da Torre Fiorita. Er ging und ging, um den Schleier mit den goldenen Sternen zu suchen, den Prinzessin Flora verlangt hatte. Da kam er auf einen Bergweg. Oben auf dem Gipfel stand ein alter Mann: «Oh, schöner Prinz, was willst du denn?»
«Oh, mein lieber Alter, ich bin verzweifelt wegen der Prinzessin. Sie will einen Schleier mit goldenen Sternen.» Da sagte der Alte: «Meine Frau ist eine Fee, aber hör auf meinen Rat, die Prinzessin Flora ist nichts für dich.» Inzwischen war seine Frau gekommen. Sie hatte einen Schleier, der zwar schön war – ich schwöre es –, aber nicht mit Sternen verziert. Sie gab dem Prinzen drei Nüsse und sagte zu ihm: «Auf halbem Wege wirst du zwei Löwen treffen, dann wirst du die erste Nuss öffnen. Darin findest du einen Brief. Dann verengt sich der Weg immer mehr, auf der einen Seite ist ein Abgrund und unten ein Feuerfluss. Wenn du aber auf der andern Seite runterfällst, zerkratzest du dich in den Dornen. Du wirst dann die zweite Nuss öffnen und sehen, was passiert. Ganz oben wird es noch schlimmer sein und du wirst zwei Adler treffen. Dann wirst du die dritte Nuss öffnen und wieder ein Brieflein finden. Mach alles genau so, wie es im Brieflein steht. Aber ich denke, dass die Prinzessin Flora keine Frau für dich ist.»
Da machte sich Giordano da Torre Fiorita auf den Weg. Er ging und ging, da standen auf einmal zwei Löwen vor ihm mit weit aufgesperrtem Rachen. Uh, uh, uh, brüllten sie und wollten ihn verschlingen. Da fiel ihm die

Nuss ein, er schlug sie am Boden auf, und ein Brieflein fiel heraus, darin stand geschrieben: «Hab keine Angst, nimm dein Schwert und lass es kreisen, bis den Löwen schwindlig wird und sie davongehen.» So machte er es und wirklich zogen die Löwen ab. Der Prinz steckte sein Schwert wieder ein und ging weiter.

Aber der Weg verengte sich immer mehr und etwa nach fünfhundert Metern sah Giordano rechts den Feuerfluss und links ein schreckliches Tal voller Dornen. Da fiel ihm die zweite Nuss ein. Er öffnete sie und fand ein Brieflein, darin stand geschrieben: «Geh auf den Knien hinunter, bete zum heiligen Michael und hab keine Angst.» So machte er es. Da erschien ihm ein Engel, der sagte zu ihm: «Hab keine Angst, komm mit mir.» Sie gingen vorwärts, vorwärts, vorwärts, bis der Weg wieder normal wurde. Der Prinz war überglücklich und bedankte sich beim heiligen Michael. Das war nämlich der Teufelsweg gewesen, auf der einen Seite das Fegefeuer, auf der andern das Paradies, in das man nur über viele Dornen kommen kann. Der Prinz ging weiter und sah oben auf dem Gipfel ein Schloss, das in der Luft hing. «Oh, Madonna, wie soll ich zu diesem Luftschloss kommen?» Er überlegte hin und her. Auf einmal kamen zwei Adler auf ihn zu, um ihn anzugreifen und seine Augen zu zerkratzen. Da erinnerte er sich an die dritte Nuss. Er öffnete sie und fand ein Brieflein. Darin stand: «Hab keine Angst, nimm dein Schwert und lass es kreisen, bis die Adler sich beruhigen. Dann werden sie dir helfen.» So machte er es, und wirklich: Die beiden Adler fingen an zu sprechen und beruhigten sich. Sie sagten: «Komm, sitz auf!» Sie hielten sich aneinander fest und er stieg wie auf ein Pferd. Die beiden Adler flogen und flogen bis zum Palast. Oben im Palast hörte er eine Stimme: «Endlich, Giordano, bist du da! Ich bin die Tochter jener Frau, die dir die Nüsse gegeben hat. Ich bin hier eingesperrt wegen der Prinzessin Flora. Ich hätte einen Prinzen heiraten sollen, aber die Flora hat mich einsperren lassen. Mein Vater und meine Mutter haben mir aber immer gesagt, dass mich eines Tages ein Prinz erlösen wird.»

Sie feierten ein schönes Hochzeitsfest und der Prinz kehrte mit ihr zu seinen Leuten zurück.

Die Prinzessin Flora erfuhr aber davon. Sie wurde so wütend, dass sie eine Menge Diener verhaften ließ. Den Dienern erschien aber ein Engel und sagte zu ihnen: «Habt keine Angst. Ich werde immer bei euch sein. Ihr werdet nie Hunger leiden. Ich bin in eurer Nähe.»

Kehren wir aber zu Alfredo dei Forti zurück. Er geht und geht, bis er mitten in einem großen Wald einen Turm sieht. Der war ungeheuer hoch. Ganz oben im höchsten Fenster sah er ein Licht, das aufflackerte und dann wieder erlosch. Da sagte er zu seinen Dienern: «Wer weiß, was dort oben ist?» Unter seinen Dienern war aber einer, der alles wusste. Er war kein Zauberer, sondern ein Gnom, der über alles Bescheid wusste. Er sagte: «Hab keine Angst. Geh diesen Weg entlang und du wirst eine alte Frau finden, die dir helfen und alles erklären wird.»

Und wirklich, er ging und ging und fand eine Alte. Sie war bestimmt älter als hundert und hatte Runzeln und ein hässliches Gesicht. Sie war dabei, einen Strumpf zu stricken. Es war ein langer, ellenlanger Strumpf. Die Alte sagte: «Oh, junger Mann. Wohin gehst du?»

«Ich bin dabei, einen blauen Schleier mit goldenen Sternen zu suchen für die Prinzessin Flora.»
«Oh, um Gottes willen! Nein, nein, nein, das ist keine Frau für dich. Seit über hundert Jahren stricke ich an diesem Strumpf. Meine Nichte sitzt in diesem Turm wegen der Prinzessin Flora. Sie hätte einen Prinzen heiraten sollen. Aber ihr Bräutigam war in die Prinzessin Flora verliebt. Die hat ihn aber aus Boshaftigkeit umbringen lassen, weil er ihr den blauen Schleier mit den Sternen nicht bringen konnte. Dann hat Flora meine Nichte in diesen Turm bringen lassen und jedes Jahr versetzt sie Fosca in ein anderes Zimmer. Ich habe gleich angefangen, meinen Strumpf zu stricken, damit meine Nichte eines Tages fliehen kann. Schon seit hundert Jahren bin ich am Stricken. Hab keine Angst, ich werde dir helfen. Pass auf, ich lege ein Steinchen unten in den Strumpf. Du kletterst dann in den Turm hinauf mit dem Strumpf. Er ist fast fertig, nur wenig Garn ist noch übrig. Meine Nichte und ich sind immer in Verbindung. Ich habe ein Vögelchen, das jeden Morgen zu mir kommt. Ich gebe ihm Essen mit, es fliegt weg und bringt das Essen meiner Nichte im Turm. Geh mit diesem Vögelchen!»
So machte er es. Er nahm Stein und Strumpf und ging mit dem Vögelchen. Während sie hinaufflogen, löste sich der Strumpf auf. Oben sah er ein schönes Mädchen. Es war mehr tot als lebendig. Seit hundert Jahren war es eingesperrt. Es sagte zu ihm: «Endlich, lieber Prinz, bist du gekommen, um mich zu erlösen. Aber gehen wir jetzt!»
Im Turm gab es aber keine Treppe, er war wie eine Fes-

tung angelegt. Die Großmutter, die eine halbe Zauberin war, schlug dreimal mit dem Stock an das Garn, und es verwandelte sich in ein dickes Seil. Das kleine Steinchen wurde zu einer Granitplatte. Und so kamen sie vom Turm herunter. Die Großmutter war überglücklich. Mit ihrem Zauberstock bestellte sie eine zweispännige Kutsche, und die beiden fuhren zu den Eltern der Braut und feierten ein schönes Hochzeitsfest.

Der Vater der Braut war aber ein entfernter Verwandter der Prinzessin Flora. Als diese von der Heirat erfuhr, ließ sie zehn Diener ins Gefängnis werfen. Sie war schon richtig verzweifelt, weil sie sich inzwischen in ihre Bewerber verliebt hatte und es ihr furchtbar Leid tat, dass sie nicht mehr frei waren. Und sie sagte: «Jetzt ist Guglielmo d'Altamura schon seit einem Jahr, einem Monat und einem Tag unterwegs. Die andern beiden haben geheiratet, der Teufel soll sie holen. Ich geh jetzt selber auf die Suche nach Guglielmo.»

Vater und Mutter hatten kein Mitleid mit ihr, weil sie ihre Diener in die dunkelsten Gefängnisse gesteckt hatte, die voller Skorpione und anderem Getier waren. «Geh nur, geh», sagten sie, «mach, was du willst!»

Sie nahm sich Pferde, fünfzehn Dienerinnen und drei Diener, die bucklig waren und lahm. Wenn etwas passieren sollte, war es nicht schade um sie.

Sie gingen und gingen bis zu einem Wald. Da hörte sie eine Stimme, die auf Italienisch sagte: «Um Mitternacht, Prinzessin, wirst du ganz alleine in den Wald eintreten. Du wirst sieben Bäume sehen, sieben Treppen hinuntersteigen und sieben Türen vor dir haben.» Sie erschrak und sagte zu ihren Begleitdamen: «Kommt auch mit, ich

habe Angst!» Man hörte uitt uitt – die Eulen, – ulu uluuu – die Käuze –, die im Wald herumgeisterten. Sie hatte große Angst, in diesen Wald zu gehen. Mitternacht ist schließlich nicht heller Tag. Aber trotzdem wagte sie sich mit den Pferden vor. Da hörte sie wieder die Stimme: «Genau um Mitternacht wirst du eintreten, Prinzessin, nur du allein, wenn du den blauen Schleier mit den goldenen Sternen haben willst. Nur durch deine Tränen wirst du ihn bekommen.» Fast hätte sie auf den Schleier verzichtet. Aber dann ließ sie Begleitdamen und Diener zurück und ging alleine in den Wald.
Sie zählte: «Einer, zwei, drei, vier, fünf, sechs, sieben Bäume.» Da stolperte sie über ein Loch, und die Stimme rief: «Sieben Treppen wirst du hinuntersteigen und sieben Türen wirst du finden. Den blauen Schleier wirst du nur bekommen, wenn du willst!» Sie ging weiter, stieg eine Treppe hinunter, die zweite, die dritte, bis sie alle sieben hinter sich hatte. Da kam sie in einen langen Flur, er war lang, lang, ich weiß nicht, wie viele Kilometer. Sie hatte königliche Kleider an, Schühchen mit Absätzen, sie war elegant und parfümiert. Sie kam zur ersten Tür und klopfte an: tucch tucch tucch. Eine Alte schaute heraus, sie war hässlich und hatte Runzeln. Sie sagte: «Was willst du, Prinzessin Flora?»
Die Prinzessin antwortete: «Du dreckige Alte, ich will den blauen Schleier mit den goldenen Sternen!»
Da sagte die Alte: «Ach so, du willst den blauen Schleier mit den goldenen Sternen. Du wirst ihn bekommen, aber nur, wenn du arbeitest!» Und – pum pam pum – schlug sie ihr die Türe vor der Nase zu.
Flora ging noch ein Stückchen weiter und öffnete die

zweite Tür. Da zeigte sich eine noch grässlichere Alte als die erste. Auch ihr sagte sie, dass sie den blauen Schleier mit den goldenen Sternen wolle.

«Ha, ha, du willst den blauen Schleier, Du Ärmste, du bekommst ihn erst, wenn du arbeitest!» Pampete.

Und so erging es ihr bei allen Türen. Von einer Tür zur andern verging aber immer ein Jahr. So hatte sie schon sieben Jahre nichts mehr gegessen und getrunken. Es ist zwar ein Märchen, aber sieben Jahre ohne Essen und Trinken, das ist kein Pappenstiel. Die Kleider der Prinzessin waren schon ganz schmutzig, sie schleifte sie am Boden nach. Sie hielt sich kaum noch auf den Beinen. Da überlegte sie: «Umkehren vielleicht?» Sie dachte nach und dachte nach.

Da fiel ihr ein, was sie mit den armen Dienern gemacht hatte, und sie sagte: «Vater, Mutter, helft mir!» In dem Moment hörte sie eine Stimme: «Arme Prinzessin, du willst den blauen Schleier. Du wirst ihn nur durch Arbeit bekommen.» Sie schaute sich um, sah aber niemanden. Nur ein Vogel flog davon. Er sang aber nicht, sondern sprach wie ein Mensch. Vor Hunger und Durst war die Prinzessin schon so schwach, dass sie hinfiel und gegen die siebte Tür schlug. Da kam eine Furcht erregende Alte hinaus, mit krummer Nase, Doppelkinn, Falten im Gesicht und langen Fingernägeln. Kurz, sie sah aus wie eine Hexe. Sie fragte sie: «Was willst du, Prinzessin Flora?»

«Woher weißt du, dass ich Flora heiße?»

«Ah, ich weiß alles, seit hundert Jahren verfolge ich deinen Hochmut. Ich weiß auch, was du deinen Dienern und deinen Untertanen zuleide getan hast. Und jetzt kommst du zu mir und willst den blauen Schleier. Komm!»

Und sie führte sie in die Küche. Die war schmutzig, es spottet jeder Beschreibung. Ein schwarzer Kater saß da und fing an zu miauen: Miau, Miau, Miau.
«Hüte dich vor meinem Kater, tu ihm ja nichts zuleide. Wenn du ihn auch nur am Schwanz ziehst, wirst du etwas erleben! Er wird mir alles berichten, er ist nämlich ein Spion. Ich werde jetzt auf eine große Reise gehen und du, liebe Prinzessin, wirst dich umziehen und tun, was ich dir sage!»
Da wurde die Prinzessin wieder vom Hochmut befallen: «Du hässliche Alte. Du meist wohl, du könntest die Prinzessin Flora so behandeln? Die schönste Prinzessin auf der ganzen Welt!»
Da sagte die Alte: «Also gut, zieh dich jetzt um und fang an zu putzen!» Es war alles voller Spinnweben, eine Katastrophe. Der Boden war dreckig und voller Steine, schlimmer als der übelste Keller. Der Kater war auf den Küchenschrank gesprungen und putzte sich. Seine gelben Teufelsaugen funkelten.
Flora vertauschte ihr schönes Kleid mit einem Sackkleid. Uh, wie das stank!
Alles war dreckig, und da begehrte die Prinzessin auf: «Ich habe doch nicht diesen ganzen Weg zurückgelegt und so viele Jahre Hunger und Durst gelitten, nur um mich von einer alten Schachtel quälen zu lassen!»
«Ach so, du Ärmste hast Hunger?»
Und die Alte kniete nieder: «Eure Majestät hat Hunger? Wartet, ich gebe Euch gleich zu essen!»
Und sie brachte ein Brot, das hart war wie Stein, und einen Krug frisches Wasser. Sie gab ihr auch ein Glas und ein Stühlchen, wo sie den Krug abstellen konnte.

«Wenn du genug gegessen und getrunken hast, dann fang an zu putzen. Hol aber alle Spinnweben herunter. Es muss alles glänzen in diesem Haus, hast du gehört. Und wehe, wenn du meinem Kater etwas zuleide tust! Ich geh jetzt auf meine grosse Reise!»

Die Prinzessin ass und trank gierig. Aber putzen, das konnte sie nicht. Die Alte sagte: «Ciao!» Und die Türe flog zu.

«Du alte Hexe, was glaubst du wohl? Ich soll hier putzen? Warte nur!» Und sie begann, mit dem Besen um sich zu schlagen: Fricch frucch fricch frucch. Tassen und Teller flogen herunter, und alles zerbrach. Die Schüsseln trafen den Kater. «Miau», knurrte der wie ein wildes Tier und floh durch das kleine Katzenloch in der Türe. Da bekam die Prinzessin Angst: «Wo wird dieses Monster hingegangen sein?» Aber dann zerbrach sie weiter Teller und Schüsseln. Eine Katastrophe!

Der Kater war kaum aus der Türe geschlüpft, als auch schon die Alte zurückkam. Sie machte vor der Prinzessin Knickse: «Hoheit ist also nicht fähig gewesen zu putzen! Kommt, kommt. Ich werde Euch jetzt an einen Ort führen, der für Euch geeignet ist. Meine Katze hat Euch belästigt, darum ist es besser, wenn Ihr alleine seid!»

Und sie ging mit ihr die Treppe hinunter. Hinter ihnen aber verschwanden die Treppen, so dass sie nicht mehr hinaufgehen konnten. Als sie sieben Treppen hinter sich gebracht hatten, kamen sie in einen Keller. Der war viel schlimmer als all die Gefängnisse, in die die Prinzessin ihre Diener gesteckt hatte. Es gab ein Steinbett zum Schlafen, die Leintücher waren ganz grob. Als es Nacht wurde, sagte die Alte: «Prinzessin, du wirst sicher gut

schlafen. Die Ratten, Mäuse, Skorpione, Schlangen und das Meer werden dir Gesellschaft leisten. Alles, was du deinen Dienern angetan hast, kommt jetzt auf dich zurück. Auch die Eulen, Käuze und Fledermäuse werden dich besuchen. Aber fürchte dich nicht!» Die Prinzessin wälzte sich in ihrem Bett hin und her.
Die Alte sagte nur: «Du willst den blauen Schleier. Also schau jetzt, wie du dazu kommst! Dein Hochmut wird bestraft. Früher oder später musste es so kommen!»
Die Nacht war schrecklich. Die Mäuse liefen ihr über die Füße, die Läuse krochen im Haar herum. Sie bekam die Strafe, die sie verdiente. Die ganze Nacht sprangen Kröten und Schlangen umher. Und das Meer rauschte, ciuff ciuff. Sie war verzweifelt. Sie drehte sich von einer Seite auf die andere und rief: «Vater, Mutter, helft mir!»
Die Alte lachte nur: «Ha, ha, ha. Arme Prinzessin, du tust mir Leid. Aber du hast es ja so gewollt. Dir geschieht nur das, was du andern angetan hast. Schau selber, wie du dich aus der Affäre ziehst!»
«Ich habe Hunger!»
«Warte, ich bring dir gleich zu essen!» Und sie brachte ihr steinhartes Brot und einen Krug frisches Wasser.
«Das ist Meerwasser. Es ist ein wenig salzig. Aber wird dir sicher gut tun!»
Die Prinzessin wurde ganz klein und ganz sanft. Der Hochmut fiel ganz schön ein.
Es war schon ziemlich viel Zeit vergangen, und da sagte die Prinzessin: «Großmutter, hab Erbarmen mit mir! Gib mir Arbeit. Ich muss etwas tun.»
Die Alte sagte: «Schlaf jetzt. Morgen werden wir weitersehen.»

Und sie nahm den Zauberstab und ließ all die grässlichen Tiere aus dem Zimmer verschwinden. Dann beruhigte sie auch das Meer. Am Morgen erwachte die Prinzessin. Durch das Fenster schien die Sonne. Die Alte brachte ihr ein schönes Spinnrad und einen ganzen Ballen blaue Seide. Dann ging sie wieder. Aber die Prinzessin klopfte bald an die Türe.
«Was wünscht Ihr, Hoheit?»
«Ich möchte gerne arbeiten. Aber ich weiß nicht, wie man es anstellt.»
«Du hast nie gearbeitet? Also gut, ich bringe es dir bei!» Und sie zeigte ihr, wie man Seide spinnt. Die Prinzessin spann und spann, viele, viele Meter Seide. Als sie die Arbeit beendet hatte, war der Schleier sicher zwanzig Meter lang. Aber sie sagte: «Jetzt, wo ich den Schleier habe, werde ich sicher nicht mehr heiraten. Ich bin ja hier gefangen.» Sie weinte, und je mehr sie weinte, desto mehr Sterne fielen auf den Schleier. Es ist ein wunderbarer Schleier geworden, voller leuchtender Sterne. Die Prinzessin seufzte: «Was hab ich nur alles angestellt mit meinem Hochmut!» Und sie faltete den Schleier zusammen und legte ihn in eine Ecke.
Da kam die Alte und sagte: «Ich habe eine Überraschung für dich!»
«Eine Überraschung für mich? Jetzt habe ich meinen Schleier, aber sonst kann ich nichts mehr erwarten.»
Da ging die Türe auf und Prinz Guglielmo d'Altamura ist erschienen. Er hatte die Prinzessin gesucht und war ihr als Einziger treu geblieben. In einem Wald hatte er die Alte getroffen, und sie hatte ihm weitergeholfen. Nun zauberte die Alte mit ihrem Zauberstab einen

Palast. Sie feierten ein schönes Fest und luden die Alte dazu ein. Flora befreite alle ihre Diener, und von dem Tag an war ihr Hochmut verschwunden und sie wurde eine brave Frau.

35 | Der Besuch des heiligen Antonius

Vor langer Zeit kam eines Tages ein Fremder nach Campo Blenio. Niemand hatte ihn vorher je gesehen. Er wollte auch niemandem sagen, woher er komme und wohin er gehe.
Er war hungrig, ging zu einem Haus und bat die Hausfrau um Essen. Die Frau lebte alleine, hatte eine volle Vorratskammer und ein hübsches Scherflein Geld. Auf die Bitte des sonderbaren Wanderers antwortete sie, sie habe nichts, und der Fremde musste weitergehen, ohne auch nur ein Stück Brot erhalten zu haben.
Er klopfte dann bei einem andern Haus an, in dem eine arme Frau mit ihren fünf schlecht ernährten, halb nackten Kindern lebte. Als sie den Fremden aufs Haus zukommen sahen, klammerten sie sich an die Mutter, so sehr schämten sie sich.
«Gute Frau, ich bin sehr hungrig. Habt ihr mir nicht etwas zu essen?»
«Wir sind sehr arm», antwortete die Frau, «wir haben nur gerade das bisschen Brot zu Hause. Den Kindern muss ich ihren Teil geben, meinen könnt Ihr haben!»
Der Fremde nahm das Brot, das ihm die Frau so großzügig anbot, gerne an. Er dankte ihr von Herzen und gab

ihr als Entgelt ein Stück Leinenstoff, damit sie ihre Kinder einkleiden könne.
Dann sagte er noch: «Was Ihr morgen früh beim Sonnenaufgang tut, das werdet Ihr den ganzen Tag tun!»
Dann ging er weg.
Die Frau wusste sich das sonderbare Verhalten und die Worte des Fremden nicht zu erklären.
Am nächsten Morgen, als die Sonne aufging, war die Frau dabei, den kleinen Stoffballen zu entrollen, den sie für ihre Großherzigkeit erhalten hatte. Zu ihrem großen Erstaunen konnte sie entrollen und entrollen, ohne dass der Ballen kleiner wurde.
Am Abend hatte sie einen großen Haufen Stoff im Haus, der nicht nur gereicht hätte, ihre Kinder einzukleiden, sondern ganz Campo Blenio.
Die Frau, bei der der Fremde zuerst angeklopft hatte, erfuhr von dem Wunder und wollte es sich auch zunutze machen. Sie nahm sich vor, den Fremden gut aufzunehmen, wenn er das nächste Mal vorbeikomme.
Ein paar Tage später kam er wirklich und ging gleich zu ihr. Diesmal überschüttete sie ihn mit Freundlichkeiten und gab ihm auch reichlich zu essen.
Als er wegging, sagte er auch zu ihr: «Das was Ihr morgen früh bei Sonnenaufgang tut, werdet Ihr den ganzen Tag tun!»
Die Frau beschloss, am nächsten Morgen gleich nach Sonnenaufgang ihr verstecktes Geld zu zählen, und habgierig, wie sie war, freute sie sich schon über das wunderbar vermehrte Geld.
Kaum konnte sie das Ende der Nacht erwarten. Vor lauter Ungeduld schloss sie kein Auge.

Als die Sonne aufging, spürte sie ein dringendes körperliches Bedürfnis und musste sich an ein gewisses Örtchen zurückziehen. Dort blieb sie den ganzen Tag. Sobald sie die Türe öffnen wollte, machte sich das Bedürfnis wieder bemerkbar. Erst am Abend, als die Sonne unterging, hörte ihre Qual auf.
Sie kam reumütig aus dem Häuschen heraus und dachte, dass Gott sie so für ihre Habgier gestraft habe.
Der sonderbare Fremde war nämlich der heilige Antonius gewesen, der in dieser Gestalt auf die Erde gekommen war, um die Gastfreundschaft des Armen und des Reichen auf die Probe zu stellen und jedem die verdiente Belohnung zu geben.

36 | Der Herrgott auf Besuch

An einem bitterkalten Dezemberabend kam der Herrgott zu einem Bauern, um sich aufzuwärmen. Die ganze Familie saß am Feuer, der bucklige, hässliche Vater, der einen bösen Blick hatte, die Mutter und fünf Kinder. Im Kamin brannte ein großes Feuer.
«Dieses Feuer ist mehr wert als hundert Scudi», rief der Herrgott. Er setzte sich und rieb sich die Hände. Dann sagte er zum wenig sympathischen Hausherrn: «Guter Mann, wie viel bin ich Euch für das Feuer schuldig?»
«Hundert Scudi, Ihr habt es ja selbst gesagt!», antwortete der Bucklige.
«Gut, du Bösewicht, ich gebe dir die hundert Scudi. Aber zur Strafe verwandle ich dich in einen Esel!»

Und der Herrgott ging weiter. Die Prophezeiung erfüllte sich. Der Bucklige verwandelte sich in einen Esel.
Zu der Zeit baute man im Dorf gerade ein großes Haus. Der Bucklige, der nun ein Esel war, musste auf seinem Rücken so viele Steine tragen, bis er die hundert Scudi abverdient hatte, um die er den Herrgott betrogen hatte. Dann wurde er wieder ein Mensch, aber sein Buckel war noch größer.
Noch heute sagt man, wenn man einen Buckligen sieht: «Das ist einer von denen, die vom Herrgott hundert Scudi verlangt haben!»

37 | Christus und Paulus in Menzonio

Einmal wanderten Christus und Paulus durch das Tal. Überall fragten sie die Leute, denen sie begegneten: «Wovon lebt ihr denn?»
Die Leute antworteten: «Einer betrügt den andern!»
Als es Abend wurde, baten sie eine mausarme Frau, die in einem kleinen Häuschen wohnte, um Unterkunft.
Sie sagte zu ihnen: «Wenn euch mein bescheidenes Haus genug ist, will ich euch gerne meinen Platz überlassen!»
Sie waren einverstanden.
Am folgenden Morgen fragte Christus die Frau: «Was verlangt ihr für die Übernachtung?» Und sie: «Wollt ihr mir einen Wunsch erfüllen?» Und er: «Auch zwei, wenn es sein muss.»
Die Alte fuhr fort: «Draußen vor meinem Haus steht ein schöner Apfelbaum. Ich kann aber nie auch nur einen

Apfel pflücken, weil sie gestohlen werden. Erfüllt mir doch den Wunsch, dass, wer auf den Baum klettert, ohne meine Erlaubnis nicht wieder hinuntersteigen kann.»
Christus fragte die Frau, wie sie heiße, und sie antwortete ihm: «Miseria (Armut).»
Am Morgen saß ein Mann auf dem Baum und bat Miseria um die Erlaubnis hinunterzusteigen. Miseria sagte zu ihm: «Wer bist du?» Und er: «Ich bin der Tod!» Und er fügte bei: «Lass mich hinunter. Ich muss doch die Menschen sterben lassen.»
«Wenn du mir versprichst, dass ich nie sterben werde, lass ich dich hinuntersteigen.»
Der Tod willigte ein und stieg sogleich hinunter.
Und deshalb ist die Armut bis heute noch nicht ausgestorben.

38 | Der heilige Petrus und der Herrgott

Der heilige Petrus und der Herrgott gingen von Dorf zu Dorf, um zu predigen.
Einmal kamen sie spätabends zu einem abgelegenen Haus auf dem Land. Weil sie todmüde waren, klopften sie an und baten um Unterkunft für die Nacht.
Der Hausherr sagte: «Ihr könnt gerne hier schlafen. Im freien Zimmer steht aber nur ein Ehebett. Ihr müsst euch damit begnügen. Ich zeig es euch!»
Und er ging mit einer Kerze voran und führte sie in den ersten Stock. Bevor er die Türe schloss, sagte er zum heiligen Petrus: «Ich bin hier nebenan und habe immer

Mühe, einzuschlafen. Ich bitte euch, nicht so laut zu sprechen.»
Nach einem Stündchen plauderten der heilige Petrus und der Herr immer noch miteinander. Der Hausherr im andern Zimmer schnarchte nach Noten.
«Mein lieber Petrus», sagte der Herr, «du wirst sehen, dass wir hier nicht schlafen können. Auf diesen unbequemen Strohsäcken und mit dem Trompeter nebenan kann man sich doch nicht ausruhen. Weißt du was? Wir singen ihm ein Liedchen, dann wird er schon erwachen und zu schnarchen aufhören!» Und bei diesen Worten lächelte der Herr schelmisch.
«Aber Herr, das dürfen wir doch nicht! Um ehrlich zu sein, ich habe Angst, dass er dann erwacht und nicht mehr einschlafen kann. Er hat uns gebeten, keinen Lärm zu machen!»
«Aber nein, wir singen ja nicht laut», überzeugte ihn der Herrgott. Und schon stimmte er ein Liedchen an.
Der heilige Petrus, der am Ende immer nachgab, fiel in das Duett ein.
Sie waren gerade so schön im Schwung, als die Türe aufflog.
«Ich hatte euch doch gesagt, keinen Lärm zu machen», schrie der Bauer verärgert. Und er nahm seinen Stock und schlug kräftig auf den heiligen Petrus ein, der gerade neben der Türe lag. «Das soll euch eine Lehre sein, ihr Bengel!», rief er. «Dankt Gott, dass es regnet und ich euch nicht rauswerfen kann!»
Der heilige Petrus beklagte sich bei seinem Gefährten. Er war voller blauer Flecken.
«So ein Pech. Die Schläge habe alle ich eingesteckt!»

Er konnte vor lauter Schmerzen nicht mehr einschlafen. Der Herr, der zu Streichen aufgelegt war, machte nach einer Weile einen andern Vorschlag: «Singen wir noch ein wenig, Petrus. Ich bin heute so fröhlich!»

«Aber Herr, bist du verrückt. Der da drüben prügelt uns zu Tode!»

«Aber ich sag dir doch, dass er jetzt tief schläft. Und wir singen diesmal ganz leise. Also los, stimmen wir das Lied an!»

«Ich nicht, nein! Ich will nicht nochmals Prügel bekommen. Und du Herr, sing lieber auch nicht! Der da drüben ist nicht für Gerechtigkeit. Er teilt die Prügel nur auf eine Seite aus!»

«Hör zu, Petrus», schlug der Herr vor. «Ich habe einfach Lust zu singen. Ich halt's nicht mehr aus. Wir wechseln aber den Platz im Bett. Wenn es schief geht, steck ich diesmal die Prügel ein. Dann ist es auch gerecht verteilt!»

Der heilige Petrus, der am Schluss immer nachgab, willigte unter diesen Bedingungen ins Duett ein. Als sie gerade so im Schwung waren, flog die Türe wieder auf.

«Ihr wollt mich wohl rasend machen, ihr Bengel!», schrie der Hausherr. «Aber vielleicht hat der da drüben noch nicht genug. Er hat meinen Stock noch nicht gespürt. Er braucht wohl auch eine Lektion!»

Und er nahm seinen Knüttel, den er auch diesmal nicht vergessen hatte, und es hagelte Schläge auf der andern Seite des Bettes.

«Das soll euch eine Lehre sein!», sagte er, indem er die Tür zuzog. «Wenn es wieder losgeht, werf ich euch raus! Das ist die letzte Warnung.»

Der arme Petrus stöhnte: «Herr, du bist aber schlau. Manchmal machst du dich auf meine Kosten lustig. Aber ich werde mich von dir nicht mehr zu Streichen verleiten lassen, das sag ich dir!»
«Bis zum nächsten Mal», meinte der Herr schelmisch und so schliefen sie ein.

39 | Der heilige Petrus und der Soldat

Auf einer seiner Predigtreisen traf der heilige Petrus unterwegs einen Soldaten.
«He, Soldat, gehst du auch in diese Richtung?»
«Ja, ich bin im Krieg gewesen und komme nach langer Abwesenheit nach Hause zurück.»
«Dann gehen wir doch zusammen», schlug der heilige Petrus vor, der gerne Gesellschaft hatte.
Und sie gingen ein gutes Stück zusammen und erzählten sich ihre Abenteuer. Nach etwa einem Drittel des Weges trafen sie einen Bauern mit einem hinkenden Pferd.
«Was fehlt deinem Pferd?», fragte der heilige Petrus teilnahmsvoll.
«Ich hätte es seit langem beschlagen lassen sollen. Ich hab's aber immer aufgeschoben und jetzt hat es Schmerzen in den Beinen und hinkt. Und das Dorf ist leider noch weit weg.»
«Das macht nichts», sagte der Heilige, «ich werde dir helfen.»
Er zog aus seiner Wandertasche ein großes Messer, schnitt

dem Pferd die Beine ab und setzte ihm zwei gute Reservebeine ein, die er von irgendwoher aus der Tasche zog und die ausgezeichnet passten.
Während der Operation hatte das Pferd erstaunlicherweise nicht mal «cip» gemacht.
Der Besitzer des Tiers gab dem heiligen Petrus ein Geldstück, das dieser nicht annehmen wollte. Schließlich musste er es aber nehmen, um den andern nicht zu beleidigen.
Der Soldat war eifersüchtig auf seinen Weggenossen, der Wunder wirken konnte und dafür belohnt wurde.
Sie kamen in eine Stadt und der heilige Petrus ging weg, um zu predigen. Der Soldat setzte sich auf eine Bank, um auf ihn zu warten. Da sah er einen Mann, der mit seinem hinkenden Pferd zum Schmied gehen wollte, und überlegte:
«Den Sack hat er mir zur Obhut überlassen. Da ist auch das Zaubermesser und die Reservebeine werden auch irgendwo sein. Ich habe zugeschaut, wie er die Beine ausgewechselt hat. Was er kann, werd ich wohl auch können. So schwer ist es auch wieder nicht. Und ich werde mir eine schöne Belohnung verdienen!»
Als der Mann mit dem Pferd näher kam, rief er ihn zu sich und überzeugte ihn von seinen Wunderkräften.
Während der Operation wieherte das Pferd und schlug mit den Beinen um sich. Es zappelte so sehr, dass sie es anbinden mussten. Im Sack fand der Soldat die Reservebeine, aber sie passten überhaupt nicht und das arme Pferd verblutete.
Der Soldat musste Hals über Kopf flüchten, um dem zornigen Besitzer zu entkommen. Es gelang ihm, den

heiligen Petrus am andern Ende der Stadt zu finden. Er wagte aber nicht, von seinen Missetaten zu erzählen.
Die beiden gingen weiter und kamen ans Ufer des Meeres. Der heilige Petrus lief über das Wasser, als sei das gar nichts Besonderes.
Der Soldat dachte: «Wie leicht das ist!»
Und stolz, wie er war, ahmte er den Heiligen nach und lief aufs Meer hinaus, um ihm nachzufolgen. Es gelang ihm aber nicht, oben zu bleiben.
«Geh weiter, geh weiter!», befahl ihm der heilige Petrus schlau. «Es ist doch so leicht!»
Der Soldat tauchte immer tiefer ins Wasser ein, zuerst bis zu den Fersen, dann bis zu den Knien, dann bis zum Rücken, dann bis zum Hals. Er hoffte aber immer noch. Dann merkte er, dass es ihm doch nicht gelingen würde, den heiligen Petrus nachzuahmen. Er konnte aber nicht mehr aus dem Wasser hochkommen.
Der Heilige, der ihn ständig im Auge behielt, fragte ihn mehrmals: «Hast du vielleicht meine Tasche durchsucht?»
«Nein, nein», log der Soldat.
Als das Wasser ihm bis an den Hals stand, drehte er sich um und sagte sanft: «Wenn du die Wahrheit sagst, erlaubt der Herrgott mir, dir zu helfen und dich aus dem Wasser zu ziehen!»
«Es ist wahr, es ist wahr», beeilte sich der Soldat zu antworten, da er sonst keinen Ausweg mehr sah. «Ich habe deinen Sack geöffnet. Ich wollte auch ein Wunder wirken wie du, aber es ist mir nicht gelungen.»
Der Heilige hörte sich das Geständnis an und zog den Soldaten dann aus dem Wasser. Dann ermahnte er ihn:

«Hochmut ist eine schlimme Sünde. Habgier ist noch viel schlimmer. Geh jetzt und sündige nicht mehr!»

40 | Die Mutter des heiligen Petrus

Die Mutter des heiligen Petrus war so böse, dass der Herrgott sie in die Hölle verdammte. Aber der heilige Petrus bat den Herrgott immer wieder, ihr ein Fleckchen im Himmel zu geben.
Da sagte der Herrgott: «Gut, aus Liebe zu dir und weil du dich hast kreuzigen lassen mit dem Kopf nach unten, erlaube ich dir, einen Knoblauchstrang in die Hölle hinunterzulassen. Sobald deine Mutter ihn packt, zieh sie hoch!»
Der heilige Petrus dankte dem Herrgott, ging zum Eingang der Hölle und liess einen Knoblauchstrang hinunter. Seine Mutter hielt sich daran fest. Aus Boshaftigkeit gab sie aber den andern Verdammten, die sich an sie klammerten, lauter Tritte. Da riss der Strang und sie fiel wieder in die Flammen zurück.

41 | Wie ein Junge dem Teufel versprochen wurde

Ein Müller fuhr auf seinem Wagen Säcke zur Mühle. Da fiel der Maulesel hin. Der Müller versuchte, ihm auf die Beine zu helfen, aber es gelang ihm nicht. Da rief er alle

Heiligen an, aber keiner kam. In seiner Verzweiflung rief er nach dem Teufel und der ist sogleich erschienen. Er half ihm, den Maulesel auf die Beine zu stellen, und sagte dann zu ihm: «Als Lohn will ich das erste Kind, das dir geboren wird, sobald es vierzehnjährig ist.»

Der Müller war einverstanden, weil er dachte: «Ich bin alt und werde keine Kinder mehr haben.»

Er unterschrieb den Kaufvertrag.

Aber da wurde seine Frau schwanger und gebar ihm einen hübschen Sohn.

Der wuchs und wuchs und war ein tüchtiger und guter Sohn.

Wenn der Müller ihn anschaute, musste er weinen.

«Warum weinst du denn immer, wenn du unsern Sohn siehst?», fragte ihn seine Frau. «Wenn du ihn nicht willst, kannst du ihn ja verkaufen.»

Und er: «Ich hab ihn schon verkauft, noch bevor er geboren war. Darum weine ich.»

«Wem hast du ihn denn verkauft?»

Dem Teufel, weil er mir geholfen hat, den Maulesel auf die Beine zu stellen.»

«Und wann kommt er ihn holen?»

«Wenn er vierzehn Jahre alt sein wird!»

Die Mutter raufte sich die Haare und war ganz verzweifelt. Der Junge, er hieß Togn, wuchs heran und wollte wissen, weshalb seine Eltern die ganze Zeit weinten. Sie sagten es ihm.

Und er: «Kopf hoch, wir werden schon eine Lösung finden!»

Und er ging zu seinem Lehrer und erzählte ihm alles. Der Lehrer gab ihm einen Stock und schickte ihn zu den

Eltern, damit er ihren Segen habe. Dann führte er ihn in die Kirche und betete mit ihm zum heiligen Antonius.

Am folgenden Tag wurde Togn vierzehn Jahre alt. Der Lehrer gab ihm also den Stock und sagte: «Behalt ihn immer in der Hand. Wenn der Teufel dir zu nahe kommt, halt ihm den Stock entgegen. Wenn er dir etwas befiehlt, tu genau das Umgekehrte.»

Und da ist der Teufel auch schon gekommen und wollte Togn Handschellen anlegen. Togn aber erhob den Stock gegen ihn und sagte: «Ich komme freiwillig. Ich brauche keine Handschellen.»

Der Vater, die Mutter und der Lehrer weinten verzweifelt.

Togn weinte überhaupt nicht und folgte dem Teufel, direkt in die Hölle.

Dort unten befahl ihm der Teufel, Wasser zu holen, und Togn leerte es aus.

Dann befahl er ihm, das Feuer anzumachen, und Togn pinkelte darauf.

Er befahl ihm, das Geschirr abzuwaschen, und Togn zerschlug alles.

Da sagte der Teufel: «Was soll ich bloß mit diesem Kerl anfangen? Weder kann ich ihn berühren noch ihm befehlen.»

Er hatte genug von ihm und hat ihn nach Hause geschickt.

Seinen Eltern fiel ein Stein vom Herzen. Sie umarmten ihn. Er aber sagte: «Lasst mich nochmals gehen, ich will mich endgültig von meinem Herrn in der Hölle unten befreien!»

Er kam in einen Wald und traf einen Einsiedler. Dem erzählte er seine Geschichte.

Der Einsiedler antwortete: «Ich kann nichts für dich tun. Ich habe aber einen Bruder. Er ist Räuber und wohnt auf der andern Seite des Berges. Der kann dir vielleicht helfen.»

Er gab dem Jungen einen Brief mit für den Bruder.

Togn machte sich auf den Weg. Er ging und ging. Schließlich fand er den Räuberhauptmann und übergab ihm den Brief. Dann erzählte er ihm die ganze Geschichte.

Der Hauptmann dachte eine Weile nach, dann rief er den Teufel und sagte zu ihm: «Ich habe vierzig Seelen unter mir, dazu meine eigene, macht einundvierzig. Die sollen alle dein sein. Dafür musst du aber die Hände lassen von diesem Jungen. Du hast ihn ja doch nicht in der Hölle brauchen können!»

Der Teufel war einverstanden, gab den Kaufvertrag für Togn zurück und verschwand durch den Kamin.

Togn kehrte überglücklich zu seinen Eltern zurück.

Der Hauptmann aber rief seine Räuber, verteilte ihnen die Schätze und sagte: «Ich gehe jetzt zu meinem Bruder, dem Einsiedler und fange ein heiliges Leben an. Und ihr?»

«Wir auch, wir auch!»

E dopu tanti ann da mala vita
i a fini da cagaa in ca dal remita.
Al diavul che prima l'eva content
l a imparaa a mia fidass da la gent.

(Und nach so vielen Jahren schlechten Lebens
haben sie im Haus des Einsiedlers gekackt.
Der Teufel, der zuerst so zufrieden war,
hat gelernt, den Leuten zu misstrauen.)

42 | Die Ziege des Pfarrers

Sonogno war damals ein ruhiges Dorf, dessen Einwohner ihr hartes Leben ohne viel Murren und auch ohne Unzufriedenheit fristeten. Man hielt Kühe und vor allem Ziegen, pflanzte Hanf an für die Leintücher und Roggen für das Brot. Die Religion nahm im Leben einen wichtigen Platz ein. Der Pfarrer war von allen anerkannt und geachtet. Man holte sich Rat bei ihm oder ließ die Briefe von ihm schreiben. Die Leute waren nämlich zum größten Teil Analphabeten. Man ging mit allen Problemen zum Herrn Pfarrer. An jenem Tag diskutierte Zepp auf dem Kirchplatz mit dem Herrn Pfarrer.
«Ja, ja, Herr Pfarrer, es war eine schöne Ziege, schade, schade. Ich hatte so mit ihr gerechnet.»
«Ich versteh euch, Zepp, eine junge Ziege wie die. Aber kein Blatt fällt vom Baum, ohne dass der Herrgott es will!», tröstete ihn der Pfarrer.
Zepp hatte am Tag vorher mit ansehen müssen, wie eine seiner besten Ziegen über einen Felsen hinunterfiel. Jetzt musste er sie verkaufen. Es war Brauch, dass jeder im Dorf ein paar Stücke Fleisch kaufte, um dem vom Unglück betroffenen Ziegenbesitzer zu helfen. Diesmal erbot sich der Pfarrer, die ganze Ziege zu kaufen, weil er den Erzpriester von Locarno, der den Bischof von Como vertrat, zu einem Hirtenbesuch erwartete. Er bot drei neue Lire an und in der folgenden Woche eine Seelenmesse für Zepps verstorbene Verwandte.
Zepp versprach, ihm die Ziege ins «fiedariöi» zu bringen, in einen der vielen natürlichen Keller, die eine unterirdische Wasserader immer kühl hielt. Zepp brachte die

Ziege unverzüglich dorthin. Der Verlust kam ihm schon viel erträglicher vor. Ins Dorf zurückgekehrt, erzählte er gleich alles in der Osteria. Die Neuigkeit regte zwei Gauner des Dorfes zu einem Streich an, den sie am Abend, wenn auch zögernd und unsicher, ausführten. Sie ließen also die Ziege aus dem «fiedariöi» verschwinden. Einige Tage lang geschah nichts. Aber am Samstagmorgen schickte die Haushälterin des Pfarrers den Sohn des Küsters ins «fiedariöi», um einen Schenkel der Ziege zu holen, und es gab eine Riesenaufregung. Der Keller war leer und die Ziege verschwunden.

Die Haushälterin alarmierte den Pfarrer. «Der Teufel hat sie gestohlen! Der Teufel hat sie gestohlen!», schrie sie.

«Aber nein, so was sagt man nicht!», weist der Pfarrer sie zurecht. «Das kann doch gar nicht sein!»

Inzwischen macht die Neuigkeit die Runde, das Dorf ist in Aufruhr, manche Frauen nennen schon Namen.

Der Pfarrer verbringt eine schlaflose Nacht. «Wer kann nur der Dieb gewesen sein? Wer hat das gewagt?»

Am Sonntagmorgen steht er ganz verstört auf. Was tun? Was für Zeiten! Nicht einmal mehr die Diener Gottes werden respektiert. In der Kirche warten die Gläubigen schon aufgeregt auf die Reaktion des Pfarrers. Nach der Lesung des Evangeliums steigt der Pfarrer auf die Kanzel und beginnt wie immer ruhig zu predigen. Die Leute sind enttäuscht. Das Gewitter hat sich nicht entladen. Der Pfarrer hatte nämlich beschlossen, die Sache um Christi willen zu begraben.

Aber mitten in der Predigt hält er es nicht mehr aus. Christ, Katholik, Pfarrer, alles gut und recht, aber Dumm-

kopf, nein! Und er platzt los: «Ich sage euch, dass wer immer mir die Ziege gestohlen hat, die Haare verlieren wird und so auch seine Nachfahren!»
Nach dieser Verwünschung stieg er von der Kanzel herunter und las die Messe zu Ende.
Die Verwünschung tat auch augenblicklich ihre Wirkung. Von jenem Tag an verlieren die Ziegendiebe und ihre Nachfahren, kaum sind sie zwanzig, ihre Haare. Allerdings trifft es nur die Männer, weil die Frauen beim Stehlen nicht dabei gewesen sind.

43 | Die Hexer von Dandrio

Wie viele andere Talbewohner des Sopraceneri verbrachten auch die Einwohner Malvaglias den Sommer mit ihren Tieren auf den Alpwiesen in Dandrio. So mussten sie die Heureserven, die sie im Dorf für den Winter angelegt hatten, nicht angreifen, und die Tiere hatten genug zu weiden. Auf einer dieser Alpwiesen gingen immer wieder Erdrutsche nieder. Kein Tag verging, ohne dass die Hirten, die mit ihren Tieren dorthin gingen, nicht neue Steine und Felsblöcke fanden. Diese wiederholten Erdrutsche waren äußerst sonderbar. Sicher waren die Hexer am Werk. Die Hexer sind böse Geister, die in der Erde versteckt leben und ständig Steine und Felsblöcke auf die Wiesen werfen. Die Älpler ertrugen alles schweigend, ohne zu reagieren. Keiner von ihnen hatte die Hexer je gesehen, da sie, allen Blicken entzogen, in der Erde lebten. Nur einmal meinte ein Hirt, gegen sie vorgehen zu müssen. An diese Geschichte erinnert man sich heute noch. Der Hirt hatte sich eines Tages mitten in den Felsblöcken auf die Suche nach ein paar verirrten Ziegen gemacht. Da fand er plötzlich die Hacke, die Schaufel und den Hammer, die den Hexern bei ihren nächtlichen Zerstöraktionen dienten. Er trug alles weg und glaubte, damit den üblen Streichen der Hexer ein Ende zu machen. Am gleichen Abend – es war kurz nach dem Ave-Maria, wenn die Hexen und die Kobolde aus ihren Verstecken kommen – stand plötzlich ein Hexer vor dem Hirten und verlangte drohend die Rückgabe der Werkzeuge: «Bring die Hacke, die Schaufel und den Hammer zurück!»

Der Hirte, der doch viel Mut bewiesen hatte, erschrak zu Tode, lud sich die Werkzeuge auf die Schultern und brachte sie mitten in der Nacht unter tausend Gefahren zurück. Seine Waghalsigkeit sollte aber noch viel schlimmer bestraft werden. Die Hexer, nicht nur einer, sondern gleich alle drei, begnügten sich nicht mit den Werkzeugen, sondern zwangen den Hirten, ihnen zu folgen. Sie wollten ihn mit sich fortschleppen. Dem unglücklichen Hirten gelang es aber, das Responsorio des heiligen Johannes zu beten. Dank dieser mächtigen Hilfe konnte er sich befreien und den drei Hexern entkommen.

44 | Die Geschichte der «Cröisc»

Vor langer Zeit lebte in den Höhlen in der Nähe des Perbioi das Volk der «Cröisc». Im Sommer stiegen sie nach

Porchesio hinauf und belegten dort die schönen hellen Höhlen, die heute als Unterstand für die Ziegen und als Spielplatz für die Kinder dienen.

Die «Cröisc» waren Taugenichtse und Räuber. Nachts stahlen sie Milch, Käse und was sie sonst noch fanden. Im Winter kamen sie bis ins Dorf hinunter und raubten die Keller aus. Und nicht nur das.

Einmal war eine Mutter auf Holzsuche gegangen und hatte ihr Töchterlein, das erst ein paar Monate alt war, alleine in der Wiege zu Hause gelassen. Als sie zurückkam, fand sie die Wiege leer. Die «Cröisc» hatten ihr Töchterchen entführt.

Eines Tages befahl ein Mann, der in Benitti wohnte, seinem Sohn: «Pietro, geh mit den Schafen nach Perbioi!» Pietro gehorchte. Oben auf dem Berg begannen die Schafe das zarte Gras zu weiden. Pietro füllte sich inzwischen die Taschen mit Haselnüssen. Nach einer Weile rief jemand seinen Namen. Er drehte sich um und sah am Eingang einer Höhle eine magere hässliche Alte. Sie rief Pietro zu, er solle näher kommen, sie wolle ihm Haselnüsse geben. Der Junge ging zu ihr hin und trat mit ihr in die Hütte ein. Über dem Feuer hing ein großer Kessel voller Frösche. Der Junge bemerkte, dass es genau der Kessel war, den man in Porchesio gestohlen hatte. Die Alte hieß Pietro ins Feuer blasen. Pietro wollte aber nicht, und so musste die Alte selber blasen. Da packte er sie von hinten und warf sie in den Kessel zu den Fröschen. Da die Alte mager war, machte ihm das keine große Mühe. Dann machte er sich so schnell wie möglich aus dem Staube, aber da kamen plötzlich von allen Seiten viele «Cröisc» mit geraubten Ziegen und Schafen. Sie fragten Pietro, wo denn die Alte sei. Er antwortete, sie schlafe in der Höhle. Die «Cröisc» gingen zur Höhle, und inzwischen gab Pietro Fersengeld. Er lief und lief bis zur Verzasca und fand dort eine schöne Frau, die am Fluss kniete und Wäsche wusch. Neben ihr spielte ein hübsches Kind mit Blumen. Weinend bat Pietro die Frau, ihm irgendwie zu helfen. Die Frau hatte Mitleid, breitete ein Leintuch über den Fluss und hieß Pietro hinüberkommen. So kam Pietro heil und trocken ans andere Ufer. Er bedankte sich bei der Frau, winkte dem hübschen Kind zu und setzte sich auf einen Stein, um auszuruhen.

Nach einer Weile kamen die «Cröisc». Die Frau breitete wieder ihr Leintuch über den Fluss. Die «Cröisc» stürzten sich alle darauf. Als sie aber in der Mitte des Flusses waren, zog die Frau das Leintuch zurück, und die «Cröisc» wurden alle von der Strömung weggerissen und ertranken. Von da an belästigten sie niemanden mehr. Die Frau am Fluss war aber niemand anders als die Muttergottes und das spielende Kind der Herr Jesus.

45 | San Carlo vertreibt die «Cröisc»

Zu der Zeit, als San Carlo Dalpe besuchte, wurde das Dorf von den «Cröisc» heimgesucht. Die Einwohner baten San Carlo, sie von ihnen zu befreien.

San Carlo erfuhr, dass die «Cröisc» auf Rahm versessen waren. Er rief sie zusammen und versprach ihnen so viel Rahm, dass sie sich daran satt essen könnten. Er ging voran und die «Cröisc» folgten ihm bis zu einer Lichtung in der Nähe eines Wildbaches. San Carlo befahl ihnen, sich auf die Aste einer Birke zu setzen; während er den Rahm bereitmache. Als sie oben saßen, ließ San Carlo die Birke durch ein Kreuzzeichen in den Wildbach fallen, mitsamt den «Cröisc».

46 | Das Kreuzzeichen

Mein Vater hat mir erzählt, dass zu der Zeit, als die Leute noch gläubiger waren, eine Frau aus Roveredo einen unehelichen Sohn gebar. Sie hätte lieber gehabt, wenn das Kind gestorben wäre, aber es hat gelebt. Eines Abends hat sie es in die Wiege gelegt, ohne ihm das Kreuzzeichen zu machen. Am Morgen war das Kind verschwunden. Die Bestürzung im Dorf war groß. Wie war das möglich, fragte man sich. Die Haustür war verschlossen, auch die Fenster, alles.
Wo wird das Kind hingekommen sein. Einige meinten: «Vielleicht hat die Mutter es verschwinden lassen?»
Dann ist ein Holzfäller auf den Berg oberhalb Roveredos gestiegen, um Holz zu sammeln. Als er hoch über dem Dorf war, wo es viele Sträucher gibt, hat er das Kind unter einem Wacholder-Strauch gefunden. Es lag da in seinen Windeln, war vergnügt, gesund, nichts war ihm geschehen.
Der Holzfäller hat es nach Hause gebracht, und die Mutter, die einen regelrechten Schock hatte, war froh, es wiederzuhaben.

47 | Das Versprechen

Eine Frau hatte jedes Jahr Pech mit ihrem Heu. Ein plötzliches Gewitter vernichtete es oder es regnete tagelang, so dass das Heu nicht trocknen konnte. Die Frau brauchte aber das Heu unbedingt, weil sie damit ein paar Tiere fütterte, die ihr einziges Hab und Gut waren.
Deshalb beschloss sie, die Heiligen um Hilfe zu bitten, besonders den heiligen Lorenzo. Sie betete zu ihm um eine gute Heuernte und versprach ihm dafür ein Kilo Butter.
Und wirklich, das Wetter war in jenem Jahr gut, und die Frau konnte ihren Stall mit Heu füllen.
Auf dem Rückweg von der Alp ins Tal erinnerte sie sich an ihr Versprechen und bereute es. Sie überlegte aber, dass sie es eigentlich gar nicht einzulösen brauche. Das Heu war im Stall, und auch wenn sie das Versprechen zurückzog, konnte diesem nichts mehr geschehen. Sie sagte spöttisch vor sich hin:
«*Lorenzin, Lorenzett
el me fegn l è bell secch
del me bütér te n büsca slecch.*»
(Lorenzino, Lorenzetto,
mein Heu ist trocken,
und von meiner Butter bekommst du nichts.)
Während sie diese Worte murmelte, sah sie, dass sich oben auf der Alp ein heftiges Gewitter entlud. Sie sah einen Blitz über ihrem Stall, der einen Augenblick später lichterloh brannte.

48 | Die Madonna von Coldrerio

Man erzählt, dass ein Bauer namens Peciöö einmal am Sonntag sein Feld pflügte, obwohl man an Feiertagen nicht arbeiten soll.
Er ging hinter seinem Pflug her, als er auf einmal einen Schlag hörte – pum. Er zog den Pflug ein bisschen zurück und trieb die Ochsen an, aber die rührten sich nicht. Er fluchte, aber da gingen die Ochsen plötzlich in die Knie. Peciöö erschrak: «Das wird doch nicht etwa der Teufel sein?»
Er führte die Ochsen beiseite und fing an der Stelle zu graben an. Er stieß auf etwas Hartes, es war eine Madonnen-Statue, die sein Pflug beschädigt hatte. Peciöö kniete nieder und betete ein Vaterunser. Dann ging er zum Pfarrer. Sie gruben die Statue gemeinsam aus und brachten sie in die Kirche.
Von da an hat Peciöö nie mehr am Sonntag gearbeitet.

49 | Der Schatz von Lava

Ein junger Mann stieg mit seiner Brente voll Milch von der Alp Lava nach Roveredo hinunter. Da sah er eine Alte am Wegrand sitzen mit vielen schönen Goldmünzen im Schoß, die klimperten. Er blieb stehen und schaute die Alte verwundert an.
«Willst du ein paar davon?»
«Warum nicht? Gerne!»
«Leer deine Milch aus und stell die Brente dahin!»

Der junge Mann ließ sich das nicht zweimal sagen. Mit Gold beladen wollte er ins Tal gehen.
Da sagte die Alte: «Pass aber auf. Dreh dich ja nicht um, was du auch immer hören wirst!»
«Gut», sagte er und machte sich auf den Weg.
Plötzlich war der Teufel los. Der junge Mann hörte schreckliches Geschrei und Getöse hinter sich. Er drehte sich aber nicht um. Der Höllenlärm ging weiter, und der junge Mann kam schließlich zum «Piano della Madonna». Da hielt er es nicht mehr aus und drehte sich um. Die Brente wurde auf einmal leichter, aber er bemerkte es nicht.
Zu Hause rief er die ganze Familie, um ihnen den Schatz zu zeigen. Die Brente war aber voller dürrer Blätter!

50 | Der Junge, der immer Hunger hatte

Es lebte einmal ein Junge namens Achille. Er hing seiner Mutter ständig am Rockzipfel und sagte: «Ich habe Hunger, ich habe Hunger!»
Die Mutter sagte lange nichts. Dann aber hatte sie diese ewige Musik satt und sagte zornig: «Ein Wolf sollst du sein, bis du von den Brocken, die man dir zuwirft, satt wirst!»
Kaum hatte sie das gesagt, war der Junge verschwunden. Wohin? Vielleicht war er wirklich ein Wolf geworden?
Ja, genau so war es!
Die Mutter sah ihn nie mehr und auch sonst niemand

aus dem Dorf. Sieben Jahre hatte er diese schreckliche Gestalt!

Endlich, im Sommer des siebten Jahres, gingen ein Mann und eine Frau auf die Alp, um die Schafe zu scheren.

Auf einmal sahen sie einen Wolf, der zaghaft auf sie zukam. Er war hungrig, wartete aber geduldig, dass man ihm etwas zuwerfe. Nicht alle Schafe waren groß und fett, wie sie es gerne gewollt hätten. Eines war klein und spindeldürr. Es war nicht der Mühe wert, es zu scheren. Sie warfen es dem Wolf hin. Der aß sich satt und machte sich glücklich auf den Heimweg. Er war wieder ein Mensch aus Fleisch und Blut.

Unterwegs traf er seine Wohltäter und bat sie inständig, doch mit ihm ins nahe Gasthaus zu kommen und einen Happen zu essen. Sie gingen mit.

Kaum saßen sie am Tisch, sagte der Junge, der verzaubert gewesen war: «Erinnert ihr euch an den Wolf oben auf der Alp, der um Essen gebettelt hat, als ihr die Schafe geschoren habt? Ich war dieser Wolf. Meine Mutter hat mich verwünscht, und ich bin in einen Wolf verwandelt worden!»

Nach dem fröhlichen Essen gab Achille seinen Rettern aus Dankbarkeit ein Geldstück, und sie gingen zufrieden nach Hause.

51 | Die Geschichte von Batista Scorlín

Das ist die Geschichte von Batista Scorlín. Liebe Kinder, seid immer ehrlich und vergreift euch nicht am

Eigentum der andern, auch wenn es um Kleinigkeiten geht.
Jetzt erzähle ich euch eine Geschichte.
Es war einmal ein Junge, er hieß Batista Scorlín. Eines Tages hatte er fünf Rappen gestohlen, und als er nach Hause kam, sagte er das seiner Mutter. Aber sie nahm es nicht ernst und wies ihn nicht zurecht.
Nach einiger Zeit ging Batista nach Frankreich arbeiten. Er hatte aber immer noch die üble Gewohnheit zu stehlen. Eines Tages brachte er dabei sogar einen Menschen um und man verurteilte ihn zum Tode durch das Schafott.
Als er schon bereitstand, um sich den Kopf abhauen zu lassen, fragte man ihn, ob er einen Wunsch habe.
Er antwortete, dass er seine Mutter sehen möchte.
Man ließ sie kommen und sie ging zum Schafott, um ihren Sohn zu umarmen. Er aber biss ihr die Nase ab und sagte: «Wenn du mir so richtig die Leviten gelesen hättest, als ich die fünf Rappen nach Hause brachte, würde ich jetzt nicht unter dem Schafott liegen.»

52 | Das Märchen vom dummen Menschenfresser

Eines schönen Tages war Giovannino in den Wald auf Pilzsuche gegangen und hatte sich verirrt. Es wurde Nacht und Giovannino fror. Er wusste nicht, in welcher Richtung das Dorf lag. Plötzlich hatte er eine Idee. Er stieg auf den höchsten Kastanienbaum, den er sah, und

schaute in die Runde. Im Norden sah er nichts, auch im Süden und im Osten nichts. Im Westen aber, nicht weit entfernt, sah er ein flackerndes Licht.
Ganz zufrieden stieg er schnell vom Baum herunter und ging auf das Licht zu. Er kam zu einer kleinen Lichtung. Mitten darauf stand ein Haus mit einem hell erleuchteten Fenster. Das Licht war schwach und flackerte.
Giovannino klopfte leise an, und eine merkwürdige, ganz zerzauste Frau öffnete ihm. Sie war nicht mehr jung.
«Was machst du hier? Wie bist du zu unserem Haus gekommen?», fragte sie überrascht.
«Ich habe mich im Wald verirrt und habe von einem Baum aus das Licht in eurem Fenster gesehen. Es hat mich zu euch geführt. Könnt ihr mich nicht eine Nacht lang beherbergen und mir morgen den Weg ins Dorf zeigen?»
«Armes Kind, du hast kein Glück. Das ist das Haus des Menschenfressers, meines Mannes. Zum Glück ist er nicht da. Geh weg, so schnell du kannst, bevor er dich entdeckt!»
«Ich weiß aber nicht, wohin ich gehen soll. Ich friere auch und bin todmüde. Lasst mich doch rein, damit ich mich wenigstens am Kamin erwärmen und ausruhen kann!»
Die Frau des Menschenfressers, die Kinder mochte, auch wenn sie selber keine hatte, erlaubte es ihm mit Bangen.
«Wenn mein Mann dich hier findet, wird es dir schlecht gehen. Der Menschenfresser hat eine Vorliebe für zartes Fleisch. Wärm dich schnell ein bisschen. Ich mache inzwischen Brot und Käse für dich bereit.»
Giovannino hatte noch nicht zwei Bissen geschluckt, als

man vor dem Hause keuchen hörte. Die Frau griff sich erschreckt in die Haare und schaute sich schnell um.
«Er kommt, er kommt! Versteck dich dort im Kasten!», flüsterte sie ihm aufgeregt zu.
«Und lass die Holzschuhe ja nicht liegen!»
Blitzschnell verschwand Giovannino im Schrank.
Da ging die Tür mit einem heftigen Ruck auf.
«He Frau, heute bist du mir nicht mal entgegengekommen. Du elende Faulenzerin du!»
«Ich musste die Polenta umrühren und hatte keine Zeit, dir entgegenzukommen!», entschuldigte sich die Frau zitternd. Der Menschenfresser zog die riesigen Holzschuhe aus und setzte sich auf die Bank neben dem Kamin.
Nach einer Weile witterte er Menschengeruch und sagte: «Tüf, tüf, ich rieche Menschenfleisch!» Die Frau schaute schweigend in die Flammen, weil sie Angst hatte, mit den Augen das Geheimnis zu verraten.
«Tüf, tüf, ich rieche Menschenfleisch», wiederholte der Menschenfresser und fügte verärgert hinzu: «Frau, hier ist doch jemand!»
«Aber nein, das ist unmöglich», log sie mit schwacher Stimme.
«Jemand ist hier. Ich bin ganz sicher. Und dieser Jemand kann nicht weit entfernt sein», knurrte der Menschenfresser. «Ich will doch nachschauen!»
Und er stand geräuschvoll auf, ging in den Keller, auf den Dachboden, in die Zimmer und kam dann in die Küche zurück, überzeugt, dass der Menschengeruch hier besonders stark sei. Er suchte in allen Ecken, öffnete alle Türen, auch die Schränke.

Giovannino saß in einer Ecke ganz zusammengekauert und war grün vor Schreck.

«Auf die Frauen kann man sich wirklich nicht verlassen!», schrie der Menschenfresser und riss Giovannino aus seinem Versteck heraus. «Was machst du denn hier?»

«Ich habe mich im Wald verirrt und bin zu eurem Haus gekommen. Aber entschuldigt, ich geh gleich wieder», murmelte Giovannino und versuchte, den Schlauen zu spielen.

«Nein, nein. Du bleibst hier, du bist ein zarter Brocken. Geh inzwischen nach oben. Morgen werden wir weitersehen! Geh ins Zimmer links, dort wo ein einziges Bett ist.»

Giovannino fasste wieder Mut. Er tat so, als ob er die Treppe hinaufgehe, und lärmte zünftig. Dann stieg er auf Zehenspitzen wieder hinunter und versteckte sich hinter der Tür, um mitzuhören, was der Menschenfresser mit ihm vorhabe.

«Lieber Mann», sagte die Frau des Menschenfressers, «komm und iss die Polenta und die Spiegeleier. Koste doch. Sie ist wirklich gut. Trink auch ein bisschen Wein!»

Der Menschenfresser aß und dachte angestrengt nach. Die Frau sagte: «Wäre es nicht besser, ihn zuerst ein bisschen auszunützen. Lass dir doch von ihm beim Holzen helfen! Du hast dich doch gestern beklagt, weil dir niemand hilft.»

«Eine gute Idee! Du hast Recht. Wird er aber auch stark genug sein?»

«Du kannst ihn ja auf die Probe stellen. Wenn es nicht geht, essen wir ihn gleich auf!»

«Du hast Recht. Ich werde ihn dreimal auf die Probe stellen», beschloss der Menschenfresser zufrieden.
«Ich habe ihn nur zurückgehalten, dass er dir helfen kann. Ich wollte es dir gleich sagen, aber du hast mich gar nicht erst zu Wort kommen lassen.»
«Du gute Frau! Und ich habe schlecht von dir gedacht. Morgen nehm ich das Brecheisen mit zur Arbeit. Ich will sehen, ob er es so weit werfen kann wie ich!»
«Eine gute Idee. Aber jetzt wollen wir schlafen gehen, es ist schon spät. Denk aber daran, du bist groß und stark und musst das Brecheisen weiter werfen als er!»
Giovannino ging schnell wieder hinauf, legte sich ins Bett und tat so, als ob er schlafe. In Wirklichkeit überlegte er, wie er das schwere Brecheisen weiter werfen könne als der Menschenfresser. Er war aber so müde, dass er einschlief, bevor er eine Lösung gefunden hatte.
Um fünf Uhr morgens kam die Frau des Menschenfressers und weckte ihn. Sie gab ihm Milch und Brot und schaute ihm angstvoll nach, als er mit dem Menschenfresser zur Arbeit ging.
Der Menschenfresser ging mit dem Brecheisen voran. Er trug es auf der Schulter, als ob es ein Strohhalm wäre. Als sie zu einer Lichtung kamen, sagte er zu Giovannino: «Jetzt wollen wir unsere Kräfte messen! Wir wollen sehen, ob du das Brecheisen genau so weit werfen kannst wie ich.»
Und er zählte: «Eins, zwei drei», wippte hin und her und gab dem Brecheisen einen solchen Stoß, dass es bis ans andere Ende der Lichtung flog.
Giovannino hatte inzwischen eine gute Idee gehabt. Er holte das schwere Brecheisen zurück. Dabei strengte er

sich riesig an, um möglichst unbekümmert und fröhlich auszusehen. Dann spuckte er in die Hände, formte sie zu einem Trichter und schrie aus Leibeskräften: «He, ihr da jenseits des Meeres, geht zur Seite, sonst trifft euch mein Brecheisen!»

«Was sagst du da?», fragte der Menschenfresser.

«Ich rufe denen am andern Ufer zu, sie sollen zur Seite gehen. Ich möchte nicht, dass ihnen das Brecheisen auf den Kopf fällt!»

«Warum? Wirfst du etwa so weit?», fragte der dumme Menschenfresser. «Ja sicher», antwortete Giovannino und rief nochmals überlaut. «Um Himmels willen», sagte der Menschenfresser. «Ich will mein Brecheisen nicht verlieren. Wie sollen wir's denn holen, wenn es wirklich ans andere Ufer des Meeres fliegt. Lassen wir die Sache. Gehen wir lieber Holz spalten. Ich habe nicht gewusst, dass du so stark bist.»

Diesmal war Giovannino davongekommen. Er arbeitete wie ein Großer, um einen guten Eindruck zu machen. Am Abend, nach dem Essen, versteckte er sich wieder hinter der Türe, um zu hören, was für Pläne der Menschenfresser für den nächsten Tag habe.

«Weißt du was, Frau? Morgen werde ich einen Stein in die Luft werfen. Ich will doch sehen, ob er ebenso hoch werfen kann wie ich!»

Giovannino lag an diesem Abend etwas länger wach, weil er die Kraft des Menschenfressers begriffen hatte und einen Ausweg finden musste.

Am Morgen erwachte er früher als die Hausherren. Er stieg durchs Fenster und suchte auf den Bäumen ringsum nach einem Vogelnest. Schließlich fand er ein Vögelchen, das erst vor kurzem fliegen gelernt hatte. Er wickelte es ins Taschentuch ein, steckte es in den Sack und konnte gerade noch rechtzeitig ins Haus zurückschlüpfen, wo man schon nach ihm rief.

Als der Menschenfresser seinen Stein warf, flog er so hoch, dass er eine Viertelstunde brauchte, um wieder auf die Erde zu fallen. Giovannino aber wickelte seinen Vogel aus und warf ihn mit großer Kraft von sich. Das Vögelchen war glücklich über die wiedergefundene Freiheit und flog so schnell in die Wolken, dass der Menschenfresser nichts bemerkte. Sie warteten und warteten, eine Viertelstunde, eine halbe Stunde. Der Stein fiel aber nicht zurück.

«Kommt er denn noch nicht?», fragte der Menschenfresser, der langsam die Geduld verlor.

«Lieber Herr, ich habe ihn so hoch geworfen, dass er schon seine Zeit braucht, um zurückzufallen. Vielleicht hat er sich auch in den Wolken verfangen», antwortete Giovannino ohne zu zögern. «Wie tüchtig du bist! Also, dann machen wir uns an die Arbeit. Wir haben schon viel Zeit verloren», murmelte der Menschenfresser, beschämt über sein schlechtes Abschneiden bei der Probe.

Am Abend horchte Giovannino wieder und erfuhr, dass der Menschenfresser am nächsten Tag einen Stein zwischen den Handflächen zerreiben werde. Giovannino musste es ihm gleichtun, um die Probe zu bestehen.

Bevor sie weggingen, nahm Giovannino ein Stück Käse aus dem Küchenschrank und steckte es in die Hosentasche.

Als sie zur Lichtung kamen, nahm der Menschenfresser einen großen Stein, schloss die Hände und zerdrückte ihn.

Giovannino tat so, als ob er sich bücke und einen Stein auflese. Den Stein ersetzte er schnell mit dem Käse, zerdrückte ihn und hielt dem Menschenfresser lächelnd die tropfende Käsemasse vor die Augen.
«Wie viel Kraft du hast!», sagte der Menschenfresser und sperrte die Augen auf. «Aus deinem Stein ist sogar der Saft ausgelaufen! Du bist wirklich stärker als ich. Ich werde dich behalten, damit du mir bei der Arbeit helfen kannst!»
Ein Tag ging vorbei, eine Woche, ein Monat. Das Holz stapelte sich, und Giovannino hatte genug von der Gesellschaft der Menschenfresser. Er fürchtete immer noch um sein Leben, wenn einmal die Arbeit getan war. Es war Zeit, zu gehen. Aber wann und wie? Eines Morgens tat er so, als habe er die großen Keile vergessen, die sie zum Holzfällen brauchten. Als sie mit der Axt schon einen breiten Spalt in den Baum geschlagen hatten und der Menschenfresser seine Hände hineingesteckt hatte, ging Giovannino endlich auf die Suche nach den Keilen.
«Wie dumm!», rief er schließlich. «Ich habe sie zu Hause vergessen. Ich werde sie holen. Wenn ihr aber die Hand rausnehmt, schließt sich der Spalt wieder und wir müssen von vorne anfangen. Aber ihr seid ja stark. Haltet den Spalt offen, ich komme gleich zurück. Ich renne!»
«Sicher bin ich stark genug», sagte der dumme Menschenfresser, der sich geschmeichelt fühlte.
Der Junge lief, so schnell er konnte, zum Haus des Menschenfressers zurück und sagte zur Frau seines Herrn: «Euer Mann hat mir aufgetragen, das Geld zu holen. Zufällig ist jemand im Wald vorbeigekommen, und euer Mann will mit ihm einen Handel abschließen!»

«Ist das wahr? Wie sonderbar! Hier kommt ja nie jemand vorbei», wunderte sich die Frau. Sie gab ihm aber das Geld, und Giovannino lief, so schnell er konnte, in die andere Richtung davon. In der Zwischenzeit hatte er nämlich herausgefunden, auf welchem Weg er nach Hause kommen könne. Als er schon weit weg war, hörte er den Menschenfresser vor Schmerz aufschreien. Der Spalt hatte sich geschlossen und ihm die Hände eingeklemmt. Die Frau hörte die Schreie und kam ihm zu Hilfe.

Giovannino aber hatte sich aus dem Staub gemacht mit einem hübschen Scherflein Geld als Lohn für seine Arbeit.

53 | Der Teufel und die Frau

Gerade hatte es zum Ave-Maria geläutet. Eine Frau saß ruhig in ihrer Küche neben dem Kamin und spann.

Auf einmal ging die Türe auf, und ein junger eleganter Herr kam herein. Er trug einen schwarzen Anzug und Lackschuhe.

«Ich bin der leibhaftige Teufel», sagte der Fremde, «Ich bin gekommen, um mit dir einen Vertrag abzuschließen. Du kannst mich jede beliebige Arbeit machen lassen. Pass aber auf! Wenn du mir eines Tages keine Arbeit mehr geben kannst, musst du mit mir kommen.»

«Einverstanden!», antwortete die Frau mutig und arglistig.

Am folgenden Tag musste ihr der Teufel das ganze Haus

in Ordnung bringen und erneuern. Es war nun das schönste im ganzen Dorf und die Nachbarn staunten.
Dann kamen die Möbel dran, der Stall, der Hühnerhof, der Schweinestall.
Dann musste der Teufel alle Feldarbeit machen, zu Hause und auf der Maiensäss. Er tat alles ordentlich und genau.
Eines Tages hatte die Frau keine Arbeit mehr für den Teufel. Sie dachte nach und dachte nach. Dann hatte sie eine Idee.
«Hör», sagte sie zum Teufel, «nimm diesen Sack voller schwarzer Wolle und wasche sie am Fluss!»
Der Teufel wusch und wusch. Vergebliche Liebesmüh! Die Wolle blieb schwarz.
Der Teufel warf wütende Blicke um sich und schnaubte.
Dann warf er die Wolle in alle Winde, verwünschte die Frau und verschwand in einer Wolke aus Rauch und Flammen.
Nicht einmal der Teufel war der Frau gewachsen!

54 | Der gutgläubige Bauer

In einem Nachbardorf lebte ein dummer Bauer, der alles glaubte, besonders, wenn er betrunken war.
Die jungen Schelme des Dorfes gingen einmal, als er torkelnd aus der Osteria zurückkam, auf ihn zu, und sagten: «Hast du gesehen, dass auf dem Kirchturm oben Gras wächst?»
«Ja, ja, ich hab's gesehen. Unser Kirchturm sieht mit

dem Grasbüschel oben nicht gerade schön aus. Er wirkt richtig lächerlich!»
«Eben. Aber es ist doch auch schade, dass das Gras verloren geht. Könnte man es nicht mähen?»
«Ja schon, aber es ist ziemlich hoch oben.»
«Du hast Recht. Es wird schwierig sein, es zu mähen. Aber wir haben eine Idee. Du könntest doch deinen Esel raufziehen und ihn weiden lassen. Dann haben wir wieder einen sauberen Turm und du musst dich für einmal nicht mit dem Mähen abmühen.»
«Das ist eine glänzende Idee! Ihr habt wirklich Recht. Aber wie sollen wir den Esel nur hinaufziehen. Innen im Turm ist nur eine Leiter, die reicht nicht mal bis zum letzten Fensterchen.»
«Kein Problem», sagten die Burschen, «wir stellen einfach eine längere Leiter hin und montieren am Turm oben einen Flaschenzug. Dann lassen wir ein Seil herunter mit einer Schlinge und ziehen deinen Esel hinauf!»
«Das ist wirklich eine gute Idee», bekräftigte der Bauer, «fangen wir gleich an!»
«Also gut», sagten die Schelme, «wir helfen dir!»
Der Bauer führte sie auf seinen Dachboden und zeigte ihnen den Flaschenzug, mit dem er gewöhnlich Holzbündel hochzog. Gemeinsam trugen sie ihn zum Kirchturm und befestigten ihn dort.
Dann lief der Bauer in den Stall, um den Esel zu holen, legte ihm ein Seil um den Hals und zog ihn hoch. Noch bevor das arme Tier ganz oben war, traten ihm die Augen aus den Höhlen und es war mausetot. Der Bauer war verzweifelt.
«Das macht doch nichts!», meinten die Schelme. «Du

kannst doch Würstchen aus dem Eselsfleisch machen. Du verlierst gar nichts dabei. Sicher hast du den Knoten falsch geknüpft. Aber wir bringen die Sache schon wieder in Ordnung!»
«Eine gute Idee, ich hätte nicht daran gedacht. Morgen lass ich den Metzger kommen, der soll mir Würstchen aus Eselsfleisch machen.»
Am folgenden Tag ging die verzweifelte Frau des Bauern zum Pfarrer. «Mein Mann macht lauter Dummheiten, wenn er betrunken ist. Gestern hat er unsern jungen Esel getötet. Bitte, Herr Pfarrer, reden Sie ihm doch ins Gewissen und verbieten Sie ihm das Trinken!»
«Überlassen Sie das nur mir!», sagte der Pfarrer, der über alles im Bilde war.
Das Kirchweihfest stand vor der Tür. Der Bauer ging zur Beichte, weil er am Fest kommunizieren wollte. Gerade kam er aus der Kirche, als ihm wieder die jungen Schelme begegneten.
«Hast du brav gebeichtet?»
«Ja sicher. Jetzt ist alles in Ordnung. Ich habe wirklich alle Sünden gebeichtet!»
«Bravo, bravo, dann können wir ja in die Osteria gehen und mit dem Fest beginnen!»
«Ah, nein, ich kann nicht. Der Pfarrer hat mir als Buße aufgegeben, acht Tage lang keinen Wein zu trinken.»
«Das macht doch nichts», sagten die Schelme, «gehen wir trotzdem. Du kannst ja Mineralwasser trinken.»
Drinnen sagte der Bauer: «Um ehrlich zu sein, Mineralwasser mag ich nicht besonders. Könnt ich nicht sonst was trinken?»
Die andern gingen darauf ein: «Zum Donnerwetter, du

kannst doch einen Grappino nehmen, das hat dir niemand verboten!»
«Eine gute Idee. Daran hätt ich nicht gedacht!», sagte der Bauer ganz fröhlich. Auf den ersten Grappino folgte der zweite und schließlich machte sich der Bauer schwankend auf den Heimweg.
Die Burschen begleiteten ihn ein Stück weit, und der Bauer begann zu jammern, wie schade es sei, dass er seinen Esel nicht mehr habe und dass er ohne Esel nichts mehr transportieren könne. «Das kannst du leicht wieder gutmachen», sagte auf einmal einer der Begleiter. «Nimm die Würstchen und komm zu mir in die Schusterwerkstatt. Wir legen sie unter die Ledernähmaschine, trennen sie auf und dein Esel wird wieder quicklebendig.»
«Wirklich?», fragte der Bauer.
«Ich hab es einmal ausprobiert», sagte der Schlaumeier, «mir hatten es auch andere erzählt.»
«Danke, dass du es mir gesagt hast! Ich hole schnell zu Hause die Würstchen und dann gehen wir in deine Werkstatt!»
Seine Frau schlief, und so lief er schnell in den Keller, legte die Würstchen in eine Hutte, lud sie sich auf den Rücken und ging schnell zu den Freunden zurück. Der Schuster aber sagte: «Ich gebe dir meinen Schlüssel. Es ist schon spät. Unsere Frauen warten auf uns. Hast du verstanden, wie es gemacht wird? Du musst das Rad verkehrt herum drehen!»
«Danke, du bist ein guter Freund!»
In der Schusterwerkstatt machte er sich an die Arbeit. Erst als aus den Würstchen ein ungenießbarer Brei ge-

worden war, erwachte er aus seinem Rausch. Er begann zu weinen. Draußen klopfte jemand ans Fenster und sang:
«*La cioca la pasa, ma la stüpidera la resta.*»
(Der Rausch vergeht, die Dummheit aber bleibt.)

55 | Die drei Fürze des Esels

Es war einmal ein armer Müller, der jeden Tag mit seinem Esel eine Straße entlangritt. Eines Tages sah er auf einem Baum einen Mann, der den Ast, auf dem er saß, absägen wollte.
«He, guter Mann», sagte er, «passt auf! Wenn dieser Ast runterfliegt, werdet ihr auch runterfliegen!»
Der Tölpel wollte das nicht glauben. Und tracch ... brach der Ast ab und beide, Mann und Ast, lagen am Boden.
Der Tölpel stand auf und dachte für sich: «Hol's der Teufel, dieser Müller ist ein Hexenmeister!»
Er wartete, bis der Müller wieder vorbeigeritten kam, und sagte zu ihm: «He, Müller, Ihr habt Recht gehabt. Ich bin wirklich runtergefallen. Ihr seid ein rechter Hexenmeister. Sagt mir doch, wann ich sterben muss.»
Der Müller sagte zu ihm: «An dem Tag, an dem der Esel dreimal furzt, werdet ihr tot sein!» – «Oh, ich Ärmster!» Da hat der Esel laut gefurzt. Und der Tölpel sagte: «Oh, ich Ärmster, jetzt bleiben nur noch zwei!» Sie sind ein Stückchen weitergegangen und auf einmal – noch ein Furz. Und der Tölpel dachte: «Jetzt bleibt nur noch einer!»

Mit seinem kleinen Beil haute er einen Keil zurecht. Den wollte er dem Esel in den Hintern stoßen, aber der ließ den dritten Furz los, viel stärker als die ersten zwei. Der Tölpel war sofort tot.
Man trug ihn weg und legte ihn in einen Sarg. Vier Männer luden den Sarg auf die Schultern und trugen ihn auf den Friedhof. Es gab aber zwei Straßen, und als sie zur Kreuzung kamen, sagten die vier: «Müssen wir hier oder dort durch gehen?» Und der Tölpel im Sarg klopfte an den Deckel und sagte: «Als ich noch lebte, ging ich hier durch!»
Da liessen die Männer den Sarg stehen und rannten davon. Der Tölpel aber kletterte heraus und war auferstanden.

56 | Die dumme Frau

Ein Bauer hatte eine Frau aus der Stadt geheiratet. Sie hatte gar keine Lust zum Arbeiten und dachte sich lauter Ausreden aus, um nicht zusammen mit dem Mann aufs Feld gehen zu müssen. Eine Zeit lang glaubte ihr der Mann, schließlich aber kam er ihr auf die Schliche. Eines Morgens beschloss er, seiner Frau den Meister zu zeigen.
Er sagte zu ihr: «Heute, meine Liebe, musst du mit mir aufs Feld kommen. Das Wetter wird schlecht, und ich will noch vor dem Regen mit dem Hacken fertig werden. Allein schaff ich es nicht!»
«Aber ich kann diese schweren Arbeiten nicht machen,

das weißt du doch. Ich habe jeden Tag Bauchweh und esse so wenig, dass ich ganz schwach geworden bin!»
«Wenn du mich gern hast, wirst du dich heute überwinden und mit mir kommen. Auch wenn du wenig arbeitest, bist du doch eine Hilfe für mich!»
«Aber warum gerade heute Morgen? Ich bringe keinen Bissen hinunter, und es geht mir viel schlechter als sonst.»
«Du wirst schon sehen, die frische Luft wird dir gut tun! Dir geht's nur so schlecht, weil du immer in der Stube hockst.»
Die Frau wusste nichts mehr zu entgegnen und musste ohne Frühstück aus dem Haus gehen. Sie holte die Hacke und ging mit ihrem Mann aufs Feld.
Nach einem Stündchen war sie todmüde und hatte einen Riesenhunger. Da kam ihr auf einmal eine Idee. Sie lief hinter einen Busch und begann zu schreien: «Ja, ich komme sofort, ich bring dir das Sieb sofort!»
Der Mann hielt in der Arbeit inne und fragte: «Was machst du da? Mit wem sprichst du?»
«Das war Maria. Sie war im Obstgarten und hat mich gesucht. Ich habe gehört, dass sie mich ruft. Sie will ihr Sieb zurück, das sie mir gestern ausgeliehen hat. Sie braucht es dringend!»
«Ich habe aber niemanden gehört!»
«Sicher nicht, du warst ja dort hinten beim Hacken. Ich muss jetzt aber nach Hause laufen und ihr das Sieb geben!»
Der Mann hatte verstanden. Er ließ die Frau gehen und schlich ihr nach. Hinter den Obstbäumen konnte er sich gut verstecken. Auf einmal sah er, wie sie sich die Schürze

füllte mit Pfirsichen, sich setzte und alle aufaß. Nach einer Weile pflückte sie noch eine Schürze voll Pfirsiche. Diesmal war sie nicht mehr so heißhungrig und schälte jeden Pfirsich, bevor sie ihn aß.
Nachdem sie all die vielen Früchte verschlungen hatte, ging sie schnell nach Hause. Der Mann spähte durch das Fenster und sah, wie sie sich eine Riesentasse Wein einschenkte und ihn genüsslich trank. Dann knetete sie schnell einen Teig, buk daraus einen Fladen und aß ihn augenblicklich auf.
Nach einer Weile kam eine Nachbarin, um sich ein wenig Salz zu borgen. Der Mann benutzte die Gelegenheit und trat mit ihr ins Haus ein.
Kaum sah ihn seine Frau, begann sie über Bauchschmerzen zu klagen. An dem Tage könne sie unmöglich nochmals aufs Feld gehen. Die Nachbarin hatte Mitleid mit ihr und versuchte auch, den Mann zu erweichen. Der aber lächelte nur schelmisch und sagte: «Ich will ihr ein Liedchen singen, das sie augenblicklich heilen wird!» Und er begann zu singen, halb auf Italienisch, halb im Dialekt: «Cento pelosi, cento mondosi, una tazza da vin, 'na mica in pasta e che 'l ciel al ta iüta perchè ta sè guasta!» («Hundert mit der Schale, hundert ohne Schale, eine Tasse voll Wein, ein Fladen und der Himmel möge dir gnädig sein, weil du so verdorben bist!»)
Die Frau verstand sofort, dass der Mann sie ertappt hatte, und machte riesengroße Augen. Dann, als die Nachbarin gegangen war, heimste sie eine gehörige Tracht Prügel ein, die sie ein für alle Mal von der Faulheit und vom Lügen heilen sollten.
Der Mann sah aber, dass er auf dem Felde nicht viel mit

ihr anfangen konnte, und so ließ er sie im Hause arbeiten. Er hatte eben eine Städterin geheiratet und musste sich damit abfinden. Eines Morgens sagte er zu seiner Frau: «Giovanna, heute Mittag, wenn ich nach Hause komme, will ich wenigstens zwei Bohnen in der Hose.»
Kaum war er weg, überlegte Giovanna hin und her. Wie sollte sie die Bohnen nur auf diese Art kochen? Vielleicht musste sie sie in ein Paar Hosen einwickeln? Sie hatte ihren Mann nicht verstanden. Hätte er doch nur italienisch geredet!
Sie nahm also zwei Bohnen und steckte sie in die Taschen der Sonntagshosen ihres Mannes. Die waren nämlich sauber. Dann faltete sie die Hosen fein säuberlich zusammen und brachte sie in einem Topf voller Wasser zum Kochen.
Am Mittag kam der Mann nach Hause. Auf dem Tisch sah er die nassen, zerknitterten Hosen.
«Was soll denn das schon wieder? Warum setzt du mir meine Hosen zum Essen vor anstatt sie an einen Bügel zu hängen?»
«Weil deine Bohnen drin sind, schön heiß», antwortete die Frau, während sie die Hosen auseinander faltete und die zwei Bohnen aus der Tasche nahm.
«Du Unglücksrabe! Was hast du angestellt. Du hast meine schönen Hosen gekocht. Jetzt sind sie ganz zerknittert und ich kann sie wegschmeißen!»
«Aber du hast mir doch gesagt, ich soll die Bohnen in der Hose kochen», schluchzte die Frau.
«Wann wirst du endlich meinen Dialekt verstehen?», schrie der Bauer außer sich. «Was für ein Esel bin ich doch gewesen, eine Städterin zu heiraten!» Und er ging

weg und schlug die Türe hinter sich zu. «Ich muss gehen, sonst bring ich dich noch um!»

Am nächsten Morgen sagte der Mann zu seiner Frau: «Heute muss aber das Essen bereit sein, wenn ich nach Hause komme. Ich habe Lust auf Gnocchi. Mach aber genug davon, damit ich satt werde, nicht wie gestern!» Diesmal hat er italienisch geredet, damit ja alles klar war.

Die Frau machte sich gleich an die Arbeit. Sie kochte und kochte Kartoffeln in einem fort. Dann knetete und knetete sie den Teig. Schon hatte sie einen halben Sack Mehl aufgebraucht und der Morgen war vergangen. Der ganze Tisch war voller Gnocchi. Schließlich musste sie sogar das Bett mit Gnocchi belegen, weil sonst nirgends mehr Platz war.

Da kam der Mann nach Hause und sah überall noch ungekochte Gnocchi liegen.

«Jetzt hast du Gnocchi für ein ganzes Regiment gemacht. Und gekocht sind sie auch noch nicht!»

«Aber ich wollte dir doch eine Freude machen. Ich hatte Angst, zu wenig zu kochen, und hab mich ein bisschen in der Menge vertan. Ich wollte die Kartoffeln nicht wegwerfen und so habe ich eben Mehl dazu gegeben, bis alles aufgebraucht war. Ich habe wirklich den ganzen Morgen gearbeitet. Die Sauce ist bereit, aber die Gnocchi habe ich nicht mehr rechtzeitig kochen können.»

«Also gut», sagte der Mann und versuchte seine Ruhe zu bewahren, «ich will mich inzwischen ein bisschen hinlegen.» Als er sich oben aufs Bett legen wollte, was sah er da: Gnocchi und Gnocchi überall. Da spie er Gift und Galle und stürzte sich in den Hof, um seiner Wut

Luft zu machen. Nach einer Weile rief ihn seine Frau. Das Mittagessen war bereit. Es hatte so viele Gnocchi, dass er davon eine ganze Woche lang satt wurde.
Die Woche darauf hatte er, nach so viel Gnocchi, Lust auf Wirsing.
Der Mann redete mit seiner Frau wieder Dialekt, das Italienische hatte ja doch nichts genützt.
«Frau, hör mir gut zu. Nimm die Würste und den Wirsing und mach etwas Rechtes draus, verstanden?»
Giovanna holte die Würste aus dem Keller und ging in den Garten. Nach einer Weile kam ein Nachbar vorbei. «Die Giovanna ist wohl verrückt geworden!», dachte er, «was macht sie da bloß?»
Giovanna nahm eine Wurst nach der andern und band sie an den Wirsingstauden fest. Der Nachbar sagte nichts und ging kopfschüttelnd weg.
Am Mittag kam der Mann nach Hause zum Essen. Die Frau saß am Kamin. Sie war erschöpft.
«Aber warum hockst du denn da und schnappst nach Luft? Geht's dir nicht gut?»
«Ich hab mich ganz schön abgerackert. Alle Würste habe ich an die Wirsingstauden gebunden. Ich hoffe, dass du zufrieden sein wirst!»
«Was hast du gemacht, du Pechvogel?»
«Das, was du mich geheißen hast. Komm und schau es dir an.»
Der geplagte Bauer folgte ihr kopfschüttelnd. Inzwischen waren aber die Würste und der Wirsing verschwunden. Der Nachbar hatte sie gestohlen. Das wussten die beiden aber nicht.
Der Mann war verzweifelt und beschloss, eine Zeit lang

wegzugehen. Sonst würde eines Tages noch etwas Schlimmes passieren.
«An Ostern komm ich zurück», sagte er. «Dann will ich das Haus auf Hochglanz sehen!»
Recht und schlecht kam die Frau bis Ostern zurecht. Am Karsamstag erinnerte sie sich, dass ihr Mann bald heimkomme. Sie hörte Rufe in der Gasse und lief ans Fenster. Ein fahrender Händler stand unten mit seinem Karren voller glänzender Kupfertöpfe und Kupferdeckel. In diesem Moment erinnerte sich Giovanna an den Befehl ihres Mannes.
«Ich muss doch das Haus auf Hochglanz bringen und meine Kupfertöpfe sind alle rußig. Wer weiß, ob ich es noch rechtzeitig schaffe, sie zu glänzen, bevor mein Mann kommt.»
Inzwischen war der Händler näher gekommen und fragte die Hausfrau: «Signora, möchten Sie etwas kaufen?» Da hatte Giovanna eine glänzende Idee: Ich tausche meine schmutzigen Kupfertöpfe gegen seine glänzenden ein. Ich werde zwar weniger bekommen. Meine Töpfe sind ja alt und schwarz, der Händler wird noch drauflegen!
Der Händler war gleich einverstanden mit dem Tausch: «Sicher, sicher! Ich gebe dir die Hälfte meiner Sachen. Ich kann doch eine junge hübsche Frau nicht enttäuschen!»
Giovanna stürzte schnell ins Haus und holte ihre Kupfertöpfe.
Als der Mann nach Hause kam, zeigte ihm Giovanna die neuen Töpfe. «Ich habe das Haus auf Hochglanz gebracht! Bist du zufrieden?»

Dem armen Mann verschlug es fast die Sprache. Weil aber seine Frau gutmütig war und außerdem auch noch hübsch, behielt er sie.
Einige Monate lang blieb er zu Hause und arbeitete auf dem Feld. Zuletzt erntete er noch Kastanien. Er verstaute sie im Kornspeicher und sagte vor der Abreise zu seiner Frau: «Trag Sorge zu den Kastanien. Spare sie für den langen Mai!»
Nach einem Monat kam ein großer Mann vorbei.
«Seid ihr der lange Mai?», fragte ihn Giovanna.
Der Mann lachte: «Warum, was wollt ihr von mir?»
«Mein Mann ist weit weg auf Arbeitssuche. Vor der Abreise hat er mir aufgetragen, die Kastanien für den langen Mai aufzuheben. Sie haben mir viel Platz versperrt im Kornspeicher, aber zum Glück seid ihr jetzt gekommen!» Der Fremde schnallte sich den Sack auf den Rücken und ging ohne ein Wort davon.
Als der Mann nach Hause kam, erklärte ihm die Frau, der lange Mai habe die Kastanien endlich doch noch abgeholt.
«Jetzt reicht's aber!», sagte der Mann außer sich vor Wut. Und diesmal verprügelte er sie nach Noten.
Wenn seine Frau keine Zeit zum Kochen hatte, schlug sie schnell ein paar Eier in die Pfanne und sagte: «Ich habe keinen Hunger, ich esse ja fast nichts!» Später dann stopfte sie sich in der Speisekammer voll. Der Mann wollte ihr aber zu verstehen geben, dass er nicht an diese Geschichte glaube. Sie sollte endlich arbeiten lernen.
Als er wieder für längere Zeit wegging, ließ er ihr nur wenig Vorräte im Haus.
«Du isst ja nur wenig», sagte er. «Wenn du aber hung-

rig bist, fang an zu spinnen. Spinn, so viel du kannst, und stricke Sachen für den Winter. Du wirst sehen, beim Spinnen vergeht dir der Hunger. Da hast du Rocken und Spindel!»
Als der Mann fort war, arbeitete Giovanna noch weniger. Sie lag lange im Bett und spann fast nie. Manchmal schrieb sie an ihren Mann: «Du hast vergessen, mir den Kellerschlüssel dazulassen. Was soll ich nur machen, wenn die Vorräte in der Speisekammer zu Ende gehen?»
Sie wagte nicht zu schreiben, dass der Vorrat schon zu Ende war und dass sie sich an den Garten und an den Hühnerstall herangemacht hatte. Der Mann antwortete nur: «Spinne, der Hunger wird dir vergehen!» Vom Schlüssel keine Rede.
Schließlich wurde es Winter. Im Garten war alles gefroren. Es gab keinen Ausweg mehr, die Frau machte sich ans Spinnen. Und was fand sie im letzten Knäuel? Den Kellerschlüssel!
Das Arbeiten hatte sie nun endlich gelernt. Begriffsstutzig war sie aber immer noch.
Als der Mann schrieb, er habe seine Schuhe durchgelaufen, sie solle ihm neue schicken, dachte sie: «Man hat mir doch gesagt, dass die Telefondrähte alles schnell weiterleiten.»
Sie nahm eine Leiter, band die Schuhe zusammen und warf sie über die Drähte. Am nächsten Morgen stand sie auf und sah anstelle der neuen Schuhe ein paar alte voller Löcher.
«Oh, wie schön! Alles ist ganz schnell gegangen. Jetzt hab ich auch schon die Antwort.»
Was war passiert? Ein armer Schlucker war vorbeige-

kommen, hatte die schönen neuen Schuhe gesehen und sie gegen seine alten eingetauscht.

Als der Mann nach Hause kam, fragte er gleich: «Warum hast du mir meine Schuhe nicht geschickt? Ich habe dich doch darum gebeten.»

«Aber ich hab sie dir doch geschickt!», sagte sie und erzählte die ganze Geschichte.

«Nichts zu machen. Mit dir wird's nicht mehr besser! Wenn ich wieder verreise, werde ich mich gut umschauen. Wenn ich vier Frauen finde, die noch dümmer sind als du, behalte ich dich. Sonst bist du wirklich die Allerdümmste auf der Welt und ich schicke dich nach Hause. Mit der dümmsten Frau will ich nicht verheiratet sein!»

Von da an schaute er sich bei seinen Reisen in allen Dörfern um. Er wollte sehen, ob denn wirklich gerade er das Pech habe, mit einer so dummen Frau verheiratet zu sein.

Eines Tages sah er bei einem Hauseingang eine Frau, die den Straßendreck ins Haus wischte statt umgekehrt.

«Die ist noch dümmer als meine Frau!», dachte er und ging kopfschüttelnd weiter.

In der Nähe der Stadt hörte er eine alte Frau klagen.

«Was habt Ihr denn, gute Frau?», fragte er.

«Ich habe meine weiße Kuh gegen eine rote eingetauscht. Aber man hat mich betrogen. Auch diese Kuh gibt weiße Milch genau wie meine alte weiße Kuh. Es ist sicher keine gute Rasse. Vor kurzem bin ich ins Dorf zum Einkaufen gegangen. Zum ersten Mal habe ich es gewagt, in einem Café etwas zu trinken. Dort habe ich zwei Mädchen gesehen, die eine rötliche Milch tranken. Ich habe den Kellner gefragt: Was ist denn das?

Und er hat geantwortet: Das ist rote Milch von roten Kühen!»

Der Bauer sah, dass die Alte strohdumm war, noch dümmer als seine. Sie hatte nicht begriffen, dass die beiden Mädchen Schokolade getrunken hatten und der Kellner sich über sie lustig gemacht hatte. Er versuchte gar nicht erst, der Alten die Sache zu erklären. Er wusste, dass es doch nichts nützen würde.

Auf seiner Wanderung kam er schließlich in ein kleines Dorf und hörte eine Frau laut schreien: «Zieh, lass los, zieh, lass los!» Der Bauer war neugierig und ging in die Richtung, aus der die Stimme kam. Da sah er einen kleinen Stall. Auf dem Dach oben stand eine zweite Frau und presste den Kopf eines Esels in den Schornstein hinein. Der Mann verstand, dass sie den Esel senkrecht in den Kamin zwängen wollten.

«Was macht ihr da, gute Frau?»

«Wir wollen dem Esel die Eier zum Brüten unterlegen. Hier unten ist der Korb mit den Eiern und wenn wir den Esel gut aufhängen, wärmt er die Eier, ohne sie zu zerdrücken. Wir hoffen, auf diese Weise viele Küken zu bekommen. Der Esel ist größer als die Glucke.»

«Die müsste man wirklich zurückschicken!», sagte sich der Mann. «Ich behalt meine. Sie ist immer noch besser!»

Und er ging erleichtert nach Hause zurück. Er hatte vier strohdumme Frauen gefunden und war wieder ganz zufrieden mit seiner Frau. Schließlich war sie schön, und es gab noch schlimmere als sie!

57 | Der verrückte Mariello

Es lebte einmal eine Familie; Giuanín, der Vater, Giüsepina, die Mutter, und Mariello, ihr Sohn. Man nannte ihn auch den Verrückten, weil er immer allerlei sonderbare Sachen machte.

Eines Tages sagte der Vater zu ihm: «Hör, Mariello, heute ist Markttag. Ich gebe dir unsere Kuh. Bring sie zum Markt. Sie ist zwar nichts mehr wert, sie kalbt nicht mehr und gibt auch wenig Milch. Pass auf, red nicht zu viel. Sag immer nur: Ich weiß von nichts! Wenn man dir den Preis nennt, sag: So viel du willst! Hast du verstanden?»

Da band der Vater die Kuh an ein Halfter und Mariello ging mit ihr zum Markt. Dort waren eine Menge Leute. Ein Viehhändler kam und fragte: «He, junger Mann, was kostet deine Kuh?»

«Ich weiß von nichts!»

«Gibt sie Milch?»

«So viel du willst.»

«Kalbt sie noch?»

«Ich weiß von nichts!»

«Nein, nein, dann kann ich mit dir keinen Vertrag abschließen. Ciao.» Mariello ging weiter. Da kam ein anderer Viehhändler: «He, mein Junge, wie teuer verkaufst du deine Kuh?»

«Ich weiß von nichts!»

«Wie viel kostet sie?»

«So viel du willst!»

Am Schluss waren alle Bauern weggegangen, nur Mariello mit seiner Kuh war immer noch da. «Oh weh, jetzt

muss ich wieder nach Hause gehen.» Auf dem Heimweg bemerkte er nicht, dass die Kuh sich vom Halfter löste. Er kam nach Hause, und der Vater fragte: «Nun, hast du ein gutes Geschäft gemacht?»
«Ich hab die Kuh gar nicht verkauft.»
«Aber wo ist sie denn, um Himmels willen?»
«Wahrscheinlich war sie hungrig und ist ihrer eigenen Wege gegangen.»
«Was machen wir denn jetzt?», fragte der Vater.
«Ich weiß von nichts, Vater, mach, was du willst.»
Da gab ihm die Mutter einen Krug und sagte zu ihm: «Setz ihn auf den Kopf und geh Wasser holen!» Sie war nämlich aus Süditalien. Er nahm den Krug, band ihn an das Halfter und zog ihn hinter sich her wie die Kuh. Alle, die ihn sahen, lachten über ihn. «Wo willst du denn hin, Mariello?» Aber er gab keine Antwort.
«Was fällt dir denn ein, den Krug an einem Halfter nachzuziehen? Der Krug ist doch keine Kuh!»
Da kam er zur Wasserstelle. Der Krug war weg, er hielt nur noch den Henkel in der Hand. Da ging er nach Hause zurück. Die Mutter sagte: «Du bist wohl übergeschnappt, mein Sohn. Du solltest den Krug doch auf dem Kopf tragen, nicht ihn an ein Halfter binden!»
«Das nächste Mal mach ich es so, Mutter. Ich hab nicht dran gedacht.»
Wieder war ein bisschen Zeit vergangen und der Vater sagte zu ihm: «Geh jetzt auf den Markt, mein Sohn und kaufe ein Kilo Butter. Aber denk daran, sie ab und zu im Wasser zu kühlen.»
«Ja, ja, ich werde dran denken.»
Auf dem Markt kaufte er also ein Kilo Butter. Da fiel

ihm ein, was die Mutter gesagt hatte. Er legte die Butter auf den Kopf, anstatt sie im Wasser zu kühlen. Als er nach Hause kam, sagte die Mutter: «Was hast du denn mit der Butter gemacht?»
Es war im August und die Butter war ganz zerlaufen. Mariello war voller Butter, von oben bis unten.
«Du bist wirklich verrückt, du. Ich hab dir doch gesagt, du sollst die Butter kühlen, damit sie frisch bleibt!»
«Das nächste Mal mach ich's so, Mutter.»
Also gut. Der Vater – er war Fischer – hatte viele Fische gefangen und wollte sie nun trocknen und einsalzen. Er sagte zu Mariello: «Geh auf den Markt und kauf zehn Kilo Salz!» Mariello kaufte das Salz und erinnerte sich an das, was die Mutter gesagt hatte. Und er schüttete das Salz ins Wasser. Oh, da gab es aber Geschichten zu Hause! Die Mutter sagte: «Wo ist denn das Salz?»
«Ihr habt mir doch gesagt, ich soll es im Wasser kühlen.»
«Du Taugenichts, doch nicht das Salz!»
Wieder verging ein bisschen Zeit. Der Vater hatte viele Bienen. Er sagte zu Mariello: «Schau, mein Sohn, hier hast du ein Kilo Honig. Bring es auf den Markt und verkauf es. Aber pass auf, sprich mit niemandem. Den Honig verkaufst du dem, der am wenigsten spricht.»
«Gut, gut.» Und er ging auf den Markt. Ein Käufer kam und fragte: «He, junger Mann, wie viel kostet der Honig?»
Er antwortete nicht.
«Ja dann, wenn du so ein Esel bist, kaufe ich dir den Honig nicht ab.»
Und der Markt leerte sich, alle Leute gingen nach Hause. Auch Mariello machte sich auf den Weg. Da kam er auch

an einem großen Platz vorbei, auf dem eine Statue von Giuseppe Garibaldi stand. Zu Füßen dieser Statue stellte er seinen Honig hin. Um die Statue herum standen viele Leute. Da sagte Mariello: «Oh, weiß gekleideter Herr, kauft ihr meinen Honig? Er kostet hundert Franken.»
Die Statue schwieg.
«Hörst du mich, willst du meinen Honig?»
Die Statue gab keine Antwort.
«Gut, ich lass ihn hier, geh nach Hause und sage meinem Vater, dass ich den Honig verkauft habe. Dann komm ich wieder, um das Geld abzuholen. Du nimmst den Honig und lässt mir das Geld hier. Du bist der Einzige, der nicht spricht, und deshalb verkauf ich dir meinen Honig.»
Die Frauen, die herumstanden, sagten: «Dem fehlt's wohl, der ist ja von Sinnen.» Kaum war er weg, nahmen sie den Honig und rannten nach Hause.
Als der Vater Mariello kommen sah, sagte er: «Wo ist das Geld? Hast du den Honig verkauft?»
«Ja, zum Glück. Ich hab ihn einem weiß gekleideten Herrn verkauft. Ich habe ihn gefragt, ob er meinen Honig wolle, und er hat weder Ja noch Nein gesagt. Dann habe ich ihm vorgeschlagen, wiederzukommen und das Geld abzuholen.»
Gut. Der Vater hatte keine Ahnung, wer dieser Herr sei. Mariello ist zurückgegangen. Der Honig war nicht mehr da. Da sagte er: «Wo ist das Geld? Ich seh es nicht.» Die Statue blieb stumm. Er fragte nochmals: «Wo ist das Geld?» Die Frauen, die den Honig genommen hatten, standen an den Fenstern und krümmten sich vor Lachen.
«Ich will das Geld für meinen Honig!» Aber die Statue

antwortete nicht. Da wurde Mariello nervös. Er schaute sich um, nahm einen Stein und bewarf damit die Statue. «Du willst mir das Geld für meinen Honig nicht geben. Dann schlag ich dir den Kopf ein!» Er zielte und Garibaldis Kopf flog weg. Kinder, da ist ein ganzer Haufen Geld herausgefallen. Die Erbauer der Statue hatten es unter dem Hut versteckt.

«Danke!», sagte Mariello, «jetzt kann ich meinem Vater sagen, dass du mich bezahlt hast.» Er nahm die Goldstücke und sagte zu seinen Eltern: «Vater, Mutter, schaut, wir sind reich. Aber ich habe dem Herrn auf dem Platz den Kopf einschlagen müssen, um zu meinem Geld zu kommen.» Da sagte der Vater: «Um Gottes willen, was hast du gemacht, mein Sohn? Weißt du denn nicht, dass das die Statue von Garibaldi ist. Jetzt sitzen wir schön in der Tinte!»

Aber Mariello – er war zwar dumm, aber auf seine Art auch wieder schlau – sagte: «Macht euch keine Sorgen. Ich regle die Sache schon.» Er versteckte sich in einer großen Kiste. Nach einer Stunde waren schon die Carabinieri da. Die Frauen hatten sie benachrichtigt. Sie hatten erklärt, wie der Dieb aussehe und wo er wohne. Da sprang Mariello aus der Kiste heraus, und die Polizisten fragten ihn: «Junger Mann, wo hast du all das Geld versteckt, das du bei der Garibaldi-Statue geraubt hast. Wir stecken dich ins Gefängnis.» Mariellos Vater war ganz still, die Mutter schwieg auch, wie es Mariello befohlen hatte. Mariello aber fragte: «Was für Goldstücke? Ich zeig euch, was ich gefunden habe.» Er holte einen Sack gedörrter Kastanien und zeigte ihn den Polizisten. «Das sind die Goldstücke, die drin waren.» Da sagten die Polizisten: «Ja, das sind wirklich keine Goldstücke, sie haben nur dieselbe Farbe.» Und sie zogen ab. Als sie weg waren, nahm Mariello die Goldstücke und bestieg mit Vater und Mutter ein Schiff. Sie sind nach Amerika gegangen und haben wie große Herren gelebt.

58 | Der Dumme und der Gescheite

Jetzt erzähl ich euch die Geschichte vom Dummen und vom Gescheiten. Diese Geschichte hat mir meine Mutter erzählt, als ich noch ein kleines Mädchen war.
Es war einmal eine Mutter, sie hieß Margherita. Sie hatte zwei Söhne, einen dummen – Ferdinando – und einen Gescheiten – Benedetto. Eines Tages wurde die Mutter krank und brauchte dringend Medikamente. Jemand musste nach Lugano in die Apotheke gehen. Es gab auch Waren zu verkaufen auf dem Markt. Die Mutter sagte zu Ferdinando: «Geh nach Lugano und kaufe die Medikamente für mich!» Aber Benedetto meinte: «Nein, nein, Mamma, lass mich gehen, das ist besser!»
Die Mutter küsste ihn und sagte: «Also gut, komm aber bald zurück!» Benedetto ruderte also mit seinem Schiffchen nach Lugano.
Inzwischen lag die arme Mutter im Bett und rief Ferdinando zu sich: «Bring mir doch zwei, drei Löffel Brotsuppe!»
«Gut, Mutter!»
Er ging in die Küche und kam mit genau zwei Löffeln Brotsuppe zurück. «Aber das ist doch zu wenig, bring

mir wenigstens eine Tasse voll.» Ferdinando ging wieder in die Küche und kam mit einer knapp gefüllten Tasse zurück.
«Aber nein, mein Sohn, das sind ja nur vier, fünf Löffel, bring mir eine Schüssel voll.»
Ferdinando machte Feuer und kochte Brot und Wasser, immer mehr und immer mehr. Am Schluss waren es drei, vier Liter. Damit ging er zur Mutter.
«Du bist ja verrückt, ich wollte doch nur eine Schüssel voll. So viel kann ich ja gar nicht essen.»
Da wurde Ferdinando wütend und sagte: «Jetzt wird gegessen!»
Und er stopfte ihr Löffel um Löffel in den Mund, bis sie platzte. Dann rief er: «Mamma, Mamma!» Aber die Mutter gab keine Antwort mehr.
Ferdinando wusste sich nicht zu helfen. Schließlich sagte er sich: «Jetzt reicht's mir aber! Soll doch mein Bruder nach dem Rechten sehen, wenn er nach Hause kommt!»
Er drückte seiner Mutter Rocken und Spindel in die Hand, so dass es aussah, als sei sie gerade am Spinnen. Dann ließ er sie auf ihrem Stuhl sitzen und ging pfeifend in die Küche.
Als Benedetto aus Lugano zurückkam, fragte er: «Geht's der Mutter gut?»
«Ja, ja, der geht's gut. Sie ist gesund, es fehlt ihr gar nichts mehr!»
«Hast du nicht wieder etwas angestellt?»
«Nein, nein, der Mutter geht es wirklich gut. Sie ist oben im Zimmer beim Spinnen.»
Benedetto ging hinauf. Die Mutter war wirklich am Spinnen. Er rief: «Mamma, Mamma.»

Aber die Mutter rührte sich nicht. Sie war tot.
«Was hast du nur angestellt! Nimm die Tür und geh mir aus den Augen! Sonst bring ich dich um! Weißt du denn nicht, dass du unsere Mutter getötet hast. Die ganze Brotsuppe hast du ihr eingelöffelt!»
Und wirklich, neben dem Bett pickten die Hühner noch die Reste auf. Der Dumme lud sich die Tür auf die Schultern und ging weg. Bei einem Kirschbaum machte er Halt. Aus Angst vor der Polizei stieg er auf den Baum hinauf, mitsamt der Tür. Dann aß er Kirschen, als ob gar nichts passiert wäre.
Da kamen drei Räuber. Sie setzten sich unter den Baum, um ihr Geld zu zählen. Sie machten drei Haufen, für jeden einen.
«Jetzt wollen wir Feuer machen und das Essen kochen.»
Sie hängten ihren Topf über das Feuer, schmolzen ein Stück Butter und wollten Risotto kochen.
«Zum Donnerwetter, das hat gerade noch gefehlt. Ich habe die Brühe vergessen!»
Das hat der Dumme auf dem Baum gehört. Er hat hinuntergepinkelt, mitten in die Pfanne.
Und die Räuber: «Welch ein Glück, der Herr hat uns die Brühe vom Himmel geschickt!»
Und sie rührten um und rührten um.
«Verdammt, jetzt hab ich die Würste vergessen!»
Auch die hat der Dumme von oben beigesteuert, ein paar schöne Würste.
Die unten rührten weiter, als ob nichts geschehen wäre.
Dann probierten sie den Risotto.
«Was soll das, das sind doch keine Würste! Welch ein sonderbarer Geschmack!»

Und die Räuber ließen den Risotto stehen, packten ihr Geld und wollten weggehen.

Da hat der Dumme von oben geschrien: «Ich habe euch zu essen und zu trinken gegeben und ihr wollt mir kein Geld dalassen. Das ist nicht recht!»

Und er ließ die Türe auf sie fallen. Dann kletterte er schnell vom Baum herunter und machte sich mit dem Geld aus dem Staube.

Zu Hause sagte er zu seinem Bruder: «Schau mal, das viele Geld!»

Da musste er ihm alles ganz genau erklären.

«Ich will auch weggehen und mir ein wenig Geld holen!»

Er lud sich die Türe auf und machte alles genau so wie der Dumme. Als die Räuber erwachten, fanden sie ihr Geld nicht mehr. Sie schauten in den Baum hinauf und sahen Benedetto.

«Du Schwein, du! Zuerst hast du uns Risotto essen lassen mit Pisse und mit Kacke. Jetzt hast du uns auch noch das Geld gestohlen.»

Sie haben ihn heruntergeholt und nach Noten verdroschen, patim, patom, patim, patom.

«Das war nicht ich, das war mein Bruder!»

Schließlich ist der arme Benedetto entkommen, er ist immer noch auf der Flucht.

Ferdinando aber hat einen schönen Palast gebaut und war glücklich und zufrieden.

59 | Die unpassenden Antworten

In Minusio wohnten zwei arme Teufel: der Vater, der sich auf einem kleinen Acker abrackerte und dank einer von der Frau ererbten Mühle in der Nähe von Contra noch etwas dazuverdiente, und der Sohn, ein einfältiger junger Bursche.
In die Mühle gingen sie nicht mehr als einmal pro Woche. Der Weg war lang und mühsam. Früh am Morgen beluden sie ihr Eselchen mit den Kornsäcken ihrer Kunden. In der Mühle mahlten sie das Korn, auch das in den Säcken, die beim Eingang der Mühle schon bereitstanden. Abends gingen sie zurück und lieferten das Mehl in den Häusern ab.
Der Martinstag am 11. November war kein Mahltag. Sie waren am Tag vorher in der Mühle gewesen. Aber da kommt eine Frau und bittet den Müller eindringlich, ihr noch am gleichen Tag das Korn zu mahlen, weil sie in der Vorratskammer keine Hand voll Mehl mehr habe. Länger könne sie auf keinen Fall warten.
Man diskutiert hin und her. Schließlich beschließt der Vater, den Sohn allein in die Mühle zu schicken, in der Hoffnung, er werde keine Dummheiten machen bei seinem ersten selbständigen Auftrag. Während er den Esel belädt, gibt er dem Sohn ganz genaue Anleitungen über jeden Arbeitsgang. Am Schluss sagt er ihm, wie viel Mehl er zurückbehalten müsse für die Arbeit: «Für jeden Scheffel eine Kelle voll.»
Der Bursche macht sich mit seinem Esel auf den Weg. Aus Angst, die letzte Ermahnung des Vaters zu vergessen, murmelte er sie die ganze Zeit vor sich hin.

Da kommt er zum Kirchlein Madonna delle Grazie. In der Nähe sind ein paar Bauern gerade mit Pflügen fertig geworden und säen jetzt Korn. Unser Einfaltspinsel bleibt neugierig stehen und wiederholt unablässig: «Von jedem Scheffel eine Kelle voll!»

Die Bauern hören das und sind beleidigt. «Was sagst du da? Ein schöner Wunsch das! Du Gauner, du! Sag besser: Mögen sie sprießen (die Garben), ganze Wagen voll!»

Der Müllersbursche geht beschämt weiter und ändert seinen Kehrreim. Beim Weiler San Martino formt sich eine Prozession, um eine alte Frau, die einsam und in großer Armut gestorben war, zum Kirchhof zu begleiten. Gerade trägt man den Sarg aus der Küche.

Der Bursche nimmt den Hut ab. Wie ein Requiem murmelt er seinen Kehrreim weiter. Ein Klosterbruder hört ihn und unterbricht ihn: «Willst du denn eine Pest heraufbeschwören, bloß damit du dich freuen kannst, dass man wagenweise Särge aus den Häusern trägt! Sag doch: Friede ihrer Seele!»

Nach einer Weile trifft unser Dummling einen Bauern aus Mergoscia, der gerade eine seiner Kühe nach Locarno zum Schlächter bringt. Der Bauer hört den Burschen das Todesgebet rezitieren, er lacht laut auf und sagt: «Aber nein, man soll nicht mit den Toten scherzen!»

«Was soll ich denn sagen?», fragt der Müllersbursche weinend.

«Lass sie gehen, es ist ja eine Kuh! Das ist alles, was du sagen sollst, wenn du durchaus immer etwas murmeln willst!»

In Brione rüstete man gerade zu einem großen Fest. Ein stattliches elegantes Hochzeitspaar kam aus der Kirche und verteilte an alle Hochzeitsbonbons.
Unser Bursche bindet den Esel an einer Platane auf dem Kirchplatz fest und geht auf das Hochzeitspaar zu, um auch ein bisschen von den Leckerbissen zu erhaschen.
Als der Bräutigam das Verslein hört, das der dumme Müllersbursche ständig herunterleiert, kann er sich nur mit Mühe und Not beherrschen. Der Tumult beruhigt sich erst, als einer der Hochzeitsgäste sagt: «Sag doch gescheiter: Möge es immer so sein!»
Der Bursche geht weiter. Er trifft einen Bauern, der gerade vergeblich versucht, zwei störrische Schweine aus dem Pferch zu treiben.
Auf sein Rufen und auf die Rutenhiebe reagieren die Schweine nur mit schrillem Grunzen. Sie flüchten in alle Richtungen, nur nicht in die gewünschte.
Als der Bauer den Burschen hört, wird er fuchsteufelswild. Schließlich rät er ihm zu wiederholen: «Mögen sie rauskommen, zuerst das eine, dann das andere!»
Der Müllersbursche sagt das neue Versehen unablässig vor sich hin und kommt zu einem Haus, vor dem ein trauriger Steinmetz sitzt. Er war das Opfer eines Unfalls im Steinbruch geworden und hatte ein Auge verloren. Jetzt fürchtete er auch um das zweite.
«Was sagst du da? Um Gottes willen, sei sofort still!»
«Was soll ich denn sagen?», fragte der Bursche beschämt.
«Wenn du mir etwas Gutes wünschen willst, dann sag: Möge eines immer offen bleiben!»
Esel und Herr kommen schließlich in die Nähe des Karmeliterkirchleins.

Auf einer Lichtung bemüht sich ein Kesselflicker aus dem Val Colla vergeblich, ein Feuer zu entfachen. Es will und will nicht gelingen, weil der Boden feucht ist und das Holz nass. Der gute Mann kann die Löcher in den Kupferkesseln überhaupt nicht zumachen. Am liebsten würde er Holz und Werkzeuge von sich werfen. Da hört er plötzlich das Verschen des Burschen. Er rät ihm zu sagen: «Möge alles in Feuer und Flammen aufgehen!»
Kurz vor der Mühle stößt der Müllersbursche auf eine traurige Szene. Der Stall armer Leute hat Feuer gefangen. Von überall her sind Helfer gekommen und bemühen sich zu retten, was noch zu retten ist, Tiere, Werkzeuge, Futter. Natürlich muss unser Bursche stehen bleiben. Er bemüht sich sogar, zu helfen, hört aber nicht auf, sein Verschen zu wiederholen.
«Aber nein, sag so etwas nicht, du Schurke! Wünsch uns schon eher: Möge es gelingen, so viel als möglich herauszuholen!»
Und endlich kommt er zur Mühle. Er macht alles genau so, wie er es beim Vater unzählige Male beobachtet hat. Gerade in dem Moment, als der Junge einen Teil des Mehls für sich zurückbehalten will, taucht unverhofft der Vater auf. Er hatte befürchtet, sein Sohn werde doch alles verkehrt machen.
«Also, mein Sohn. Weißt du noch, wie viel Mehl du zurückbehalten musst für unsere Arbeit?»
«Ja, Vater, so viel als möglich!»
Der Vater lacht und sagt: «Und ich hielt meinen Sohn für dumm. Und dabei ist er schlauer als ein Advokat!»

60 | Der Hirte von Sant' Evasio

Der Hirte von Sant' Evasio lebte mit seiner Mutter zusammen. Leider war er ziemlich einfältig.
Wenn er etwas hörte, wiederholte er es, ohne darüber nachzudenken. Und so wiederholte er auch oft ein Verschen, das er gehört hatte:
«Se tücc i vacch
gh'avessan un lampión
misericordia che illüminazión.»
(Wenn alle Kühe
eine Laterne trügen,
barmherziger Himmel, welch eine Beleuchtung.)
Die Mutter schalt ihn oft. Zu Hause arbeitete er nichts. Er konnte nur Kühe hüten. Eines Tages sagte die Mutter zu ihm: «In Campione ist Fronleichnamsfest. Du machst sowieso nichts zu Hause. Geh wenigstens hinunter in die Kirche und bete.»
«Aber ich weiß nicht, wie man das in Campione macht.»
«Mach es den andern nach», riet ihm die Mutter.
Als der Hirte aus Sant' Evasio in die Pfarrkirche von Campione kam, sah er, dass die Gläubigen zur Beichte gingen. Als er an die Reihe kam, machte er alles genau wie sie.
Der Beichtvater war von auswärts gekommen. Er begann mit einer Frage. Er hatte bemerkt, dass der Beichtende nicht Italienisch konnte und bemühte sich, Dialekt zu sprechen.
«Quanti coos che ga vö par fa una bóna cunfessión?»
(Was braucht es, um gut zu beichten?)
Der Beichtvater erwartete die übliche Aufzählung: Gewissenserforschung, Reue, guter Vorsatz und so weiter.

Groß war sein Erstaunen, als der andere mit einer Frage antwortete.

«Quanti cost che ga vö par fa un bell gerlu?» (Wie viele Stäbe braucht es, um eine gute Hutte zu machen?)

«Das kann ich doch nicht wissen!», sagte der Priester, «ich bin nicht Hirte.»

«Und ich bin nicht Pfarrer und kann diese Sachen über die Kirche auch nicht wissen», sagte der Hirte.

Recht und schlecht ging die Beichte zu Ende. Inzwischen hatte schon die Messe begonnen.

Der Hirte kniete versehentlich auf der Seite der Frauen nieder. Mit seinen langen Beinen in den verdreckten Schuhen streifte er die Röcke der Frauen in der hintern Bankreihe.

Auf einmal hörte er eine Frauenstimme, die wiederholte: «Zieh den Dreckschuh weg, zieh den Dreckschuh weg!»

Der Hirte aus Sant' Evasio spitzte die Ohren. «Was sagt die da hinter mir?» Endlich verstand er das Gemurmel. «Sonderbar, wie man in Campione betet! Aber die Mutter hat gesagt, ich soll nur alles nachmachen.»

Und er begann laut und inständig zu beten: «Zieh den Dreckschuh weg, zieh den Dreckschuh weg!»

Alle drehten sich um und lachten. Dann brachte ihn jemand zum Schweigen.

Inzwischen war die Messe weitergegangen. Der Altardiener hatte mit dem Glöckchen geläutet und das Messgewand des Priesters hochgehoben.

Der Hirte aus Sant' Evasio zog eine Kuhglocke hervor, die er erst gerade gekauft hatte und begann wie wild zu läuten, dann lehnte er sich nach vorn und hob der Frau, die vor ihm stand, das Kleid hoch.

Die Frau schrie auf und der Küster, der den Hirten kannte, kam und führte ihn hinaus.
«Bleib hier und schau dir die Prozession an», sagte er zu ihm und ließ ihn auf dem Kirchplatz stehen.
Der Hirte gehorchte. Nach der Prozession ging er auf die Alp zurück.
Zu Hause erklärte er der Mutter, die Teresa hieß, alles was er gesehen und gehört hatte. Die arme Frau begann zu klagen und ihn zu beschimpfen.
Aber er fuhr fort: «Denk nur, Mutter, der Pfarrer hat ein Käslein mit sich herumgetragen unter einer Loggia!»
«Du Rindvieh du», schrie die Mutter verzweifelt, «das war die geweihte Hostie in der Monstranz, und der Pfarrer ist unter einem Baldachin gegangen.»
Da wurde der Hirte ernsthaft wütend. Er hatte genug davon, immer beschimpft zu werden. Er lief in den Stall und zündete ihn an. Die Flammen griffen rasch um sich. Er hielt die Hände vor den Mund und schrie: «Teresa, er wird zu Asche!»
Zum Glück kam die Mutter auf sein Geschrei herangelaufen und konnte das Feuer löschen.

61 | Propst, Pfarrer und Küster als Liebhaber

Es war einmal ein Mann, der kein Geld hatte und nachdachte, wie er sich welches beschaffen könnte. Er hat zu seiner Frau gesagt: «Ich tu jetzt so, als ob ich in die weite Welt ziehe. Drei Tage nach meiner Abreise wirst du den

Propst, den Pfarrer und den Küster einladen. Das Übrige überlass mir!»
Er verabschiedete sich von allen, und alle meinten, er sei endgültig weggegangen. Seine Frau lud nach drei Tagen den Propst, den Pfarrer und den Küster ein. Die ließen sich nicht lange bitten und erschienen pünktlich.
Als sie gerade so schön am Essen waren, hörten sie die Stimme des Mannes. Sie schauten sich an und zitterten vor Angst. In der Verwirrung versteckte sich der Propst im Ofen, der Pfarrer im Kasten und der Küster im Backtrog.
Der Mann war halb verhungert und wollte Gnocchi machen. Er öffnete den Kasten und fand dort den Pfarrer.
«Wie? Was machst du denn hier? Ich lasse sofort die Polizei kommen und dich abführen!»
«Verzeih mir, verzeih mir!»
«Leer deine Taschen und gib mir alles, was du hast! Sonst kommst du nicht mit heiler Haut davon!»
Der Pfarrer leerte seine Taschen und gab ihm alles. Da ging der Mann zum Ofen und fand darin den Propst.
«Ah, schau, ein Verbündeter! Einen Knüttel her, damit ich ihn windelweich schlagen kann!»
«Verzeih mir, verzeih mir!»
«Ich will fünf Marenghi!»
Da wollte er den Backtrog öffnen und fand darin den Küster.
«Also auch du, du Dreckskerl!»
«Ich kann dir aber nichts geben!»
«Drei Marenghi zur Strafe! Und außerdem lässt du diese Kerze im Hintern, bis sie niedergebrannt ist!»
Der Küster ließ das wirklich mit sich geschehen. Mit

dem verdienten Geld kauften der Mann und seine Frau schöne Kleider, denn sie hatten nichts Rechtes mehr zum Anziehen. Und eines Tages gingen sie in die Kirche, ganz neu eingekleidet. Alle schauten sie an, auch der Pfarrer, der während der Vesper sang: «Schau dort, die Lucia! Wie schön sie sich angezogen hat mit meinem Geld!»
Und der Propst antwortete: «Und mit meinem!»
Und der Küster: «Ich armer Küster ohne Geld, hab mir den Hintern mit einer Kerze versengt!»

62 | Der geizige Don Giovanni

Im Mendrisiotto lebten seit jeher viele Spaßmacher und Witzbolde. Da gab's auch in einem Dorf die übliche Bande junger Leute, die sich gern auf Kosten anderer lustig machten.
Die Seelen der Dorfbewohner waren einem alten Pfarrer anvertraut. Er war im Grunde ein guter Mensch, hatte aber auch seine Schwächen. Vor allem war er geldgierig. Es ging zwar nicht übermäßig viel Geld durch seine Hände, umso mehr hing der Pfarrer daran und verwahrte es sorgfältig in einem Topf, den er im Keller versteckte. Wenn er einen Armen sah, verschloss er die Augen, nur um sein Geld nicht anrühren zu müssen. Man wusste, dass er die Haushälterin schlecht bezahlte und sehr bescheiden aß, um ein paar Groschen auf die Seite legen zu können. Almosen gab er keine und den Hut lüftete er nur vor den reichen Pfarrkindern, von denen er sich Gaben erhoffte.

Eines Abends im Winter stand der Pfarrer beim Kamin. Er hatte eine leichte Grippe. Er hörte das Heulen des Windes oben im Kamin und ein Schauer lief ihm über den Rücken.
«Heute geht es mir nicht gut!», sagte der arme Hungerleider zur Haushälterin.
«Dann trinken Sie doch etwas Warmes!», riet sie ihm.
«Vielleicht ein wenig Glühwein.»
«Nein, nein, Sie sind wohl verrückt geworden. Der Wein kostet zu viel, genau wie der Kaffee.»
«Dann trinken Sie doch ein bisschen warme Milch!»
«Es hat zu wenig. Das reicht kaum für das Frühstück morgen!»
«Dann helfen Sie sich doch selbst!», brummte die Haushälterin und zog sich in ihr Zimmer zurück.
Kaum war sie mit ihrer Kerze im oberen Stock, hörte der Pfarrer eine Grabesstimme. Sie kam oben vom Kamin her.
«Oh, lieber Don Giovanni, der Herr will dich bei sich, zuerst das Gold und Silber und erst am Schlusse dich!»
«Oh, Madonna, mir geht's wirklich schlecht. Es war nicht nur Einbildung. Hat wirklich mein letztes Stündlein geschlagen?»
Da wiederholte die düstere Stimme:
«Oh, lieber Don Giovanni, der Herr will dich bei sich, zuerst das Gold und Silber und erst am Schlusse dich!»
Der Pfarrer hatte beim ersten Mal nicht alles genau verstanden. Diesmal aber hörte er es ganz deutlich. Trotz aller Ausreden hatte ihn doch von Zeit zu Zeit das schlechte Gewissen geplagt wegen seiner Geldgier.
Als er den Vers von neuem hörte, war er überzeugt, dass

die Stimme vom Himmel kam. Er rief für alle Fälle die Haushälterin: «Marianna, Marianna, bring mir den Topf mit dem Geld. Beeil dich, sonst werde ich nicht in den Himmel kommen. Mein letztes Stündchen hat geschlagen!»

«Der arme Teufel, jetzt spinnt er!», dachte die Haushälterin.

Sie stieg aber doch hinunter, um nachzusehen, was los sei, hörte die Stimme und war äußerst verwirrt.

«Oh, ein Wunder. Es ist wirklich wahr. Er hat sein Unrecht eingesehen!», dachte sie. Und sie holte schnell den schweren Topf aus dem Keller.

Unterdessen meldete sich die Stimme aus dem Kamin immer eindringlicher. Ein dickes Seil mit einem Haken hing von oben herunter. Der Pfarrer jagte Marianna weg und hakte den Topf am Seil fest. Dann schaute er zu, wie er hochgezogen wurde in den Himmel. Nach einer Weile wurde das dicke Seil wieder heruntergelassen, und die Stimme befahl dem Pfarrer: «Jetzt bist du dran! Halt dich fest und steig hinauf!»

«Ich habe Angst, mich zu verbrennen», antwortete der Pfarrer.

«Aber nein, du wirst schnell hochkommen. Der Himmel erwartet dich!» Der Einfaltspinsel klammerte sich an das Seil, das angesengt war. Er war noch nicht einen halben Meter hochgeklettert, als es riss und er in die Asche fiel.

Die jungen Schelme auf dem Dach hatten keine Gewissensbisse und machten sich schnell aus dem Staub und teilten die Beute untereinander.

Der arme Pfarrer hatte auch noch die Soutane verloren

und musste seine Verbrennungen eine ganze Woche lang mit Olivenöl behandeln.

63 | Die Jalapewurzel

Ein junges Ehepaar bat einen Pfarrer um Nachtquartier. Der Pfarrer, dem die junge Frau sehr gut gefiel, empfing das Ehepaar aufs Herzlichste und gab ihnen zu essen und zu trinken. Ins Glas des jungen Mannes aber schüttete er ein Extrakt aus Jalapewurzeln. Bei sich dachte er: «So wird er heute Nacht immer aufstehen müssen und ich werde ins Zimmer der jungen Frau gehen, die Türe abschließen und die Frau umarmen und küssen!»
Der junge Mann trank den Wein, ohne etwas zu bemerken. Dann ging er mit seiner Frau zu Bett. In der Nacht erwachte er und sagte zu seiner Frau, er müsse dringend an ein Örtchen. Er stand auf und machte den ganzen Nachttopf voll. Aber noch war's nicht zu Ende. Er machte den Wasserkrug, die Waschschüssel, die Stiefel des Priesters unter dem Nachttisch, den Kasten und schließlich das Bett voll. Als er die Bescherung sah, weckte er seine Frau, und sie machten sich aus dem Staub. Der Pfarrer wartete nur darauf, dass der junge Mann auf die Toilette gehe.
Kaum hatte er die Falle drücken hören, rannte er los, um die junge Frau zu küssen. Er fiel in den ganzen Dreck und suchte tastend nach den Streichhölzern. Dabei verdreckte er sich noch mehr.
Dann wollte er sich in der Waschschüssel die Hände

waschen und griff schon wieder tief in den Dreck. Dann wollte er sich die Schuhe anziehen, da steckten seine Füße im Dreck. Schließlich wollte er den Kasten und den Nachttisch öffnen und da steckte er auch noch die Nase in den Dreck.

Der arme Pfarrer hat alle Hände voll zu tun
mit Wasser und Besen hantiert er nun.
Aber eins hat er gelernt in dieser Not:
Respektiere das zweitletzte Gebot!

64 | Der Heilige Geist von Mergoscia

Damals hatte Mergoscia einen tüchtigen Pfarrer. An Pfingsten hielt er eine wunderschöne Predigt über den Heiligen Geist, wie er vom Himmel kam und den Aposteln in Form einer Taube erschien, und wie aus der Taube lange Feuerzungen kamen, die sich auf die Köpfe aller Anwesenden verteilten. Als Taube war der Heilige Geist auch bei Christi Taufe erschienen.

Den gutmütigen, aber einfachen Bauern prägte sich vor allem das Bild des Heiligen Geistes als Taube ein. Am Schluss der Predigt sagte der Pfarrer: «Also, meine Brüder, hebt die Augen zum Himmel und fleht den Heiligen Geist auf euch herab.»

Nach der Messe traten die Bauern auf den Kirchplatz heraus und erhoben die Augen zum Himmel. Welch schöner Himmel! Die Sonne strahlte in ihrer ganzen Pracht. Kein Wölklein war zu sehen.

«Da ist er, da ist er!», schrie plötzlich einer der Bauern.

«Wer denn?»
«Seht ihr ihn denn nicht?»
«Er ist hier, gerade über uns!», sagte der Pfarrer.
Es war ein Vogel, gewiss, aber keine Taube, sondern ein wunderschöner Geier, der seine Runden drehte und sich dann auf die Spitze des Kirchturms setzte.
«Oh, oh», sagten die Bauern, «wenn er nicht zu uns hinunterkommen will, gehen wir eben zu ihm hinauf. Wer steigt auf den Kirchturm?»
«Ich», sagte ein flinker junger Mann.
«Gut, geh!»
Der Einfaltspinsel war im Nu oben im Kirchturm und stieg dann geschickt wie ein Akrobat vom Glockenstuhl auf das Dach. Der Vogel saß noch immer da. Als der Bursche die Hand nach ihm ausstreckte, um ihn zu fangen, flog er aber weg und hinterließ etwas nicht gerade Feines.
Der Bursche nahm es jedoch ehrfürchtig entgegen und schlug es in sein Taschentuch ein. Dann stieg er hinunter.
«Hast du ihn aus der Nähe gesehen?»
«Sicher, aber er hat sich nicht fangen lassen, er ist gleich weggeflogen. Etwas hat er aber zurückgelassen!»
Und er hat sein Taschentuch geöffnet.
«Oh, wie schön. Gib her, gib her, damit alle ein wenig daran lecken können.»
Und einer nach dem andern hat daran geleckt, glücklich und zufrieden, dass der Heilige Geist ihnen ein so schönes Geschenk gemacht hatte.

65 | Wir sind alle Brüder

Ein Spitzbube ohne feste Bleibe hörte eines Tages, als er an einer Kirche vorbeiging, ein schönes Lied. Er trat in die Kirche ein und blieb bis zur Predigt.
An jenem Sonntag predigte der Pfarrer über das Thema: Wir sind alle Brüder. Immer wieder sagte er: «Man muss alles, was man hat, mit dem Nächsten teilen, vor allem mit den Armen!»
Etwa eine halbe Stunde nach der Messe klopfte der Spitzbube an die Tür des Pfarrhauses.
«Ich bin ein armer Wanderer und habe Eure schönen Worte gehört. Sind wir wirklich alle Brüder?»
«Aber sicher, lieber Bruder!»
«Dann kann ich also mit Euch das Mittagessen teilen?»
«Aber sicher, lieber Bruder. Setzt Euch mit mir an den Tisch!»
Nach dem Essen pflegte der Pfarrer vor der Vesper ein Mittagsschläfchen zu machen. Die Köchin ging unterdessen Kranke besuchen.
Der Pfarrer entschuldigte sich, er wolle sich eine Weile in sein Zimmer zurückziehen.
Der Landstreicher pflichtete ihm bei: «Ich pflege nach den Essen auch zu schlafen. Erlaubt Ihr mir, das Haus mit euch zu teilen? Habt Ihr ein Bett für mich?»
«Aber sicher, ich begleite Euch in die Mansarde, ein ‹repusori› ist für Euch bereit. Wir sagen hier nämlich nicht Bett, sondern ‹repusori›.»
Da kam die Katze herein.
«Was für eine schöne Katze!», lobte der Fremde.
«Das ist keine Katze, sondern die ‹Madonna d'Arli›»,

sagte der Pfarrer, der offensichtlich zu viel getrunken hatte.
«Die Katzen suchen immer die Nähe des Feuers», sagte der Spitzbube.
«Wir sagen nicht Feuer, sondern ‹godi›», antwortete der Pfarrer.
«Der scheint ein bisschen verrückt zu sein», dachte der Fremde.
«Aber warten wir's ab!»
«Was hat denn dieses Haus da draußen zu bedeuten? Ist es der Heustock?», fragte der Spitzbube.
«Wir sagen hier nicht Heustock, sondern ‹la casa delle mille erbe› (das Haus der tausend Kräuter)», war die Antwort.
Dann gingen sie die Treppe hoch. Im ersten Stock waren die Zimmer der Haushälterin und des Pfarrers. Im Flur stand eine schöne Kommode.
«Welch schöne Kommode!», sagte der Fremde.
«Das ist keine Kommode, sondern ein ‹tiratori›.»
«Was der so alles daherplappert», dachte der Gast. «Er hat wohl zu tief ins Glas geschaut.»
«Vor dem Schlafen trinke ich gern ein bisschen Wasser. Wo finde ich welches?», fragte er den Pfarrer.
«Unten im Hof ist ein Brunnen. Aber wir sagen hier nicht Wasser, sondern ‹bundanza› (Überfluss).»
Der Spitzbube hatte inzwischen Gefallen an dem Spiel gefunden. Im obersten Stock spähte er durch die Tür und sah zwei schöne Salami und einen herrlichen Schinken im Kamin oben hängen.
«Was für schöne Salami und welch herrlicher Schinken, Herr Pfarrer!»

«Das sind keine Salami, sondern Engel und Erzengel und der Schinken in der Mitte ist der Herrgott. Es ist eine Vision des Paradieses!»
In der Nähe des Dachbodens war eine Mansarde. Dorthin zog sich der Gast zurück.
Kurze Zeit darauf schnarchte der Pfarrer in den höchsten Tönen. Der Fremde dachte an die schönen Salami, die oben im Kamin hingen. Er schlüpfte aus dem Zimmer, nahm einen Sack und stopfte die Salami hinein. Nur den Schinken ließ er zurück, weil er zu schwer war. Dann ging er auf Zehenspitzen die Treppe hinunter. In der Küche zündete er mit einem Holzscheit das Fell der schlafenden Katze an und jagte sie zum Heustock. So würde der Pfarrer genug zu tun haben und ihm nicht nachstellen. Dann stieg er in den ersten Stock hinauf und schob die Kommode gegen die Tür des Schlafzimmers, wo der Pfarrer schnarchte. Schließlich klopfte er an die Tür und sagte spöttisch:
«*Al scüsa, sciur cüraa,*
che al sa léva dal ‹repusori›,
che al sa guarda dal ‹tiratori›,
che mi vu' cun gli ‹angeli› e gli ‹arcangeli›
e al lassi cun ‹Dio›.
Che al staga atent che la sua ‹Madona d'Arli›
l'è naia cul ‹godi› sul ‹mille erbe›.
E se la sua ‹bundanza› non l'aitua
la sua cà la brüsa tüta.»
(Entschuldigen Sie, Herr Pfarrer,
stehen Sie auf vom ‹repusori›,
nehmen Sie sich in Acht vor dem ‹tiratori›.
Ich gehe mit den Engeln und den Erzengeln

und lasse Sie zurück mit Gott.
Passen Sie auf, denn Ihre ‹Madonna d'Arli›
ist mit dem ‹godi› auf dem ‹mille erbe›.
Und wenn Ihre ‹bundanza› ihnen nicht hilft,
verbrennt das ganze Haus.›
Und er machte sich mit den gestohlenen Salami aus dem Staub.

66 | Wie San Carlo für den Teufel gehalten wurde

Vor langer Zeit kam der berühmte Carlo Borromeo auf seiner Pastoralvisite auch nach Aquila. Er scheute keine Mühe und kein Opfer, um auch die entlegensten Pfarreien seiner riesengroßen Diözese zu besuchen.
Aquila oben im Blenio-Tal besteht nicht nur aus einer Gemeinde, sondern aus verschiedenen Weilern. Einer davon, Pinaderio, liegt hoch oben am Fuß der Colma inmitten uralter Kastanien- und Nussbäume, Eschen und Haselnusssträucher.
Der Religionsunterricht lag San Carlo besonders am Herzen und er wollte, dass die Kinder den Katechismus lernten.
Deshalb fragte er den Pfarrer von Aquila: «Kennen Eure Pfarrkinder den Katechismus?»
«Ja, Exzellenz, ich tu mein Möglichstes, um ihnen das Wichtigste beizubringen.»
«Ich werde sie befragen, um mich selbst davon zu überzeugen.»

Und er ging in die Kirche, wo die Kinder schon ungeduldig auf ihn warteten, um ihm zu zeigen, dass sie ernsthaft gelernt hatten. Groß war die Enttäuschung, als kein einziges Kind seine Frage beantworten konnte. Sie saßen da, als ob sie stumm seien. Man kann sich vorstellen, welchen Eindruck das auf San Carlo machte.
Er ging zum Pfarrer und sagte höchst erstaunt: «Ihr habt mir gesagt, Ihr hättet diesen Kindern den Katechismus beigebracht. Sie kennen aber kein einziges Wort daraus. Ihr habt Eure Pflicht offensichtlich nicht getan!»
«Exzellenz», antwortete der Pfarrer, «sie haben Euch nicht verstanden. Sie sprechen nur den Dialekt des Dorfes. Ihr werdet schon sehen, wenn ich sie befrage.»
Und so war es. Der Pfarrer fragte ein Kind nach dem andern im Dialekt von Aquila ab und sie antworteten ausgezeichnet.
San Carlo war zufrieden und lobte den Pfarrer.
In Aquila und in den nahen Weilern hatte San Carlo seine Pflichten getan. Nun wollte er noch Pinaderio, den entlegensten Weiler, besuchen, der sogar ein kleines Kirchlein hatte.
Er machte sich auf den kurvenreichen Weg, der an duftenden Pflanzen und großen Steinen vorbeiführte.
Der Pfarrer hatte San Carlo in Pinaderio rechtzeitig angemeldet und man hatte sich bemüht, den hohen Gast mit gebührender Würde zu empfangen. Man hatte eine Art Prozession formiert und ging dem Besucher freudig entgegen.
Die Freude war aber von kurzer Dauer. Auf einmal sahen die Pfarrkinder unten im Schatten der Kastanienbäume etwas Rotgekleidetes auf sie zukommen.

Sie wussten nicht, dass Bischöfe rote Kleider tragen, sondern stellten sich San Carlo in einer schwarzen Soutane vor wie die gewöhnlichen Priester. Deshalb hatten sie gleich einen Verdacht. Und einer sagte: «Seht ihr den roten Punkt da unten, der statt San Carlo zu uns heraufsteigt?»
«Das kann doch nur der Teufel sein», sagte ein anderer und versetzte damit die ganze Prozession in Aufregung. «Ja sicher, das ist der Teufel», pflichteten die andern bei. «Wir müssen ihn vertreiben, sonst kommt er am Ende noch nach Pinaderio und wer weiß, was dann geschieht.» Gesagt, getan. Sie trugen schnell einen Haufen Steine zusammen und warteten, dass der Teufel in Wurfnähe komme.
San Carlo kam langsam näher. Er war in ein Gebet vertieft und hatte keine Ahnung, was ihn erwartete.
Plötzlich aber fuhr er zusammen. Steine prasselten auf ihn nieder von allen Seiten. Es blieb ihm nichts anderes übrig als zu fliehen, sonst hätte man ihn gesteinigt. Er hatte verstanden, dass die Pfarrkinder von Pinaderio ihm diesen sonderbaren Empfang bereitet hatten.
So schnell er konnte, kehrte er nach Aquila zurück und erzählte dem Pfarrer, wie schmählich man ihn empfangen hatte. Gott werde Pinaderio streng dafür bestrafen. Der arme Pfarrer war tief unglücklich über diese schändliche Behandlung seines hohen Gastes. Im Namen seiner Pfarrkinder flehte er San Carlo an, er möge ihm verzeihen. Er könne sich dieses sonderbare Betragen nicht erklären, da die Pfarrkinder aus Pinaderio sonst hochanständige Leute seien. San Carlo hörte schließlich auf ihn und verzieh den Leuten aus Pinaderio. Er prophe-

zeite aber auch, dass Pinaderio niemals mehr als sieben Familien haben werde. Und so war es auch.
Die Pastoralvisite führte San Carlo weiter nach Olivone. Inzwischen ging der Pfarrer von Aquila nach Pinaderio, um den Leuten zünftig ins Gewissen zu reden. Sie erklärten ihm die ganze Geschichte, und er verstand alles. Als er ihnen erklärte, dass Bischöfe rote Kleider tragen und dass sie San Carlo verjagt hatten, waren sie verzweifelt und baten den Pfarrer, San Carlo nochmals zu ihnen zu schicken. Diesmal wollten sie ihn mit allen Ehren empfangen.
Nach dem Besuch in Olivone, Campo und Ghirone machte sich San Carlo auf Bitten des Pfarrers von Aquila nochmals auf den Weg nach Pinaderio. Diesmal entschied er sich für eine andere Straße, die über Sallo, einen Weiler Olivones, nach Pinaderio führt. Ein tiefes Tal trennt Olivone und Aquila. Unten im Tal fließt ein Bach, der Riascio.
Und dort, am Ufer des Riascio, warteten sie zum zweiten Mal auf San Carlo, diesmal aber reumütigen und ehrfürchtigen Herzens.
Vom Ufer des Riascio bis oben nach Pinaderio legten sie ihm abwechslungsweise Felle vor die Füße, damit er nicht auf der bloßen Erde gehen musste.

67 | Das Eselchen Roba da poco

Ein Pfarrer, der San Carlo beherbergte, fragte seinen Gast eines Abends, was er am nächsten Tag essen wolle.

Der Heilige, der sich mit dem üblichen Essen begnügen wollte, antwortete: «Roba da poco.» (Nichts Besonderes)
Der Pfarrer wurde traurig, weil er ein Eselchen hatte, das Roba da poco hieß. Er verstand, dass er es töten sollte. Er wollte nicht ungehorsam sein und ließ am nächsten Morgen früh ein großes Stück Roba da poco aufs Feuer setzen. Sein Eselchen war alt und das Fleisch musste lange gekocht werden.
Der Mittag kommt, man setzt sich zu Tisch. Das Fleisch ist zäh. San Carlo kaut und kaut, schließlich fragt er den Pfarrer: «Was hast du mir denn für ein Mittagessen vorgesetzt?»
Der Pfarrer erklärt ihm, dass er seinen Esel habe töten lassen, weil er ja Roba da poco habe essen wollen.
Da gab ihm San Carlo Geld, damit er sich einen neuen Esel kaufen könne.

68 | Die Wandermadonna

Da war diese Pilgerin, die Madonna, einmal in ein Dorf der Leventina gekommen. Man stellte sie in die Kirche, mitten in die Blumen auf einen Tisch, der nicht weit von der Statue des heiligen Josef entfernt war.
Man las die Messe, sang, segnete und dann, es war schon Nacht, schloss der Küster die Kirche ab, und die Madonna blieb ganz alleine zurück.
Der heilige Josef aber sagte zu der Madonna: «Die ganze Zeit bist du unterwegs. Ich verstehe das nicht. Von einem

Dorf zum andern, die Sache scheint mir ein wenig übertrieben. Aber das Kind, wenigstens das Kind könntest du zu Hause lassen. Der Keuchhusten geht doch um!»
Ein andermal kam die Madonna nach Maggia und man trug sie in die alte Kirche. Da war eine alte Madonna aus Holz, die schon ein wenig von den Würmern zerfressen war.
Man stellte die Madonna del Sasso auf einen Tisch, mitten in die Blumen. Sie war schön und über und über mit Ringen und Ketten behangen. Sie hatte alles, weil man sie überall, wo sie hinkam, um die Wette beschenkte.
Man stellte sie nahe zu der alten, schon ein bisschen von den Würmern zerfressenen Madonna. Als alle Segen und Predigten vorbei waren, schloss der Küster die Kirche ab. Es wurde Nacht und in der Kirche war es ganz still. Da sagte die alte Madonna zur Wandermadonna: «Wie schön du bist! Du bist wirklich wunderschön mit all deinen Ringen, Ketten und Edelsteinen. Du trägst einen großen Wert auf dir! Ich bin so arm, so arm. Aber wie stellst du es nur an, so viele schöne Dinge zu bekommen?»
Die Wandermadonna antwortete ihr: «Ah, sei still! Zieh einmal herum wie ich am Tag und auch in der Nacht und du wirst sehen, was du so alles bekommst!»

69 | Die Fliegen von Anzonico

Anzonico wurde von Fliegen geplagt. Die lästigen Viecher kamen von der Biaschina herauf, wie alles Schlech-

te. In Anzonico beschloss man, am Dorfrand zwei Männer als Wachen aufzustellen. Die beiden standen da mit geschultertem Gewehr, einer dem andern gegenüber. Auf einmal hörten sie: «Ss … sss … ssss.» Eine Riesenfliege brummte um ihre Köpfe und setzte sich dann majestätisch auf die Brust des einen. Es sah aus wie ein Orden.
«Kamerad, pst!», sagte die Wache, «ich kann mich nicht rühren. Tut Ihr Eure Pflicht!»
Der andere richtete das Gewehr auf ihn, und – pum – streckte er den Kameraden nieder. Die Fliege brachte sich in Sicherheit. Seither nennt man die Einwohner Anzonicos «muscui».

70 | **Der Maulwurf von Dalpe**

In Dalpe wurde eines Tages ein Maulwurf auf frischer Tat ertappt. Er hatte auf den Wiesen Löcher gegraben und die Erdschollen zerstört. Man musste ihn für seine Tat bestrafen. Töten war aber viel zu mild. Man beschloss einstimmig, ihn bei lebendigem Leibe zu begraben. In einer feierlichen Prozession brachte man ihn in den Garten des Herrn Pfarrer, hob ein Loch aus und grub ihn ein.

71 | Die Kirchweih von Quinto

In Quinto wollte man in jenem Jahr die Kirchweih zu Ehren des Hl. Petrus ganz besonders festlich begehen. Man schickte Abgesandte nach Mailand, die einen schönen Vorrat großer Wachskerzen heimbringen sollten.
Auf dem Rückweg wurden die Abgesandten von einem starken Wolkenbruch überrascht, der sie mitsamt den Kerzen bis auf die Knochen durchnässte. Sie beratschlagten des Langen und Breiten, wie man die Kerzen am besten trocknen könne. Schließlich schien es ihnen am besten, den Ofen einzuheizen und die Kerzen dort hineinzuschieben. So machten sie es auch. Nach einer Weile rannen Bächlein von Wachs aus dem Ofen. Sie schauten nach, die Dochte schwammen im Wachs wie Aale.
Eine zweite Gesandtschaft wurde nach Mailand geschickt, aber Mailand war nicht gerade um die nächste Hausecke! Die Abgesandten kamen erst nach der Kirchweih zurück, und man musste sich mit einer bescheideneren Beleuchtung zufrieden geben.

72 | Der Felsen von Osogna

Einmal hatte sich am Berge oberhalb Osognas ein großer Felsbrocken gelöst und drohte auf das Dorf zu fallen und dort großen Schaden anzurichten. Als die Leute das sahen, beriefen sie eine Versammlung ein, an der Alt und Jung teilnahm. Meinungen gab es viele, eine Lösung aber fand man nicht.

Schließlich erhob sich ein alter Hirte. Er hatte einen grauen Bart, eine Fistelstimme und ein Paar Augen, die leuchteten wie Katzenaugen in der Nacht. «Ich hätte ja schon einen Vorschlag, aber ...»
«So sag doch!»
«Ich meine, der Bürgermeister ist doch der Chef der Gemeinde, er lenkt die Leute und auch die Tiere, er könnte doch auch den Stein so lenken, dass er Häuser und Ställe nicht vernichtet.»
«Aber wie denn?», fragte der Bürgermeister, dem so viel Lob schmeichelte.
Da meldete sich ein junger Bursche: «Wir machen ein Loch in den Stein. Dann steckt der Bürgermeister den Kopf und die Arme hinein und wir bringen den Stein ins Rollen. Das wird nicht schwierig sein, er ist sehr lose.»
«Also gut, so wollen wir's machen.»
Der Landvogt hörte diese Geschichte und sagte: «Der Beschluss ist gefasst. So soll es sein!»
Der Bürgermeister aber rollte mit dem Stein zusammen in einen Abgrund und wurde zermalmt.
Die Geschichte ist so einfältig, dass man sie kaum glauben kann.

73 | Die Geschichte der Kirche und des Kirchturmes von Isone

Isone hatte wirklich eine schöne Kirche. Die Vorväter hatten sie gebaut und alle ihre Gefühle in diesen Bau gelegt. Jedes Mal, wenn die Leute von Isone an ihrer Kir-

che vorbeigingen, begutachteten sie sie von allen Seiten und sagten: «Sie ist wirklich schön, die allerschönste weit und breit, keine ist wie sie!»
Aber einmal, an einem Dienstag, ging der Bürgermeister nach Lugano, und plötzlich – er wusste selbst nicht wie – stand er vor der Kirche des hl. Lorenzo. Er sah viele Leute, die durch das große Portal ein und aus gingen. Er ging auch hinein und sperrte drinnen vor Staunen Mund und Augen auf. Und er hatte gedacht, Isone habe die allerschönste Kirche!
Er ging nach Hause, direkt in die Kirche. Dort war gerade Rosenkranz.
Danach traf er auf dem Kirchplatz seine Freunde und sagte zu ihnen: «Wisst ihr, Leute, was wir jetzt machen müssen? Wir müssen unsere Kirche vergrößern!»
Und er erzählte ihnen, was er in Lugano gesehen hatte. Alle hörten ihm zu und dann sagte der Dorfälteste: «Das Beste ist wohl, am Sonntag eine Versammlung einzuberufen und dann zu entscheiden.»
Alle waren einverstanden und gingen nach Hause. Der Bürgermeister zerbrach sich die ganze Woche den Kopf und überlegte, was man tun könne. Am Sonntag trafen sich alle im Gemeindehaus, um zu beratschlagen. Schließlich, nach langen Diskussionen, beschloss man, den Boden der Kirche einzuschmieren, damit er sich gut dehnen lasse. Dann sollten die Männer sich gegen die Kirchenwände stemmen und sie nach außen schieben. Die Frau und die Tochter des Bürgermeisters kauften Öl und schmierten den Boden damit ein. Dann hängte der Dorfweibel sich an die Kirchenglocken, um die Leute zur Arbeit zu rufen. Gleich waren alle bereit, es ging ja darum,

die Kirche zu vergrößern! Der Bürgermeister musste die Befehle geben. Er stellte sich mitten in die Kirche und befahl allen Männern, sich mit dem Rücken gegen die Wand zu stellen. Auf sein Zeichen sollten sie sich mit aller Kraft gegen die Mauer stellen und sie nach außen treiben. Alle waren gespannt und aufmerksam. Sie sprachen kein Wort, um die Befehle ja nicht zu überhören.
Als der Bürgermeister sah, dass alle bereit waren, schrie er: «Hohopp», und alle stießen gegen die Mauer wie Maulesel. Weil aber der Boden eingeschmiert war, glitten ihnen die Beine davon. Sie meinten, die Mauer verschiebe sich und riefen voller Freude: «Wir haben's geschafft, sie wird größer!»
Und sie stießen und stießen, bis alle am Boden lagen und die Beine in die Höhe streckten. Der Bürgermeister klatschte in die Hände und sagte: «Tüchtig seid ihr gewesen. Jetzt könnt ihr getrost nach Hause gehen, euer Tagewerk ist getan.»
Nach diesem schönen Erfolg kamen sie auf die Idee, auch den Kirchturm zu vergrößern. Sie schmierten ihn mit Öl ein, aber weil es Winter war, dachten sie, es sei wohl besser, ihn abzudecken, sonst würde das Öl gefrieren. Sie schickten jemanden nach Bellinzona, um Stoff zu kaufen, damit man dem Kirchturm ein langes Hemd nähen könne.
Ein paar Frauen aus Medeglia mit einer großen Kinderschar zu Hause erfuhren davon und beschlossen, ein bisschen vom Hemd des Kirchturms abzuschneiden. In der Nacht schlichen sie sich an den Turm heran und schnitten weg, so viel sie konnten. Dann gingen die «Gespenster» lachend nach Hause.

Als am Morgen der Küster zum Ave-Maria läuten wollte, sah er, dass das Hemd des Kirchturms kürzer geworden war. Gleich läutete er die Glocken wie zu einem Fest. Die Leute kamen herbeigelaufen, und man feierte ein Riesenfest.

74 | Das Schwert von Isone

Einmal, vor Zeiten, hatte jede Gemeinde ihr Schwert. Nur Isone hatte noch keines. Deshalb beschloss man, einen Gevatter nach Lugano zu schicken, um dort ein Schwert zu kaufen. Der Gevatter zog die Schuhe an und machte sich auf den Weg. Nach einer Weile begegnete er einem Mann, der ihn fragte: «Wohin geht ihr, guter Mann?»
«Ich gehe nach Lugano, um ein Schwert zu kaufen.»
«Ich habe hier ein schönes Schwert.»
«Wie viel kostet es?»
«Fünfundzwanzig Scudi.»
«Nein, nein, ich brauche eines für fünfzig Scudi.»
«Dann eben nicht, vielleicht ein andermal.»
Und sie gingen auseinander. Jener Mann aber nahm eine Abkürzung, ging ein Stück zurück und begegnete dem Gevatter wieder. «Wohin geht Ihr, guter Mann?»
«Ich gehe nach Lugano, um ein Schwert zu kaufen.»
«Ich habe hier ein schönes Schwert.»
«Wie viel kostet es?»
«Fünfzig Scudi.»
«Ja, so eins brauche ich, ist es aber auch gut?»

«Mehr als das, dieses Schwert hier schneidet entzwei und macht wieder ganz.»
«Schneidet entzwei und macht wieder ganz?»
«Ja, kommt, ich will's Euch zeigen!»
Der Mann ging zu einem Bächlein, schnitt das Wasser entzwei, und es war noch immer ganz. «Habt Ihr gesehen?»
«Gut, hier habt Ihr die fünfzig Scudi.»
In Isone wartete man gespannt auf den Gevatter. Kurz nach Mittag gingen sie ihm entgegen, einige bis zur Cima degli Arocchi. Kaum war er in Sicht, fragten sie ihn: «Hast du das Schwert?»
«Ja, schaut! Ihr müsst wissen, das ist ein ganz besonderes Schwert, es schneidet entzwei und macht wieder ganz.»
«Potz Blitz, gib her, wir wollen es ausprobieren!»
Der Gevatter gab ihnen das Schwert, senkte den Kopf, und die andern schlugen drauflos. Statt wieder anzuwachsen, fiel der Kopf aber zu Boden. Da ließen sie alles liegen, Gevatter und Schwert und rannten nach Hause. Die andern fragten sie: «Wo ist denn der Gevatter?»
«Der Gevatter kann wohl noch melken und jagen, aber pfeifen kann er nicht mehr!»

75 | Der gekaufte Verstand

In Meride waren die Leute einst ein bisschen beschränkt. Die Dorfgewaltigen beriefen eines Tages eine Versammlung ein. Vier Männer wurden nach Mailand geschickt, um bei einem Erzpriester den Verstand zu kaufen. Der Erzpriester war schlau und dachte sich gleich: «Die sind wohl bekloppt!» Er verkaufte ihnen eine Zündholzschachtel mit einer Fliege drin. Er verschloss die Schachtel und gab sie ihnen. Die vier machten sich auf den Heimweg. Als sie in die Nähe von Meride kamen, sagten sie: «Sollen wir wirklich nach Hause kommen, ohne zu wissen, was in der Schachtel ist. Ach was, jetzt schauen wir rein!» Sie öffneten die Schachtel, da flog die Fliege heraus und setzte sich in die Wiese. Die vier wussten nicht mehr ein und aus. Sie gingen zum Bürgermeister, setzten ihn auf einen Tragsessel und trugen ihn auf die Wiese, damit er die Fliege suchen könne. Aber die war schon auf und davon. Ja, das ist eine «Entdeckung» aus Meride!

76 | Der «Puncion d'Arz»

Die Einwohner von Arzo waren so gescheit, dass sie eines Tages sogar den Mond fangen wollten. Sie stiegen auf den «Puncion d'Arz». Den streifte der Mond nämlich jedes Mal beim Untergehen. Deshalb waren sie auf die Idee gekommen, dort eine Falle aufzustellen und den Mond zu fangen. Zuoberst auf dem «Puncion» stellten sie einen großen Wasserbottich auf. Beim Trinken würde der Mond sich darin verfangen.
Nun weideten auf dem «Puncion» aber ein paar Kühe, die auch durstig waren. Am nächsten Morgen, als die Leute vom Dorf heraufkamen, waren Wasser und Mond

verschwunden. Sie diskutierten hin und her, schließlich schlachteten sie eine Kuh, um zu sehen, ob der Mond in ihrem Bauche sei. Nichts. Eine Kuh nach der andern musste dran glauben, den Mond aber fanden sie nicht. Wegen dieser Geschichte nennt man die Leute aus Arzo «scurnon».

77 | Der gestohlene Hut

Heute haben wir ein ganzes Huhn gegessen, außer den Knochen. Die Knochen brachten wir dem Herrn Pfarrer. Er war zwar nicht zu Hause, dafür aber die Sciura Catarina. Sie kochte gerade Bohnen. Da nahm ich die Polentakelle, und die Sciura Catarina rannte mir mit einem Stock nach. Aber ich versteckte mich hinter der Tür, wo eine tote Ziege hing. Da kam der Lumpensammler vorbei und stahl mir meinen Hut.
«Gib mir meinen Hut zurück!»
«Gib mir einen Fladen, dann geb ich dir deinen Hut zurück!»
«Wo soll ich denn einen Fladen herbekommen?»
«Geh zum Ofen!»
«Ofen, gib mir einen Fladen!»
«Gib mir Teig, dann geb ich dir den Fladen!»
«Wo soll ich denn Teig herbekommen?»
«Geh zum Backtrog!»
«Backtrog, gib mir Teig!»
«Gib mir Mehl und Wasser, dann gebe ich dir Teig!»
«Wo soll ich denn Mehl und Wasser herbekommen?»

«Geh zur Mühle!»
«Mühle, gib mir Mehl und Wasser!»
«Gib mir Korn, dann gebe ich dir Mehl und Wasser!»
«Wo soll ich denn Korn herbekommen?»
«Geh zum Feld!»
«Feld, gib mir Korn!»
«Gib mir Mist, dann gebe ich dir Korn!»
«Wo soll ich denn Mist herbekommen?»
«Geh zum Schwein!»
«Schwein, gib mir Mist!»
«Gib mir Eicheln, dann gebe ich dir Mist!»
«Wo soll ich denn Eicheln herbekommen?»
«Geh zur Eiche!»
«Eiche, gib mir Eicheln!»
«Gib mir Wind, dann gebe ich dir Eicheln!»
«Wo soll ich denn Wind herbekommen?»
«Geh ins Val Malenco!»
So ging ich ins Val Malenco, holte einen Sack voll Wind, den Wind gab ich der Eiche, die Eiche gab mir Eicheln, die Eicheln gab ich dem Schwein, das Schwein gab mir Mist, den Mist gab ich dem Feld, das Feld gab mir Korn, das Korn gab ich der Mühle, die Mühle gab mir Mehl und Wasser, Mehl und Wasser gab ich dem Backtrog, der Backtrog gab mir Teig, den Teig gab ich dem Ofen, der Ofen gab mir einen Fladen, den Fladen gab ich dem Lumpensammler und der Lumpensammler gab mir meinen Hut zurück.

78 | Die Laus ist tot

Ein Floh und eine Laus lebten in Eintracht und Frieden. Aber eines Tages ist die Laus gestorben. Vor ihrem Tod hatte sie aber aufgeschrieben, dass niemand Ruhe finden könne, ehe nicht der Schwanz eines Esels in den Brunnen geworfen werde.

Der Floh fing an zu weinen, und man fragte ihn nach dem Grund. Er antwortete: «Die Laus ist tot und deshalb weine ich.»

«Und ich werde hin und her schlagen», sagte die Türe. Da kam ein Wagen vorbei, er fragte, was los sei. Die Tür antwortete: «Die Laus ist tot, der Floh weint und ich schlag hin und her.»

«Und ich werde ausreißen!», sagte der Wagen und weg war er.

Er fuhr und fuhr und kam zu einem Nussbaum. Darauf saß eine Amsel. Sie fragte: «Warum fährst du denn so wild?» Und der Wagen: «Die Laus ist tot, der Floh weint, die Türe schlägt hin und her und ich reiße aus.»

«Und ich», sagte die Amsel, «werde mir die Federn ausrupfen.» Der Nussbaum sah das und fragte, was los sei. Und die Amsel: «Die Laus ist tot, der Floh weint, die Türe schlägt hin und her, der Wagen reißt aus und ich rupfe mir die Federn aus.»

«Und ich werde verdorren», sagte der Nussbaum.

Das sah der Brunnen und er fragte: «Warum bist du denn verdorrt?»

Und der Nussbaum: «Die Laus ist tot, der Floh weint, die Türe schlägt hin und her, der Wagen reißt aus, die Amsel rupft sich die Federn aus und ich verdorre.»

«Und ich werde versiegen», sagte der Brunnen.
Da kamen zwei Burschen, um Wasser zu holen. Sie fragten den Brunnen, weshalb er denn versiegt sei. «Die Laus ist tot, der Floh weint, die Türe schlägt auf und zu, der Wagen reißt aus, die Amsel rupft sich die Federn, der Nussbaum verdorrt und ich versiege.»
«Und wir stülpen uns die Wasserkessel über den Hintern.»
Und sie sind mit den Kesseln auf dem Hintern nach Hause gekommen. Der Vater warf den Polentatopf mitten in die Küche, lief in den Stall und sagte zum Esel: «Hör, Esel, die Laus ist tot, der Floh weint, die Tür schlägt hin und her, der Wagen reißt aus, die Amsel rupft sich die Federn, der Nussbaum verdorrt, der Brunnen versiegt, meine Söhne haben sich den Wasserkessel über den Hintern gestülpt, ich habe die Polenta weggeworfen und du, was machst du?»
Und der Esel: «Haltet euch alle fest an meinem Schwanz und reißt ihn aus!»
Sie haben ihm den Schwanz ausgerissen und in den Brunnen geworfen. Da haben sie alle ihre Ruhe wiedergefunden.

E quela pora bestia che gh'a nom piöcc
l è scomparida da denanz ai öcc.
(Und das arme Tier,
die Laus ist verschwunden vor den Augen.)

79 | Die Fliege auf der Nase

Es war einmal eine winzige Frau, die hatte ein winziges Hühnchen, das Hühnchen legte ein winziges Ei, und die Frau buk daraus einen winzigen Eierkuchen. Sie legte ihn aufs Fensterbrett und die Fliegen fraßen ihn auf. Die Frau ging zum Kommissar und erzählte ihm die ganze Geschichte. Der Kommissar sagte: «Was kann man da wohl machen, gute Frau. Wenn Ihr eine Fliege seht, nehmt den Holzschuh und tötet sie!»
Die Frau sah auf der Nase des Kommissars eine Fliege. Sie zog den Holzschuh aus und schlug auf die Nase ein. Da tropfte das ganze Blut heraus.

80 | I sposin divot

A gh'eva na volta n gnaurèll che, par pescaa püssee gent da mandaa gió a l'infernu, l a fai sü n bell palazz in dova tücc i podeva na a vedee, dromí e mangiaa.
Un di a capita li dü sposin, i è nai a vedee da par tütt, pö i è nai dent in una stanza e i è nai a dromí. Quand i è stai in lecc i a vist che sü la porta a gh'eva li n cüstodi, sora la porta gh'eva scrivü: «Chi va dent, nu vegn pü fö» e sü gh'eva tecaa sü tanti lam da spad e da cortei. Tütt stremí i a migna dromí, i a fai do popásc da strasc, i a mütü al so post. Ma dopu come i eva da fa a scapaa? I a pregaa n pezz, fina che la Madona i i a ispiraa da saltaa gió da la fenestra. Infatti i è rüvaa n tera senza fass maa.

Al diavul che l'eva già fai bell la boca d'avé tiraa n trapula dü sposin, a mezza nocc, al lassa naa gio i lam e l taia via al co ai d popásc. Alora al s'è 'ncorgiü e a l ga corü dree.

Quant i sposin i a vist da lontan che l eva sciá, i s è mütü gcnöcc a pregaa la Madona. E sübat la sposa l è deventada n botega e l spos l è deventaa al marcant. A riva lá al gnau, al ga domanda se l eva vist passaa quaidün. – «Vöt crompaa frisa e bindell?» – «Va ti e la tua frisa e bindell» al ga respondü al gnaurèll e l'è tornaa a ca.

Ma la gnaurèla la ga dis: «Ta se propi n cuión, te migna capii che n quai sant al ga mütü dent al sciampín? Ta se migna 'ncorgiü che lee l'eva la botega e lü l'eva l marcant?»

Al diavul, rabiaa, l'è tornaa a naa. Lor, quant i l'a vist rivaa sciá, i s e mütü a pregaa e sübat i s è cambiaa: lee l'è deventada na müla cul carett, e lü sül caretee. Al ga domanda se i eva vist passaa n giovan e na giovana e lü al ga respondü se l voreva naa sü n sül carett. – «Va ti e l to carett», al ga dii al gnaurèll e l è tornaa a ca.

Ma la gnaurèla la ga dii: «Ta se propi n ásan drizzaa n pee. Adess ta vedaret mi se i grati migna.» E l è naia.

Quant i l a vista, i sposin e s è mütü a pregaa e sübat e comparí na montagna da giazz cont na scara par na sü. I è nai sü e la gnaurèla dree. Sü n tocch la scara le s è rota e lee gió cui calc in aria e la s è sciapaa i corni.

Quant Diu a vussü i sposin i è tornaa. E dal daivul i s è pü lassa tiraa.

80 | Die gottesfürchtigen Jungvermählten

Es war einmal ein Teufel, der, um möglichst viele Leute in die Hölle zu bringen, ein Haus bauen ließ, in das jeder gehen, essen und übernachten konnte.

Eines Tages kamen zwei Jungvermählte in das Haus. Sie sahen sich überall um und gingen dann in ein Zimmer schlafen. Als sie schon im Bett lagen, sahen sie, dass an der Türe ein Wächter stand, und über der Türe stand geschrieben: «Wer hineingeht, kommt nicht mehr heraus», und oben waren viele Klingen von Schwertern und Messern aufgehängt. Sie erschraken und konnten nicht schlafen, sie machten zwei Puppen aus Stroh und legten sie an ihre Stelle. Aber wie sollten sie jetzt fliehen? Sie beteten lange, bis die Madonna ihnen eingab, durch das Fenster zu springen. Und wirklich, sie kamen unten an, ohne sich wehzutun.

Der Teufel, der sich schon freute, ein junges Paar in die Falle gelockt zu haben, ließ um Mitternacht die Klingen hinuntergehen und haute den Puppen die Köpfe ab. Dann merkte er den Betrug und rannte ihnen nach.

Als die Jungvermählten von weitem sahen, dass er kam, knieten sie nieder, um zur Madonna zu beten. Und gleich wurde die Frau zu einem Laden und der Mann zum Verkäufer. Der Teufel kommt und fragt ihn, ob er jemanden habe vorbeigehen sehen. «Willst du Tressen und Bändel kaufen?»

«Scher dich weg mit deinen Tressen und Bändeln!», antwortete der Teufel und ging nach Hause.

Die Teufelin hat zu ihm gesagt: «Du bist ein Trottel, hast du denn nicht begriffen, dass irgendein Heiliger seine

Hand im Spiel hat? Hast du nicht bemerkt, dass sie der Laden war und er der Verkäufer?»
Der Teufel rannte ihnen wütend nochmals nach. Als sie ihn kommen sahen, begannen sie zu beten und wurden sogleich verwandelt, sie in ein Maultier mit Karren, er in den Fuhrmann. Er (der Teufel) fragt ihn, ob er nicht eine junge Frau und einen jungen Mann habe vorbeigehen sehen, und er antwortet: «Willst du mitfahren?»
«Scher dich weg mit deinem Wagen!», sagte der Teufel und ging nach Hause.
Aber die Teufelin hat gesagt: «Du bist wirklich ein ausgewachsener Esel. Jetzt wirst du schon sehen, ob ich sie nicht fange.» Und sie ist gegangen.
Als sie sie sahen, begannen die Jungvermählten zu beten, und gleich erschien vor ihnen ein Berg aus Eis, mit einer Leiter, um hinaufzusteigen. Sie gingen hinauf und die Teufelin ihnen nach. Nach einer Weile brach die Leiter ein und die Teufelin fiel hinunter, die Beine in der Luft, und brach sich die Hörner.
Nach Gottes Willen ist das junge Paar nach Hause gekommen, und vom Teufel hat es sich nicht mehr verführen lassen.

81 | I rasiröi det Calpiogna

Nüi da Primadench u m ciaman i frei: i o mei savüt ul parché, e chi da Calpiogna o i sovranoman i rasiröi, forzi par la resa bondanta ch u gh'è sü i la nossa favra, che u la tassavan a la moda di americhei col ciuvingam e tanti

amo adess u l fann, massim i tusei, per natass i denc.
Una vegia storia però la dis: Um bott ul Signor l a vorsüt ni sgiü sul mont par vidé um po l andament di so pevri e, cun San Pedru, da la Val Bregn i enn nicc in Leventina par la bassa da Nera e da Molee e Campell u vegnevan sgiü a Calpiogna, quand che sü in scima a la caree det la favra a i ann incontroo um om ch'u vaseva in sü. Ul Signor u i domanda: «Indó ch a vet?» – «A vei in Negrina», u i raspont. – «Ma di almenu: Se Diu u vo», u i fa l Signor. «Tant se Diu vo, cume s u vo mia, a vei in Negrina.» Ul Signor l a insistit um bell pezz par convíncial, ma l'autru sempra a ripet: «Tant se l Signor u vo, cume s u vo mia, a vei in Negrina!» A San Pedru a manzava a montei la mosca al nes e u domanda al Signor: «Ma cus i am da fenn da chestu testardón, maestru?» «Lassa fe da mi, Pedru!»
E cunt un scign ul fa davantee una formía e pö u dis a San Pedru da töla sü cun düi dit e scondla im mezz a na filandra det resa fresca ch'a firava sgiü dal tronch d ona pescia gnö arenta. E i enn nacc pal mont.
Um enn dopu precisu, tornavan indré da la so scapèda pal mont e nèvan sü par la caree da Calpiogna a Negrina; e quand u rüvan al sit ded la formía, ul Signor u dis a Pedru: «Varda um po, se la ghe mo la formía o se la ann pizièda i parasciòl!»
Pedru u i va lá rent a la pescia e l a trovoo mo la formía ch la sgambetava im mezz ala resa, e cunt um spett u la tira fòra. Al Signor, cunt um autru scign u la fa davantee mo chell testardon d um Crompa, cum o s ciamava, che um enn prima u faseva a töö dè col Signor.
E Pedru u i torna a domandee: «Ti sei parsüas adess che

l Signor u po fenn chell ch'u vo det ti?» E l'autru: «I o pö capit, i o pö mia capit, e tant se l Signor u vo cu me se u vo mia, a vei in Negrina!»
«Ma cuss i am da fenn da chestu balabiott?» – «Ma lassal nee al ball di peuri chel resiatt d om resiröu det la malora e nem a la svelta, se vom rüvee ndree im paradis prima det nocc!» E via i enn nacc.
Sul sit det la storia tre o quatru generazioi indré i ann fabricoo na capela e la ciaman amoo la capela du Crompa.

81 | Die Harzer von Calpiogna

Uns aus Primadengo nennt man Mönche, ich habe nie gewusst warum, und die aus Calpiogna haben den Spitznamen «Harzer», vielleicht wegen des reichlichen Harzes, der oben in unsern Wäldern ist und den man früher kaute wie die Amerikaner ihren «ciuvingam»; viele tun es heute noch, besonders die Mädchen, um sich die Zähne zu putzen.
Eine alte Geschichte erzählt jedoch: Der Herrgott wollte einmal auf die Erde kommen, um zu sehen, wie es seinen Schäfchen gehe, und mit dem heiligen Petrus zusammen ging er aus dem Bleniotal in die Leventina über den Nara-Pass, und über Molare und Campello kamen sie hinunter nach Calpiogna, da trafen sie oben am Waldweg einen Mann, der bergauf ging. Der Herrgott fragt ihn: «Wohin gehst du?»
«Ich gehe nach Negrina!»

«Sag doch wenigstens: So Gott will», meint der Herrgott.
«Ob Gott will oder ob er nicht will, ich gehe nach Negrina!»
Der Herrgott versuchte eine ganze Weile, ihn zu überzeugen, aber der andere wiederholte immer nur: «Ob der Herrgott will oder ob er nicht will, ich gehe nach Negrina!»
Der heilige Petrus wurde langsam ungeduldig und fragte: «Was sollen wir bloß mit diesem Dickschädel anfangen, Herr?»
«Lass mich nur machen, Petrus!»
Und durch ein Zeichen verwandelte er ihn in eine Ameise und befahl dann dem heiligen Petrus, sie mit zwei Fingern hochzuheben und in einem frischen Harzstrahl zu verstecken, der vom Stamm einer nahen Tanne hinunterlief. Und sie zogen weiter.
Genau ein Jahr danach kamen sie von ihrem Gang durch die Welt zurück und gingen auf dem Weg von Calpiogna nach Negrina hinauf, und als sie zur Stelle der Ameise kommen, sagt der Herr zum heiligen Petrus: «Schau nach, ob die Ameise noch da ist, oder ob die Kohlmeisen sie aufgepickt haben.»
Der heilige Petrus geht zur Tanne und hat dort die Ameise wiedergefunden, sie zappelte mitten im Harz; mit einem Spänchen zog er sie heraus. Der Herrgott verwandelte sie durch ein Zeichen wieder in den halsstarrigen Crompa (wie er hieß) zurück, der vor einem Jahr mit dem Herrgott gestritten hatte.
Und der heilige Petrus fragt ihn wieder: «Bist du jetzt überzeugt, dass der Herrgott mit dir machen kann, was er will?»

Und der andere: «Begriffen oder nicht begriffen, ob der Herrgott will oder ob er nicht will, ich gehe nach Negrina!»
«Was sollen wir mit diesem Verrückten anfangen?»
«Ach, zum Teufel mit diesem verdammten Streithammel von Harzer! Gehen wir rasch weiter, wenn wir noch vor der Dämmerung ins Paradies kommen wollen.»
Und sie gingen weiter.
An der Stelle der Geschichte hat man vor drei oder vier Generationen eine Kapelle gebaut, man nennt sie heute noch die «Kapelle des Crompa».

Erzählen im Tessin

Märchen haben viele Verwandte. Das gilt auch für die in diesem Band versammelten Geschichten, zu denen in Italien, ja in ganz Europa Varianten erzählt werden. Und doch haben die hier ausgewählten Märchen, Legenden, Sagen und Schwänke eine ganz eigene Färbung, die ihnen ihr unverwechselbares Gepräge gibt. Sie besitzen eine starke sozialhistorische Aussagekraft und stellen ein Tessin jenseits der Stereotypen dar. Es lohnt sich, den geschichtlichen und kulturellen Hintergrund dieser Märchen kurz darzustellen, bevor auf die eigentlichen Erzähltraditionen und Übertragungsformen eingegangen wird.

Wirtschaftlich und politisch nach Norden, sprachlich nach Süden ausgerichtet

Seit jeher haben sich im Tessin nördlicher und südlicher Kulturkreis überlagert und Architektur, Sprache und Lebensart beeinflusst. Auch heute richtet sich das moderne Tessin zwar wirtschaftlich und politisch auf die deutsche Schweiz aus, orientiert sich aber kulturell und sprachlich an Italien.

Seit der Eröffnung der Gotthard-Passstraße um 1200 hat sich sowohl der Norden als auch der Süden für das Tessin interessiert. Die kürzeste Handelsverbindung in den Süden wurde bald zum Zankapfel zwischen den Schweizer Kantonen (Uri, Schwyz, Unterwalden) und Mailand, das über die drei Täler Blenio, Leventina und Riviera herrschte. Um die Mitte des 14. Jahrhunderts begannen die Urner sich nach Süden auszudehnen. Mailand festigte gleichzeitig seinen Machtbereich in Oberitalien. Im Jahre 1335 verlor Como seine Eigenständigkeit. In der Folge fiel das Gebiet von Bellinzona und Locarno, das Como gehört hatte, ebenfalls an Mailand. Der Machtkampf schwelte weiter, bis es 1478 in der Schlacht von Giornico zur Entscheidung kam. Die Urner hatten das mailändische Bellinzona belagert, mussten sich aber vor der Übermacht des Gegners nach Giornico zurückziehen. Die Schlacht ging schließlich für die Urner siegreich aus. Die endgültige Anerkennung der eidgenössischen Herrschaft erfolgte 1516, drei Jahre nach der Schlacht von Novara. Die «ennetbirgischen Vogteien» waren aber nur politisch mit den Schweizer Kantonen verbunden, die sich in ihrem Untertanengebiet durch die Landvögte (landfogti) vertreten ließen. Kulturell waren sie weiterhin nach Mailand ausgerichtet. Sprache, Religion und lokale Satzungen blieben gewahrt.

Während die Bewohner der Leventina dank der Gotthardstraße ihr Auskommen hatten, blieben die meisten Täler sehr arm und rückständig. Hungersnöte waren nicht selten. Medizinische Versorgung gab es nicht. Man musste sich durch volksmedizinische Mittel zu helfen wissen. Diese Situation dauerte jahrhundertelang.

Ende 18. Jahrhundert (1798) brach im Sottoceneri die Revolution aus. Eine aufgeklärte Minderheit nahm Partei für Mailand. Das Volk und der Klerus zogen die Schweiz vor. So konstituierte sich 1803 auf Geheiß Napoleons der neue Kanton. Man nannte ihn nach dem Fluss Ticino/Tessin. Als Erstes galt es nun, in dem armen, unterentwickelten Gebiet Aufbauarbeit zu leisten. Man baute Straßen und Brücken, das Postnetz wurde erweitert. Besonders der spätere Bundesrat Stefano Franscini (1796–1857) machte sich um den jungen Kanton verdient. Er war einer der Hauptinitiatoren der neuen demokratischen Verfassung, die 1830 in Kraft gesetzt wurde und anderen Schweizer Kantonen als Vorbild diente.

Die Armut der Bevölkerung konnte aber nicht von einem Tag auf den andern behoben werden. Deshalb schwärmten wie schon in den vergangenen Jahrhunderten periodisch jedes Jahr Tessiner Maurer, Lastenträger und Kaminfeger ins Ausland. Tessiner Architekten machten sich in Rom, Polen, Russland und Österreich-Ungarn einen Namen. Als 1848 die Tessiner den italienischen Freiheitskampf unterstützten und italienische Flüchtlinge aufnahmen, schloss Österreich-Ungarn die Grenze und wies 6000 Tessiner aus der Lombardei aus. Das bedeutete für viele die endgültige Emigration, vor allem nach Australien und Kalifornien. In den Tälern blieben oft nur die Alten, die Frauen und die Kinder zurück. Sie mussten die Arbeit der Männer übernehmen. Das traditionelle Sozialgefüge war empfindlich gestört.

In die Eröffnung des Gotthardtunnels im Jahre 1882 setzte man große Hoffnungen, die sich aber als trügerisch erwiesen. Wohl fanden längs der Bahnlinie viele ein neues Auskommen, doch sonst kam der Tunnel praktisch nur der Hotellerie zugute. Der Fremdenverkehr begann zu blühen. Gleichzeitig ging die Landwirtschaft zurück. Wirtschaftlich geriet die Region in immer größere Abhängigkeit von der deutschen Schweiz.

Nach dem Zweiten Weltkrieg erlebte auch das Tessin einen wirtschaftlichen Boom. Es entwickelte sich unverhältnismäßig schnell zu einem wichtigen Finanzplatz. Eine fieberhafte Bautätigkeit setzte ein. Die Einheimischen wanderten aus den Tälern ab in die Ballungszentren um Bellinzona, Locarno, Lugano und Chiasso. Diese Entwicklung hat zu tief greifenden Veränderungen im Lebensstil und auch im Sprachverhalten geführt.

Dialekte und Hochsprache

Im Tessin spricht man zur lombardischen Gruppe gehörende Dialekte, die manchmal von Tal zu Tal, ja von Dorf zu Dorf stark variieren.[1] Man kann sie in drei Gruppen einteilen. Ein großer Teil des Sopraceneri und die Bündner Täler Misox und Calanca sprechen alpine Mundarten, die vor allem durch ihre Konservativität in den Lautformen und im Wortschatz auffallen.

Voralpin sind die Mundarten des südlichen Sopraceneri und des Luganese. Die Mundarten des unteren Luganese und des Mendrisiotto schließlich ähneln denen der lombardischen Ebene, Einwirkungen aus der Poebene zeigen sich hier besonders stark. Der Dialekt des Puschlavs (das hier mit dem Märchen Nr. 77 vertreten ist) wird im Gegensatz zu den Tessiner Mundarten nicht von Mailand, sondern von Brescia beeinflusst. Er zeichnet sich unter anderem durch einen spezifischen Wortschatz aus.

Der Stellenwert der Dialekte war im Tessin traditionell nicht hoch. Dialekt war gleichbedeutend mit tiefer Bildungsstufe und sozialer Schicht. Wer im Berufsleben oder in öffentlichen Ämtern etwas erreichen wollte, musste Italienisch mehr oder weniger gut beherrschen.

In der Schule wurden die Dialekte lange bekämpft. Diese Haltung äußert sich auch im Märchen: Die einfachen Leute sprechen Dialekt, Könige, Prinzen und Prinzessinnen aber Italienisch. Der Bauer ist trotzdem stolz auf seinen Dialekt. Im Märchen von der dummen Frau (Nr. 56) macht sich der Bauer über seine faule Frau aus der Stadt lustig, die nicht einmal den Dialekt des Dorfes versteht. Heute sind Dialekt und Hochsprache funktional aufgeteilt. Während in offiziellen Situationen (Sitzungen, Reden usw.) die Hochsprache vorherrscht, bedient man sich in der Familie und unter Freunden des Dialekts. Die ältere Generation ist durchaus noch dialektofon, die Jungen hingegen neigen eher dem Italienischen zu. Allerdings sind die regionalen Unterschiede beträchtlich. Im Sottoceneri ist die Zahl der Dialekt Sprechenden stark zurückgegangen. Im Sopraceneri hingegen ist der Dialekt immer noch vorherrschend.

Teil eines größeren Kulturraums

Was für die Dialekte gesagt wurde, gilt auch für das Tessiner Märchen: Es ist Teil eines viel größeren Kulturraums, gehört mit zu den Märchen aus der Lombardei bzw. aus ganz Norditalien. Man darf es keinesfalls isoliert betrachten. Gemeinsam sind nicht nur die Motive, sondern auch die Tendenz, Märchenorte und Helden zu benennen. Die Helden tragen geläufige Namen wie Giuvanín oder Güstín. Das spezifisch Regionale äußert sich nicht so sehr in Motiven, sondern im Raum, in den diese eingebettet sind, in den sozialen Verhältnissen, in der Weltanschauung der Märchenhelden. Den Hintergrund der Märchen bildet die bäuerliche Welt mit ihren Lebensgewohnheiten und Vorstellungen. Es war keine reiche Welt, im Gegenteil, sie war oft von Entbehrungen geprägt. Jahrhundertelang bildete die Hirsepolenta ohne Fleisch die Grundlage der Ernährung. Erst im 18. Jahrhundert verbreiteten sich der Mais und die Kartoffel. Im Winter aß man vor allem Kastanien. Milch und Käse lieferten die eigene Kuh oder die Ziege. Fleisch fehlte auf dem Speisezettel fast völlig. Nur wenn ein Tier stürzte und notgeschlachtet werden musste, kam ausnahmsweise Fleisch auf den Tisch. Weißbrot war ein kostbares Geschenk an die Wöchnerin, denn sonst aß man Roggenbrot. Risotto, das heute ganz alltäglich ist, war eine Festtagsspeise.[2]

Alle Lebensbereiche standen unter dem Einfluss der Religion. Der Priester war eine Respektsperson, die den schreibunkundigen Bauern in vielen Situationen half. Er war aber auch gefürchtet, weil er seine Zauberkräfte zum Schaden der Bauern einsetzen konnte (vgl. Nr. 42).

In Notsituationen wandte man sich an die Heiligen, von denen man bei Krankheiten Hilfe erhoffte. Legendenhafte Züge sind daher in Tessiner Märchen recht häufig.

Wer erzählt? Und wo wird erzählt?

Zum Erzählen trafen sich Männer, Frauen und Kinder im Winter abends in den Ställen, den einzigen warmen Räumen. Solche Zusammenkünfte nannte man «filera» oder «stüada». Man erzählte sich die verschiedensten Geschichten: wahre Begebenheiten, Witze, Hexengeschichten, Märchen. Die Männer erzählten mit Vorliebe Spukgeschichten, um den Frauen und den Kindern Angst zu machen. Begabte Erzähler unterhielten ihre Zuhörer auch über mehrere Abende hinweg. Der Küster von San Vittore (Kanton Graubünden) beispielsweise erzählte über Wochen hinweg ganze Zyklen. Auf seinen weit ausholenden Stil war jeder echte Erzähler stolz.

Neben den Zusammenkünften in den Ställen bot das Maisschälen Gelegenheit zum Erzählen, und auch wenn es während des Alpsommers regnete, verkürzte man sich die Zeit mit Geschichten.

Die traditionellen Erzählgelegenheiten und Erzählgemeinschaften freilich sind im Tessin längst verschwunden. Trotzdem ist das Erzählen, etwa bei Festen oder am Wirtshaustisch, nicht ausgestorben. Es entsteht auch immer wieder Neues, wie die Anekdote Nummer 68 beweist. Von den traditionellen Formen haben sich vor allem Schwank und Sage erhalten, und auch Witze und Dorfgeschichten sind beliebt. In letzter Zeit zeigt sich erfreulicherweise wieder vermehrtes Interesse der jüngeren Generation für das überlieferte Erzählgut: Schülerinnen und Schüler haben vielerorts die Geschichten ihrer Verwandten und Bekannten gesammelt.

Um das Erzählen neu zu lernen und Märchen bei verschiedenen Gelegenheiten weiterzugeben, werden Kurse angeboten. Erzählgruppen führen regelmässig im ganzen Kanton Veranstaltungen durch, und seit einigen Jahren findet jeden Herbst in Arzo ein rege besuchtes Erzählfestival statt.

Im vorliegenden Band ging es vor allem darum, das heutige Erzählgut zu dokumentieren. Aus diesem Grund hatten Texte Vorrang, die auch in jüngerer Vergangenheit noch erzählt wurden, selbst wenn dadurch nicht alle Regionen gleich stark berücksichtigt werden konnten. Relativ viel Raum wurde neben dem Märchen dem Schwank und der Schildbürgergeschichte eingeräumt, weil sie in der heutigen Erzählpraxis noch wichtig sind.

Bei der Übertragung ins Deutsche war möglichst große Texttreue das Ziel. Das Spontane der Erzählsituation kann freilich in einem gedruckten Text nie ganz zum Ausdruck kommen.

Die Erzählerin Jolanda Bianchi-Poli

Unter den Erzählerinnen und Erzählern der vorliegenden Sammlung nimmt Jolanda Bianchi-Poli eine besondere Stellung ein. Die Liebe zu den Märchen hat die 1921 in Brusino Geborene von ihrem Vater, er und auch die Mutter haben der Tochter bereits früh Geschichten erzählt. Vom Vater sagt sie: «Er war ein bisschen verrückt, ein halber Künstler wie ich.» Er hatte bis zu seiner Heirat ein abenteuerliches Leben geführt. Er wurde in Montevideo (Uruguay) geboren, wo sein Vater, also Jolandas Großvater, als Maurer arbeitete. Der Vater lebte später in Holland und dann in Spanien, wo er als Kaminfeger arbeitete. Bei Ausbruch des Ersten Weltkrieges kam er in die Schweiz. Nach dem Krieg arbeitete er wieder in Spanien, diesmal als Küfer. Mit 33 Jahren zog er ins Tessin nach Brusino und heiratete. Sein Brot verdiente er von nun an als Saison-Maurer in der deutschen Schweiz. Er war sehr gesellig und erzählte gern. Noch recht jung wurde er krank, und die Mutter half, um die Familie zu ernähren, den Bauern bei der Feldarbeit, für dreißig Rappen in der Stunde. Jolandas jüngere Schwester starb 1937 im Alter von zehn Jahren an einer Infektionskrankheit, der weitere elf Kinder des Dorfes zum Opfer fielen.

Jolanda Bianchi besuchte in Brusino die Schule bis zur achten Klasse. Dann begann sie als Hausmädchen zu arbeiten, für 15–20 Franken im Monat. Sie arbeitete unter anderem im Kurhaus auf dem Serpiano oberhalb Brusino und im Kinderheim in Sorengo, das von Frau Cora Carloni (1901–1978) geleitet wurde. Das Heim war ursprünglich als Präventiv-Zentrum gegen Tuberkulose gedacht. Später wurde es zum Heim für kränkliche, schwache Kinder. In Sorengo lernte Jolanda auch Coras Mutter, Frau Luigia Carloni-Groppi (1872–1947) kennen, die ihr einige Märchen erzählte, zum Beispiel das Märchen vom Vogel Greif (Nr. 24).

Neben ihrer Liebe zu den Märchen interessierte sich Jolanda Bianchi auch für das Theater und übernahm in ihrer Jugendzeit mehrmals eine Hauptrolle im Dorftheater. Noch heute kann sie ganze Szenen auswendig hersagen, ebenso wie die Gedichte, die sie in der Schule gelernt hat. Für Hochzeiten und Geburtstage schreibt sie auch selber Gedichte. Groß ist ihr Interesse für Volkslieder. Ihre besondere Vorliebe gilt dem lombardischen und Tessiner Liederrepertoire. Voller Begeisterung sucht sie in Sammlungen aus andern Gegenden nach Motiven, die auch in ihren eigenen Erzählungen vorkommen. Dabei ist sie eine strenge Kritikerin. Über eine Sammlung piemontesischer Märchen äußerte sie sich abschätzig: «Die Märchen sind alle zu kurz geraten.»

Auf ihre eigenen Märchen ist die lebhafte Frau, die betont, sie sei «im Zeichen des Löwen, einem Zeichen des Feuers, der Kraft und des Willens auch im Unglück» geboren, stolz. Sie betont vor allem deren Alter und Länge. Da sie selber, die erst mit 46 Jahren Ottorino Bianchi geheiratet hat und seit 1990 verwitwet ist, kinderlos ist, hat sie früher den Dorfkindern unzählige Märchen erzählt. Dabei war – und ist ihr auch heute noch – wichtig, dass die Märchen nicht nur schön, sondern auch lehrreich sind. Auch die Demut als christliche Tugend ist eines ihrer Lieblingsthemen. Das ist in ihren Märchen deutlich zu spüren.

Zu den bevorzugten Themen gehören auch Tiermisshandlungen, für die die Täter bestraft werden (Jolanda ist eine große Tierliebhaberin), sowie die Folgen leichtsinnig gebrochenen Schweigens. Jolanda Bianchi ist sehr religiös. In schwierigen Situationen helfen die Madonna oder der heilige Michael.

Ich lernte Jolanda Bianchi-Poli im Juli 1978 kennen. Bei dieser ersten Begegnung ging es vor allem um Kinderverse, die die Erzählerin in großer Zahl kennt. Aber schon damals erzählte sie mir die zwei Märchen «Die verlorene Nadel» und «Die Geschichte der Glühwürmchen» (Nr. 10 und 11). In den folgenden Jahren brach der Kontakt nie ab, nach 1982/83 wurde er intensiver. Ich hatte Gelegenheit, das umfangreiche Erzählgut Jolanda Bianchis aufzunehmen. Sie stellte ein eigenes Programm zusammen: Eine Folge langer Erzählungen lockerte sie durch kürzere auf, allzu ernste Geschichten durch lustigere. «Damit es Abwechslung gibt», meinte sie dazu. Mit einer Ausnahme («Die Höhlenstimmen»,

Nr. 23) wurden alle Geschichten im Dialekt von Brusino erzählt.

Jolanda Bianchis Erzählweise ist sehr lebhaft. Das äußert sich etwa in der Tonlage: Die hochmütige Königin spricht laut, das scheue Aschenputtel leise; bei unhöflichen Antworten ist die Stimme tief, bei Bewunderung oder Freude hoch. In dramatischen Szenen wird das Sprechtempo regelmäßig beschleunigt. Abscheu Erregendes wird mit besonderer Intensität ausgesprochen. Auffallend sind die vielen lautmalerischen Elemente, die Tiere, Gegenstände imitieren. Die Eulen rufen «uitt, uitt», der Kater knurrt «miau, miau», der Besen schlägt um sich «fricch frucch», die Geige spielt «zige zige zige zin», das Meer rauscht «vuh, vuh».

Typisch für die Erzählerin Jolanda sind die zahlreichen Ausrufe, etwa: «O cara pazienza!»; «O cara Madona!»; «O Signor!»; «O pora mi!» Charakteristisch für die mündliche Tradierung von Erzählgut ist die häufige Verwendung der direkten Rede.

Jolanda hat ihre Märchen sehr oft erzählt und dabei besondere Formulierungen entwickelt. Besonders ausgeprägt sind sie am Anfang und am Ende der Geschichten. Die Märchen beginnen ausnahmslos mit: «A gh'eva na volta, tanti ann fa ...» – «Es war einmal, vor vielen Jahren ...» Beliebtester Schlusssatz ist: «E i a fai na bela festa e i è bü felici e cuntenti.» – «Und sie machten ein schönes Fest und waren glücklich und zufrieden.»

Gereimte Schlüsse sind in Jolandas Märchen eher selten. Tragische oder besonders schwankhafte Stellen betont sie aber gern durch einen Reim. Formeln dienen auch der innern Strukturierung der Erzählungen. Einzelne Erzähleinheiten werden von Jolanda Bianchi immer durch «va ben» – «also gut» – abgeschlossen. Soll in einem mehrsträngigen Märchen das Schicksal einer Figur erst später wieder aufgenommen werden, sagt die Erzählerin gerne: «Lassum adess ul …» – «Lassen wir jetzt den …»

Typisch für Jolanda sind auch die zahlreichen Wiederholungen. Ein Schlüsselwort wie «viagia» oder «camina» (marschieren, gehen) wiederholt die Erzählerin bis zu fünf-, sechsmal.

Ab und zu kommentiert Jolanda Bianchi das Erzählte, etwa, wenn sie im Märchen vom blauen Schleier mit den goldenen Sternen (Nr. 34) den Erschöpfungszustand der Prinzessin beschreibt: «Es ist zwar ein Märchen. Aber sieben Jahre ohne Essen und Trinken, das ist kein Pappenstiel.»

Ihre persönliche Erlebniswelt findet Eingang in die Märchen, wenn etwa die Kätzchen im Märchen «Das Märchen von den Katzen und der Seife» (Nr. 17) die Namen der eigenen Haustiere tragen. Oft wird das Erzählte von Gesten begleitet. Wenn von einem schlauen Kerl die Rede ist, zeigt die Erzählerin das zusätzlich an, indem sie mit dem Daumen der rechten Hand über die rechte Wange streicht. Abhauen drückt sie durch Schlagen der offenen linken Hand auf den rechten Unterarm aus.

Jolanda Bianchis Erzählrepertoire erschöpft sich durchaus nicht in Märchen. Es umfasst auch Sprichwörter, Kinderverse, Witze, Neckreime, Gebete, Lieder. Gerne erzählt sie über ihre Familie oder über Brusino.

Weitere mündliche Quellen

Zwei Erzählungen (Nr. 18 und 46) stammen aus San Vittore (Misox, Kanton Graubünden). Die Erzählerin, Alice Togni (1908–1997), führte mit ihrem Mann zusammen jahrelang das Dorfrestaurant. Dort hat sie manche Geschichte gehört. Aber auch in ihrer Familie wurde immer erzählt. Sie interessierte sich sehr für den Dialekt ihres nahe bei Bellinzona gelegenen Dorfes. Für ihre Kinder und Enkelkinder schrieb sie auch selber Märchen. Sie erzählte ruhig, in gleichförmigem Ton, ohne Gestik. Außer den Märchen kannte sie vor allem lokale Sagen und Spukgeschichten.

Das Repertoire der Erzählerin aus Menzonio im Val Lavizzara, Cleofe Canepa (1901–2004), hingegen ist eher auf Schwankhaftes ausgerichtet. Im Juli 1978 erzählte mir die pensionierte Lehrerin, lebhaft und mit oft wechselnder Stimmlage, mehrere Streiche eines nach Rom ausgewanderten Onkels. Auch über Ortsneckereien zwischen Menzonio und dem Nachbardorf Brontallo wusste sie gut Bescheid. Von ihr stammt das Märchen «Die Wandermadonna» (Nr. 68).

In Coldrerio bei Chiasso erzählte mir Egle Solcà (1919–1993), ebenfalls pensionierte Lehrerin, einige Sagen und Legenden der Gegend. Eine davon, «Die Madonna von Coldrerio» ist in den Band aufgenommen worden (Nr. 48).

Verschiedene Texte hat Professor Ottavio Lurati zur Verfügung gestellt. Er hat sie alle in den 1960er- und 1970er-Jahren gesammelt.

Die Sammlung von Giuseppina Ortelli-Taroni

Die Erzählungen von Melide und aus der italienischen Enklave Campione wurden von Giuseppina Ortelli-Taroni (1929–2003) zwischen 1960 und 1980 gesammelt. Sie umfassen vor allem das Erzählgut der Familie der Sammlerin. Giuseppina Ortellis Mutter stammte aus einer alteingesessenen Melider Familie, der Vater aus Campione. Melide, Heimatort des berühmten Architekten Domenico Fontana (1543–1607), war auch als Durchgangsstation auf dem Weg nach Italien bedeutend. Seit 1847 ist das Dorf mit Bissone durch den Seedamm verbunden. Campione, ein ehemaliges Fischer- und Bauerndorf, gehört seit 1860 zu Italien. Als 1933 das Casinò Municipale gebaut wurde, setzte eine tief greifende Veränderung des Dorfes ein.

Giuseppinas Großvater mütterlicherseits, Pietro Sertori, war ein begabter Erzähler, der an Sommerabenden auf der «Piazzetta» einen großen Kreis jugendlicher Zuhörer unterhielt. Auch die Großmutter, Teresa Sertori, erzählte gerne. Gewisse Geschichten – etwa über Heilige – waren den Männern vorbehalten. Die Frauen waren in religiösen Dingen zurückhaltender. Außer den Großeltern gab auch Giuseppina Ortellis Mutter, Luisa Sertori, die Familienmärchen an ihre Kinder weiter.

Daniele Sertori, Giuseppinas Vater, brachte Erzählgut aus Campione in die Familie ein. Daran erinnerte sie sich aber nur noch bruchstückhaft. Dank der Unterstützung vor allem von zwei Cousins des Vaters, Giovan Battista Boffa und Emilio Foletti, konnte sie die Erzählungen wieder vervollständigen. Interessant ist, dass sie sich die Märchen hat im Dialekt erzählen lassen und erst danach auf Italienisch festgehalten hat. Giuseppina Ortelli-Taroni hat ihre Sammlung 1990 veröffentlicht (vgl. Bibliografie).

Weitere schriftliche Quellen

Außer der Sammlung von Giuseppina Ortelli-Taroni wurden für den vorliegenden Band auch etwas weiter zurückliegende Aufzeichnungen benutzt, in erster Linie die umfangreiche Sammlung von Luigia Carloni-Groppi, die beim Dialektwörterbuch der italienischen Schweiz (VSI) in Bellinzona deponiert ist. Luigia Carloni (1872 bis 1947), von der wie gesagt Jolanda Bianchi viel erfahren hat, wurde in Rovio geboren. Sie ließ sich zur Lehrerin ausbilden und übte ihren Beruf zuerst in Arogno und dann 35 Jahre lang in ihrem Geburtsort aus. Ihr Mann stammte aus der bekannten Künstlerfamilie Carloni.

Zwischen 1910 und 1925 war sie eine äußerst geschätzte Korrespondentin des VSI. Zeitlebens hat sie sich als Autorin von Jugendbüchern und als Mitarbeiterin von Jugendzeitschriften betätigt und damit großen Erfolg gehabt. Ihr Nachlass umfasst nicht nur Märchen, sondern auch umfangreiche Sammlungen von Sprichwörtern, Liedern und Rätseln. Für diesen Band wurden aus ihrer Märchensammlung auf Deutsch noch nicht vorliegende Texte ausgewählt.

Um die Tessiner Märchentradition hat sich neben Luigia Carloni-Groppi vor allem Walter Keller (1882–1966) verdient gemacht. In jahrzehntelanger Arbeit hat er Material aus dem ganzen Kanton zusammengetragen und in mehreren Bänden, teils auf Italienisch, teils auf Deutsch veröffentlicht (vgl. Bibliografie). Zu seinen wichtigsten Gewährspersonen zählten die bereits vorgestellte Luigia Carloni-Groppi und Plinio Savi, Lehrer aus Campestro.

Leider sagt uns Keller nichts über die Erzählpraxis, und nicht immer versieht er seine Texte mit Angaben über Erzähler und Aufnahmeorte. Trotzdem geben seine Sammlungen Aufschluss über das Erzählrepertoire, wie es bis Mitte des letzten Jahrhunderts gepflegt wurde. Aus seinem Nachlass wurden mehrere Texte ausgewählt.

Einige Märchen aus der Leventina (aus Arbedo und Bodio) hat uns Vittore Pellandini (1868–1935) überliefert. Sie sind größtenteils schon im Band «Schweizer Märchen» der Reihe «Märchen der Weltliteratur» abgedruckt (Nr. 61–64). Pellandini war durch Carlo Salvioni (1858–1920), den Initiator und ersten Leiter des Tessiner Dialektwörterbuches, zu seiner Sammeltätigkeit angeregt worden.

Sprachlich und erzählerisch zuverlässige Texte fanden sich in den Publikationen von Oscar Keller (1889 bis 1945), der in Bellinzona als Lehrer an der Handelsschule wirkte. Schade, dass Keller bei seinen Untersuchungen vorwiegend das Gleichnis vom verlorenen Sohn abfragte. Hätte er seine Gewährspersonen frei sprechen lassen, wäre wohl manche Erzählung an den Tag gekommen. Oscar Keller hatte sich eben nicht das Sammeln von Volkserzählungen zum Ziel gesetzt, sondern den Vergleich mehrerer Dialekte anhand desselben Textes.

Einige Schildbürgergeschichten (Nr. 69–71) hat Alina Borioli (1887–1965) aus Ambrì aufgezeichnet. Sie arbeitete als Lehrerin in Lavorgo (Leventina) und Russo (Onsernone), bevor ihre fortschreitende Erblindung sie zur Aufgabe der Arbeit zwang. Alina Borioli hat sich als Sammlerin von Volkserzählungen und Bräuchen aus der Leventina und als Dichterin einen Namen gemacht.

Alle Sammlerinnen und Sammler haben sich bemüht, das Erzählgut möglichst unverfälscht weiterzugeben. Das war durchaus nicht selbstverständlich. Giuseppe Zoppi (1896–1952), der als Lehrer und später Professor an der ETH Zürich wirkte und auch als Schriftsteller bekannt war, schreibt etwa im Vorwort zu seinen 1928 erschienenen, viel gelesenen Tessiner Legenden: «Jawohl, auch die schönsten Legenden mussten von Grund auf neu gestaltet werden! Keine umfasste in ihrer ursprünglichen Form mehr als zwanzig oder dreißig Zeilen; die eine hatte keinen rechten Anfang, die andere kein rechtes Ende. Alles in allem: Was ich fand, war noch nicht einmal ein Skelett. Man musste wieder Leben hineinbringen, die Legenden wieder in die oft sehr schöne Landschaft hineinstellen, in der sie entstanden waren. Man musste die Personen klarer und mit etwas Psychologie zeichnen. Und dann brauchte man, um sie zu erzählen, eine schlichte Seele, die weder das Wunderbare noch den Anachronismus noch die Einfalt scheut, die die Legende fordert. Das war nicht immer eine sehr leichte, aber stets eine begeisternde Arbeit; musste man sich doch in die reine Seele des Volkes hineinversetzen, mit tausend Herzen mitfühlen, mit tausend Fantasien mitträumen.»[3]

Dass die glänzenden Tessiner Erzählerinnen und Erzähler wirklich Fantasie haben, beweist die Vielfalt der Geschichten, die neben Tier- und Zaubermärchen auch Legenden, Sagenhaftes, Schwänke, Schildbürgerstreiche und Kettenmärchen umfassen. Sie entführen in eine Welt, die immer wieder durch ihre Frische und Lebhaftigkeit bezaubert.

Pia Todorović Redaelli

---

1 Die folgenden Ausführungen beziehen sich auf Ottavio Lurati: «Die sprachliche Situation der Südschweiz», in: *Die viersprachige Schweiz*, Zürich–Köln 1982, S. 211–252.
2 Ottavio Lurati: «Per la storia dell'alimentazione della gente lombarda e ticinese», in: *L'Almanacco*, N. 1, Bellinzona 1918, S. 113–127.
3 Giuseppe Zoppi: *Tessiner Legenden*, Zürich 1933, S. VI–VII.

Anhang

Anmerkungen und Quellennachweise

Vorbemerkung: Die Klassifizierung der Erzählungen wurde von Dr. Hans-Jörg Uther, Göttingen, besorgt. Sie erfolgte in Anlehnung an die international gebräuchlichen und leicht zugänglichen Kataloge «The Types of the Folktale (AaTh)» und «Motif-Index of Folk-Literature (Mot)», die weitere Texte mit Literaturhinweisen enthalten. Bei den AaTh-Typen sind die Stichwortbezeichnungen aus der «Enzyklopädie des Märchens (EM)» angegeben (Ausnahmen durch * markiert).
Die Anmerkungen sind nach folgendem Schema geordnet: 1. Quellennachweise; 2. Verweise auf die Typen- und Motivkataloge (die Auflösung der Siglen findet sich in der Bibliografie), auf die gesamtitalienische Sammlung von Italo Calvino und auf oberitalienische Sammlungen; 3. Kommentare (abgekürzte Titel werden in der Bibliografie vollständig zitiert).

1.
Der Fuchs und der Wolf im Brunnen. Brusino, März 1983, erzählt von Jolanda Bianchi-Poli. Übersetzung aus dem Dialekt.
AaTh 32: Rettung aus dem Brunnen. – C/S, S. 13, 17 Nachweise, beruhend auf einer Sammlung von 11 000 Tonbandaufnahmen aller italienischen Regionen aus den Jahren 1968/72, archiviert in der Discoteca di Stato, Roma. Vgl. Artikel «Brunnen» in der EM 2 (1979), 941–950 (Hans-Jörg Uther) und «Fuchs» in der EM 5 (1987), 447–478 (Hans-Jörg Uther).
Dieses weit verbreitete Märchen kommt schon im Talmud vor und ist aus Petrus Alfonsi (um 1100), Marie de France (12. Jahrhundert) und dem altfranzösischen «Roman de Renard» bekannt (Ljungman, S. 8).

2.
Der Wolf und der Fuchs in der Alphütte. Brusino, März 1983, erzählt von Jolanda Bianchi-Poli. Übersetzung aus dem Dialekt.
AaTh 9: Partner: Der unreelle P. – C/S, S. 11, 8 Nachweise + AaTh 41: Wolf im Keller. – C/S, S. 14–15, 38 Nachweise + AaTh 4: Kranker trägt den Gesunden. – C/S, S. 9–10, 46 Nachweise. – Calvino, Bd. 2, S. 579–581, Nr. 125, Comare Volpe e Compare Lupo. Märchen aus Neapel. – Perco, S. 139–142, L'orso e la volpe + AaTh 2A: Schwanzfischer. – C/S, S. 6–7, 9 Nachweise.
Die Abenteuer des gefräßigen Wolfes und des schlauen Fuchses sind eines der beliebtesten Themen im Erzählrepertoire der italienischen Schweiz. In zwei Varianten aus Breno (1829) und Pura (1935) fliegt nur der Fuchs in den Abgrund (Oscar Keller 1943, S. 171–174 [Pura] und S. 192–194 [Breno]).
Das Liedchen des Fuchses wird in der italienischen Schweiz auch als Kindervers verwendet (Todorović-Strähl, «Parole in ritmo», S. 65). Man singt es einem Kind, das sich wehgetan hat, um es zu trösten und den Schmerz vergessen zu lassen.
Das Motiv des Wolfes, der zu dick ist, um zu entkommen, findet sich schon bei Horaz (1. Jh. v. Chr.) und ist auch aus dem «Roman de Renard» bekannt (Ljungman, S. 9). – Im Friaul steckt der Fuchs, um eine Wunde vorzutäuschen, den Kopf

ins Butterfass und gibt vor, sein Hirn laufe aus («Fiabe friulane», S. 149–152). In Ligurien wälzt sich der schlaue Fuchs in einem Köhlermeiler und erzählt dem Wolf, man habe ihn ganz «schwarz» geschlagen («Fiabe liguri», S. 50–51).

3.
Der gemeinsame Acker. Melide, Ortelli-Taroni, S. 88–91, Il lupo e la volpe, erzählt von Pietro Sertori, dem Großvater mütterlicherseits von Giuseppina Ortelli, und Sydia Geninazzi, einer entfernten Verwandten. Aus dem Italienischen übersetzt.
AaTh 1030: Ernteteilung. – C/S, S. 258–259, 8 Nachweise + AaTh 9: Partner: Der unreelle P. – C/S, S. 11, 9 Nachweise.
Der älteste Beleg für dieses Märchen findet sich in der Exemplasammlung «El Conde Lucanor» (um 1329) des Spaniers Don Juan Manuel (1282–1347). Im 16. Jahrhundert erzählt auch Rabelais die Geschichte. Vgl. EM 4 (1984), S. 225 bis 234 (Ines Köhler). – In den romanischen Ländern sind ursprünglich ein Heiliger und der Teufel die Ernteparter. Erst später sind sie durch Tiere ersetzt worden (BP 3. 357). Vgl. KHM 189 (Der Bauer und der Teufel).

4.
Die geplatzten Hosen. Melide, Ortelli-Taroni, S. 91, Il lupo e la volpe, erzählt von Pietro Sertori und Sydia Geninazzi. Aus dem Italienischen übersetzt.
AaTh 9: Partner: Der unreelle P. (vgl. Anm. zu 2 und 3).
Auch diese Geschichte wird wie die Nummer 3 ursprünglich vom Teufel und einem Heiligen erzählt. Eine kurze Variante aus der Leventina berichtet, dass der heilige Crispin und der Teufel wetteten, welcher von ihnen einen Schuh schneller fertig nähen könne. Sie gingen aufs Hausdach und der Teufel nahm einen langen Faden, um mit Einfädeln keine Zeit zu verlieren. Der Faden verfing sich aber an den Dachziegeln, der Teufel zerrte daran und zerstörte das ganze Dach. Der heilige Crispin war schneller fertig und darum haben ihn die Schuster zu ihrem Patron gemacht. (Josef Müller, in: *Schweizer Volkskunde 17* [1927], S. 79)

5.
Der Rebhuhn-Braten. Melide, Ortelli-Taroni, S. 92–93, Il lupo e la volpe, erzählt von Pietro Sertori und Sydia Geninazzi. Aus dem Italienischen übersetzt.
AaTh 1741: Priesters Gäste. – C/S, S. 390, 10 Nachweise.
Das Motiv des Ohrabschneidens hat seit Johannes Pauli (geb. um 1455, gest. 1530) das ältere Motiv der Entmannung überlagert. In den ursprünglichen mhd. und altfranzösischen Fassungen teilt die Hausfrau dem eingeladenen Pfarrer mit, dass ihr Mann, der das Bratenmesser schärft, es auf ihn abgesehen habe, da er bei ihm in einem bösen Verdacht stehe (Röhrich 1967, Bd. I, S. 292). In unserer Fassung sind Tiere die Handelnden, nicht wie gewöhnlich Menschen (etwa in KHM 77, Die kluge Gretel). – Rebhühner waren eine Delikatesse, die nur bei den Reichen auf den Tisch kam.

6.
Maria und der Wolf. Melide, Ortelli-Taroni, S. 48–51, Maria e il lupo, erzählt von Teresa Sertori-Nessi, der Großmutter mütterlicherseits von Giuseppina Ortelli. Aus dem Italienischen übersetzt.
Vgl. AaTh 311 IV (1132): Mädchenmörder + vgl. AaTh 2: Schwanzfischer (vgl. Anm. zu 2). – Calvino, Bd. 1, S. 97–100, Nr. 24, Le tre casette. Märchen aus Mantua, enthält Episode mit dem Kürbis.
Dass der Übeltäter sein Opfer selbst nach

Hause trägt, ist aus dem Blaubart-Märchen und aus dem Märchen vom dummen Riesen bekannt.

7.
Die drei Hühnchen. Rovio 1911, Sammlung Carloni-Groppi. Auf Deutsch abgedruckt in Walter Keller, 1927, S. 19–23.
AaTh 123: Wolf und Geisslein. – C/S, S. 24, 8 Nachweise + AaTh 124: Wolf im Schornstein. – C/S, S. 25, 14 Nachweise. – Calvino Bd. 1, S. 97–100, Nr. 24, Le tre casette. Märchen aus Mantua; Bd. 2, S. 465–471, Nr. 94, Le ochine. Märchen aus Siena. – Barozzi, S. 501–507, Le ochine.
Das Märchen hat alte literarische Wurzeln und findet sich schon bei Äsop. In Italien kommen in dem stark verbreiteten Märchen anstatt der drei Hühnchen oft drei Schweinchen vor.
Die Schlussepisode erinnert an KHM 5, Der Wolf und die sieben Geißlein.

8.
Der Bauer und die Schlange. Brusino, März 1983, erzählt von Jolanda Bianchi-Poli. Aus dem Dialekt übersetzt.
AaTh 155: Undank ist der Welt Lohn. – C/S, S. 28–29, 10 Nachweise.
Die Geschichte der undankbaren Schlange kommt schon in einer äsopischen Fabel vor. Dort nimmt ein Mann eine erfrorene Schlange auf und wärmt sie. Zum Dank beißt sie ihn (Ljungman, S. 23). Dass die Tiere Urteile fällen, ist erst später hinzugekommen.

9.
Die Amsel und die Kröte. Brusino, März 1983, erzählt von Jolanda Bianchi-Poli. Aus dem Dialekt übersetzt.
AaTh 275: Wettlauf der Tiere. – C/S, S. 38, 14 Nachweise.
Das alte und beliebte Motiv vom Wettlauf der ungleichen Tiere geht auf die äsopische Fabel von der Schildkröte und vom Hasen zurück. – In Mergoscia besteigen Dachs und Fuchs gemeinsam die Alp Rodrescio. Wer als Erster auf die Alp kommt, darf Käse machen. Der andere muss die Ziegen von der Weide holen. Der Fuchs lässt sich Zeit und ist dann höchst erstaunt, dass der Dachs schon längst oben ist (Oscar Keller, 1943a, S. 25–26). In Breno wollen Fuchs und Kröte an einem Markttag im Juli die Alp Magen überfallen. Der Fuchs macht unterwegs an einem sonnigen Platz ein Schläfchen. Als er endlich auf die Alp kommt, muss er sich mit der Molke begnügen (Oscar Keller, 1943, S. 190–191).

10.
Die verlorene Nadel. Brusino 1978, erzählt von Jolanda Bianchi-Poli. Aus dem Dialekt übersetzt.
Mot. A 2477 2: Erklärung für das Scharren der Hühner.
Für dieses ätiologische Märchen konnten im Erzählgut der italienischen Schweiz und Italiens keine Parallelen gefunden werden.

11.
Die Geschichte der Glühwürmchen. Brusino, Juli 1978, erzählt von Jolanda Bianchi-Poli. Aus dem Dialekt übersetzt.
Vgl. Mot. B 19.4: Erklärung für partielles Leuchten der Glühwürmer.
Auch dieses ätiologische Märchen scheint isoliert zu sein.

12.
Die drei Schwerter. Brusino, März 1983, erzählt von Jolanda Bianchi-Poli. Aus dem Dialekt übersetzt.
AaTh 300: Drachentöter. – C/S, S. 47–50, 67 Nachweise. – Calvino, Bd. 1, S. 199–204, Nr. 48, I tre cani. Märchen aus der Romagna; Bd. 1, S. 255–265, Nr. 58, Il Drago dalle sette teste. Märchen aus Montale Pistoiese. – Anesa/Rondi, S. 221

bis 225, Nr. 1.10.2., Il mago dalle sette teste, S. 350–360, Nr. 2.2.3, I tre cani. – Barozzi, S. 184–207, Il mago dalle sette teste. – Perco, S. 63–82, El drago dale sete teste. – Für die Verbreitung in Europa vgl. Röth, S. 11–12.
Das Drachentötermotiv, eines der ältesten nachweisbaren Erzählmotive, ist auch im italienischen Erzählgut weit verbreitet. Anstelle der drei Zauberschwerter werden oft drei Hunde genannt. Häufig prophezeit ein Fisch die Geburt der drei Söhne. Das Jagdmotiv und die Verwandlung in Steine kommen auch in einer toskanischen Fassung vor (Imbriani, Nr. 28, S. 375–386). Die erste italienische Fassung findet sich bei Straparola x.3. Auch Basile bringt das Thema in I, 7.

13.
Wie Giovanín ein reicher Herr geworden ist. Rovio 1911, Sammlung Carloni-Groppi Nr. 43. Aus dem Dialekt übersetzt. Auf Italienisch abgedruckt bei Walter Keller, 1934, S. 63–65, Nr. 25.
AaTh 326: Fürchten lernen. – C/S, S. 70–71, 35 Nachweise. – Calvino Bd. 1, S. 3–5, Nr. 1, Giovannin senza paura; Bd. 1, S. 180–184, Nr. 43, Il braccio di morto. Märchen aus dem Trentino; Bd. 2, S. 395–396, Nr. 80, Lo sciocco senza paura. Märchen aus Livorno. – Anesa/Rondi, S. 260–266, Nr. 1.13.1., Giovannino senza paura; und S. 360–367, Nr. 2.2.4., Spostati che butto. – Tassoni, S. 9–19, Giovannino senza paura; S. 20–28, Giovannino senza paura. – Perco, S. 39–40, Giovannino senza paura. – Für die Verbreitung in Europa vgl. Röth, S. 37.
Die erste italienische Version des beliebten Märchens vom Jüngling, der sich nicht fürchten kann, findet sich in Straparola IV.5. Flamminio Veraldo aus Ostia sucht lange Zeit vergeblich den Tod. Schließlich lässt er sich von einer alten Frau den Kopf abschlagen und wieder aufsetzen. Der Alten unterläuft aber ein Irrtum. Sie setzt den Kopf verkehrt auf, und Flamminio fürchtet sich zum ersten Mal in seinem Leben. Das Märchen ist in allen italienischen Regionen verbreitet. Typisch ist der Schuster als Held.
Weitere Tessiner Varianten in Walter Keller 1933, S. 117–120 Nr. 20, Storia di Giovannino e del diavolo zoppo (Motiv des Kartenspiels), und Walter Keller 1934, S. 193–195, Nr. 42, Giovanni senza paura (Motiv des verdammten Hausherrn, der dem Helden als Dank für die Erlösung einen Schatz schenkt). – «Tressette» spielt man zu zweit, dritt oder viert. Der Name erklärt sich dadurch, dass ursprünglich die Kombination von drei Siebenerkarten drei Punkte zählte.

14.
Giuvanín Pipeta. Campione, Italien, Ortelli-Taroni, S. 160–163, Giovanín Pipeta, erzählt von Giovan Battista Boffa, einem Cousin von Giuseppina Ortellis Vater. Aus dem Italienischen übersetzt.
AaTh 330 A+B: Schmied und Teufel. – C/S, S. 78–79, 27 Nachweise für AaTh 330; S. 80, 14 Nachweise für AaTh 330 A und 5 Nachweise für AaTh 330 B. – Calvino, Bd. 3, S. 811–812, Nr. 165 IV, La morte nel fiasco. Märchen aus Sizilien; Bd. 3, S. 962–969, Nr. 200, Salta nel mio sacco! Märchen aus Korsika. – Für die Verbreitung in Europa vgl. Röth, S. 43–45.
Das Motiv des in den Sack gebannten Todes ist weit verbreitet. – Der Sack, der sich bei Bedarf mit Essen füllt, erinnert an KHM 36 (Tischchen deck dich). – In einer von Walter Keller in SAVK 34 (1935), S. 151–152, veröffentlichten Tessiner Variante wünscht sich der Held Moro Pipetta eine Pfeife, die niemals ausgeht, und einen Hut; alles, was darunter

Platz hat, gehört dem Helden. Damit verschafft er sich Eintritt ins Paradies (vgl. KHM 81, Bruder Lustig, und 82, De Spielhansl).
In den zahlreichen italienischen Varianten dieses Märchens ist der Held ein Schmied, ein Holzfäller, ein armer Bauer, ein Schafhirte, ein Schuhmacher oder ein entlassener Soldat. Er wünscht sich nicht das Paradies, sondern eine Pfeife, die nie ausgeht, einen Sack, in den er alles hineinwünschen kann, dann dass alle, die auf einen Feigen-, Apfel- oder Orangenbaum klettern, darauf gefangen bleiben, sowie ein Musikinstrument, bei dessen Spiel alle tanzen müssen, oder Spielkarten, die immer gewinnen. Als er schließlich doch stirbt, gewinnt er das Paradies mit dem Huttrick oder mit dem Sack, in den er sich hineinwünscht. (Vgl. Aprile, S. 380–411 und Todorović Redaelli, S. 72–73.)

15.
Der Vogel mit dem goldenen Schweif. Brusino, Juli 1982, erzählt von Jolanda Bianchi-Poli, die das Märchen von ihrem Vater gehört hat. Aus dem Dialekt übersetzt.
AaTh 425: Amor und Psyche. – C/S, S. 96–97, 31 Nachweise. – Calvino Bd. 1, S. 16–18, Nr. 4, L'uomo che usciva solo di notte. Märchen aus Ligurien; Bd. 1, S. 79–82, Nr. 19, Re Crin. Märchen aus der Poebene; Bd. 1, S. 114–118, Nr. 30, Il principe granchio. Märchen aus Venedig; Bd. 1, S. 266–273, Nr. 59, Bellinda e il mostro. Märchen aus Montale Pistoiese; Bd. 2, S. 639–646, Nr. 136, Filo d'Oro e Filomena. Märchen aus der Basilicata; Bd. 2, S. 685–691, Nr. 144, Il Re serpente. Märchen aus Kalabrien; Bd. 3, S. 831–837, Nr. 171, I due negozianti di mare. Märchen aus der Provinz Palermo; Bd. 3, S. 852–857, Nr. 174, Il figlio del Re nel pollaio. Märchen aus Salaputa; Bd. 3, S. 887–891, Nr. 182, Il sorcetto con la coda che puzza. Märchen aus Caltanissetta. – Anesa/Rondi, S. 91–101, Nr. 1.1.3., Tulipana; S. 146–156, Nr. 1.6.1., La lampada d'oro; S. 332–342, Nr. 2.2.1., Il re serpente. – Für die Verbreitung in Europa vgl. Röth, S. 66–67.
Das von Apuleius überlieferte Amor-und-Psyche-Märchen ist im ganzen italienischen Sprachraum sehr beliebt. Es begegnet uns auch bei Straparola II.1 (allerdings fehlt dort die Suche nach dem Bräutigam) und Basile II.9. Der Tierbräutigam kann auch eine Schlange, ein Bär, ein Pferd, eine Kröte, ein Drache, ein Krebs oder ein Rabe sein.
Besonders nahe steht unserer Version ein toskanisches Märchen (Imbriani Nr. 12, S. 168–175). Gemeinsames Element ist der Hochmut, der zur Verwandlung in ein Schwein führt. Bei der Suche nach dem Bräutigam wiederholt die Heldin den gleichen Vers. Auch die magischen Hilfsmittel, Haselnuss, Kastanie, Nuss, stimmen überein.
Der Vers des Menschenfressers lautet auf Italienisch: «Ciuff, ciuff, che odor da cristianuff.»

16.
Der Kater als Gevatter. Brusino, Juli 1982, erzählt von Jolanda Bianchi-Poli. Aus dem Dialekt übersetzt.
AaTh 425 A+ B: Amor und Psyche. Vgl. Anm. zu 15.
Der Zauberschlaf des Kätzchens erinnert an KHM 50 (Dornröschen).
Die Angst des Pfarrers vor der Katze erklärt sich auch dadurch, dass Hexen sich angeblich gern in Katzen verwandelten.

17.
Das Märchen von den Katzen und der Seife. Brusino, Oktober 1982, erzählt von Jolanda Bianchi-Poli. Aus dem Dialekt übersetzt.

AaTh 480: Mädchen: Das gute und das schlechte Mädchen. – C/S, S. 109–111, 47 Nachweise. – Calvino, Bd. 2, S. 472–475, Nr. 95, L'acqua nel cestello. Märchen aus den Marken; Bd. 2, S. 601–603, Nr. 129, La fiaba dei gatti. Märchen aus Terra d'Otranto; Bd. 3, S. 892–894, Nr. 183, Le due cugine. Märchen aus der Provinz Ragusa. – Barozzi, S. 66–81, La coda dell'asino in fronte. – Perco, S. 44–47, Il crivello. – Für die Verbreitung in Europa vgl. Röth, S. 89–90.

Das Frau-Holle-Motiv (KHM 24, vgl. EM 5, 1987, 159–168, Marianne Rumpf) ist im romanischen Sprachraum allgemein sehr beliebt. Auch im Tessin gehört es zu den weit verbreiteten Märchen. Die erste literarische Fassung in Italien geht auf Basile III.10 zurück. Dort finden wir auch das Motiv des Schrankes mit den schönen Kleidern, den Goldstern als Belohnung und den Eselsschwanz als Strafe.

Zwei weitere Tessiner Varianten in «Schweizer Volksmärchen», Nr. 63 und Nr. 64.

18.

Das faule Mädchen. San Vittore, Misox, Kt. Graubünden, erzählt von Alice Togni. Aus dem Italienischen übersetzt.
AaTh 500: Name des Unholds erraten. – C/S, S. 112, 2 Nachweise. – Calvino, Bd. 1, S. 19–23, Nr. 5, E sette!. Märchen aus Ligurien. – Anesa/Rondi, S. 239–243, Nr. 1.11.3., Gioàn Törlölö.

«Filù» ist abzuleiten von «filare», spinnen. – Das Schneckenmotiv ist in Italien sehr beliebt. Es ist auch aus Basile IV.4 bekannt, wo die Heldin Saporita ihren Mann mit Nussschalen täuscht. – Der Anfang unseres Märchens erinnert an KHM 14 (Die drei Spinnerinnen). – Weitere Tessiner Variante in Walter Keller, 1927, S. 49–55. – Für die Verbreitung in Europa vgl. Röth, S. 91–92.

19.

Aschenputtel. Brusino, Oktober 1982, erzählt von Jolanda Bianchi-Poli, die das Märchen von ihrer Mutter gehört hat. Aus dem Dialekt übersetzt.
AaTh 510: Cinderella. – C/S, S. 114–119, 38 Nachweise für AaTh 510, 32 Nachweise für AaTh 510 A und 53 Nachweise für AaTh 510 B. – Calvino, Bd.1, S. 304–308, Nr. 64, La Rosina nel forno. Märchen aus Montale Pistoiese; Bd. 3, S. 716–722, Nr. 148. Gràttula-Beddàttula. Märchen aus Palermo. – Anesa/Rondi, S. 156–163, Nr. 1.6.2., Bernascéra. – Für die Verbreitung in Europa vgl. Röth, S. 97–98. Das schon aus Basile I.6 bekannte Aschenputtel-Märchen (KHM 21) gehört zu den beliebtesten Erzählstoffen in Italien. Auch in der italienischen Schweiz sind zahlreiche Fassungen überliefert: vgl. Walter Keller, 1934, S. 68–71, Nr. 29 und 1935, S. 155–158, Nr. 52.

20.

Die zwei Buckligen. Rovio 1911, Sammlung Carloni-Groppi, Nr. 39. Aus dem Dialekt übersetzt.
AaTh 503: Gaben des kleinen Volkes. – C/S S. 113, 3 Nachweise. – Calvino, Bd. 2, S. 445–447, Nr. 90, I due gobbi. Märchen aus Florenz.

Vgl. Artikel «Buckel, Buckliger» in der EM 2 (1979), 977–980, (Hans-Jörg Uther) und «Gaben des kleinen Volkes» in der EM 5 (1987), 637–642, (Hans-Jörg Uther): Bucklige symbolisieren seit je Bosheit und Schlechtigkeit. Begegnungen mit Buckligen bringen Unglück. Internat. Verbreitung hat der Erzähltyp AT 503: Gaben des kleinen Volkes gefunden, wonach ein Bucklige zum Dank für uneigennützig erwiesene Gefälligkeiten (z.B. zum Tanz aufspielen) durch zumeist jenseitige Wesen von seinem Buckel befreit wird. Viele Varianten haben die Erzählung um das Motiv der missglückten Nachahmung erweitert: Der andere Gefährte, öfter auch ein Buckliger, will seinem Kameraden nacheifern, erhält aber, da er sich den Bitten der Jenseitigen verschließt bzw. falsch reagiert, den zweiten Buckel aufgeschnallt.

Die Erzählung ist vor allem in westeuropäischen Varianten, aber auch in Süd- und Osteuropa, im Orient und bis nach Japan, China und Korea hin verbreitet. Die ältesten Nachweise stammen aus Irland und Italien. Im 17. Jahrhundert erzählt in Italien Pietro Piperno, ein Arzt aus Benevento, von einem buckligen Schuster, der am Abend vor dem Fronleichnamsfest bei seiner Wanderung auf eine ihm unbekannte Schar singender und tanzender Männer trifft, bei ihrem Gesang einen Reim ergänzt und beim Mahl unter einem Nussbaum von einem der nächtlichen Tänzer einen Schlag auf den Rücken erhält, so dass sein Buckel vom Rücken auf die Brust gleitet. – Für die Verbreitung in Europa vgl. Röth, S. 94.

Der Donnerstag als klassischer Hexentag (Beispiele dafür in VSI 2.205–206, Stichwort «barlòtt») gilt auch für die italienische Schweiz. Er ist deshalb mit einem Nenn-Tabu belegt.

21.
Der treue Diener. Brusino, Juli 1982, erzählt von Jolanda Bianchi-Poli. Aus dem Dialekt übersetzt.
AaTh 516: Johannes: Der treue J. – C/S, S. 122, 6 Nachweise. – Calvino, Bd. 1, S. 129–133, Nr. 33, Pomo e Scorzo. Märchen aus Venedig. – Anesa/Rondi, S. 124–135, Nr. 1.3.1., La bella Metilde; S. 380–391, Nr. 2.2.6., Pomo e Rusca.
Ältestes Zeugnis des weit verbreiteten Motivs der idealen Freundschaft ist die Sage von Amicus und Amelius, die seit Anfang des 12. Jahrhundert überliefert wird. Amicus hilft seinem Freund Amelius im Kampf, die Königstochter zu gewinnen. Nach Jahren wird Amicus krank, und Amelius opfert seine eigenen Kinder, um den Freund mit deren Blut zu heilen. In Italien ist das Motiv auch von Basile IV.9 gestaltet worden. Gennariello raubt für seinen Bruder die schöne Luciella und rettet ihn vor drei Gefahren. Später wird er versteinert, und sein Bruder tötet die eigenen Kinder, um ihn wieder zum Leben zu erwecken. In unserer Version ist das Blutopfer verharmlost. – Eingeschoben ist AaTh 460 AB: Antwort holen. Der Held holt seine Antworten beim glücklichen Mann, nicht beim Teufel wie in KHM 29 (Der Teufel mit den drei goldenen Haaren). – Fischreichtum sucht man zu fördern, indem man dem Fluss Eier, Brot, Tiere und Menschen opfert. Flussopfer kannte man schon im römischen und griechischen Altertum. In ältester Zeit opferte man unschuldige Kinder, später Tiere oder Früchte. Viele Flüsse forderten jährlich ihr Opfer (HDA 2.1691–1692). – Die Sonne ist allgemein im Volksglauben wichtig. Man sieht in ihr oft ein lebendiges Wesen, das helfen oder schaden kann. – Für die Verbreitung in Europa vgl. Röth, S. 104–106.

22.
Fiaccone. Brusino, Oktober 1982, erzählt von Jolanda Bianchi-Poli. Aus dem Dialekt übersetzt.
AaTh 563: Tischleindeckdich (KHM 36). – C/S, S. 133–134, 32 Nachweise. – Calvino, Bd. 2, S. 589–594, Nr. 127, Ari-ari, ciuco mio, butta danari! Märchen aus Terra d'Otranto. Weitere Tessiner Varianten: Walter Keller, 1933, S. 111–112, Nr. 15, Asinello, butta fuori zecchini, und 1936, S. 263–265, Nr. 59, Gli zecchini del somaro. – Für die Verbreitung in Europa vgl. Röth, S. 127–128.
Basile setzt das Märchen, das in Italien, aber auch in anderen Ländern Europas starke Verbreitung fand, an den Anfang

seiner Sammlung (1.1) Das Motiv von dem durch Zauberhand gedeckten Tisch (Mot. D. 1472.1.7) lässt sich bis auf den antiken Geschichtenschreiber Herodot (5. Jh. v. Chr.) zurückverfolgen (vgl. Basile 2000, S. 575, dort auch weitere Literatur).
Die Zauberdinge bekommt der Held in Italien auch vom Hl. Petrus, von einer Nonne, vom Wind usw. (D'Aronco, 1957, S. 76–78).
Der Name des Helden hängt zusammen mit fiacco «müde», fiacca «Müdigkeit, Mattheit, Trägheit».

23.
Die Höhlenstimmen. Brusino, März 1983, erzählt von Jolanda Bianchi-Poli, die das Märchen von Luigia Carloni-Groppi gehört hat. Aus dem Italienischen übersetzt. Die Variante von Luigia Carloni-Groppi ist abgedruckt in: Carloni-Groppi, 1936, S. 223–235.
AaTh 460 B (vgl. 461): Reise zu Gott. C/S, S. 108, 3 Nachweise.
Auffallend sind die allegorischen Namen, die im Volksmärchen sonst eher selten sind.

24.
Der Vogel Greif. Brusino, Juli 1982, erzählt von Jolanda Bianchi-Poli, die das Märchen von Luigia Carloni-Groppi gehört hat. Aus dem Dialekt übersetzt.
AaTh 550: Vogel, Pferd und Königstochter. – C/S, S. 126, 13 Nachweise + AaTh 780: Singender Knochen, C/S, S. 178–179, 32 Nachweise. – Calvino, Bd. 3, S. 880–882, Nr. 180, La penna di hu. Märchen aus Caltanissetta. – Anesa/Rondi, S. 446–450, Nr 3.1.2., Lo zufolo. – Tassoni, S. 35–42, L'uccello Grifone. – Perco, S. 144–146, La mela d'oro.
Die Variante von Luigia Carloni-Groppi ist abgedruckt in: Carloni-Groppi, 1936, S. 237–263. – Für die Verbreitung in Europa vgl. Röth, S. 116–118 (AaTh 550).
Der Vogel Greif ist orientalischen Ursprungs. Er wird oft mit Adlerkopf und löwenartigem Körper, vier Füßen und zwei mächtigen Flügeln dargestellt (HDA 3.1129–1130).

25.
Das Sternkind. Brusino, Oktober 1982, erzählt von Jolanda Bianchi-Poli. Aus dem Dialekt übersetzt.
AaTh 554: Dankbare Tiere. – C/S, S. 15 Nachweise. – Calvino, Bd. 1, S. 9–15 Nr. 3, Il bastimento a tre piani. Märchen aus Ligurien. – Anesa/Rondi, S. 243–252, Nr. 1.12.1., Giovannino con la scure.
Mot. L 435, Q 281: Bestrafter Hochmut, Mot. Q 551.3.2.3: Verwandlung in Kröte als Strafe.
Hochmut wird oft mit der Verwandlung in eine Kröte bestraft. Auch Wiedergänger sind oft Kröten (HDA 2.257–258).

26.
Der Silberfisch. Brusino, Juli 1982, erzählt von Jolanda Bianchi-Poli. Aus dem Dialekt übersetzt.
AaTh 555: Fischer und seine Frau. – C/S, S. 130, 11 Nachweise. – Anesa/Rondi, S. 497–510, Nr. 3.4.1., Il pesciolino d'argento. – Tassoni, S. 47–53, Le grazie di San Pietro. – Vgl. Artikel «Fisch, Fischen, Fischer» in EM 4 (1984), 1196–1211 (Rudolf Schenda).
Dieses Märchen erinnert an KHM 19 (Von dem Fischer und syner Fru). Allerdings führt hier nicht die Unersättlichkeit der Frau zur Katastrophe, sondern die Verletzung des Sprechtabus wie in KHM 85 (Die Goldkinder). – Bezeichnend für eine ehemalige Auswandererregion ist die Episode der Arbeiter, die nach Brasilien fahren.

27.
Die beiden Kesselflicker. Melide, Ortelli-

Taroni, S. 40–43, I due magnani, erzählt von Luisa Taroni-Sertori, der Mutter der Sammlerin. Aus dem Italienischen übersetzt.
AaTh 571 III: Lachen: Prinzessin zum L. bringen; vgl. AaTh 559: Mistkäfer. – C/S S. 130, 4 Nachweise. – D'Aronco, 1957, S. 78–79, gibt Varianten für ganz Italien an. – Tassoni, S. 59–64, L'ochina magica. – Für die Verbreitung in Europa vgl. Röth, S. 123 (AaTh 559) und 133 bis 134 (AaTh 571).
Die Prinzessin wird auf verschiedene Arten zum Lachen gebracht. Tanzende Tiere (eine Schabe, ein Mäuschen und eine Grille) sind es auch in Basile III.5. Das Val Colla war für seine Kesselflicker bekannt, die in der ganzen Südschweiz auf Stör gingen. – Dass der Held am Schluss die Prinzessin ausschlägt und seine Braut auf dem Land vorzieht, ist eigentlich eine dem Märchen entgegenlaufende Tendenz. Vielleicht ist es Ironie der Erzählerin.

28.
Der tapfere Giuanín. Brusino, Juli 1982, erzählt von Jolanda Bianchi-Poli, die das Märchen von ihrem Vater kennt. Aus dem Dialekt übersetzt.
AaTh 327 A: Hänsel und Gretel. – C/S, S. 73–74, 41 Nachweise + AaTh 592: Tanz in der Dornenhecke. – Calvino, Bd. 1, S. 274–278, Nr. 60, Il pecoraio a corte. Märchen aus Montale Pistoiese. – Für die Verbreitung in Europa vgl. Röth, S. 38 bis 39 (AaTh 327 A) und S. 139 (AaTh 592).
Der Anfang unseres Märchens erinnert an KHM 15 (Hänsel und Gretel). Dann nimmt unsere Variante das Motiv des Musikinstruments auf, das zum Tanz zwingt. Es lässt sich bis ins 15. Jahrhundert zurückverfolgen (BP 2.491). In einer Variante aus dem Friaul lässt der Held Meni Fari den Priester tanzen; er wird dafür verurteilt und rettet sich vor dem Galgen dadurch, dass er nochmals auf seiner Geige spielt («Fiabe friulane», S. 5–12). Vgl. KHM 110 (Der Jude im Dorn). – Die Jagd auf Vögel war im Tessin sehr beliebt. Es gab, vor allem südlich des Ceneri, zahlreiche «roccoli», d. h. mit Netzen versehene Wäldchen, in die man die Vögel lockte; in der Mitte des Wäldchens stand ein hoher Turm, «casello» genannt. Vor allem auch der Klerus widmete sich der Vogeljagd, so dass der Bischof von Pavia 1761 seine Priester sogar ermahnen musste, lieber Seelen als Vögel zu fangen. Seit 1875 ist die Vogeljagd verboten (Giovanni Bianconi, «Roccoli del Ticino», Locarno [2]1976). – In der italienischen Schweiz war der Kropf durchaus keine Seltenheit. Man schrieb ihn vor allem der einseitigen Ernährung zu. Noch heute werden die Einwohner vieler Dörfer mit «goss» (Kropf) geneckt.

29.
Der Mann aus Eisen. Campione, Ortelli-Taroni, S. 76–83, L'uomo di ferro, erzählt von Giovan Battista Boffa. Aus dem Italienischen übersetzt.
AaTh 650 A: Starker Hans. – C/S, S. 143, 9 Nachweise. – Calvino, Bd. 2, S. 476 bis 478, Nr. 96, Quattordici. Märchen aus den Marken. – Perco, S. 105–113, Marco Feraro. – Für die Verbreitung in Europa vgl. Röth, S. 144–145.
Die Verbannung in den Mond wird sonst eher als Strafe für Sonntagsarbeit erklärt.

30.
Die vier Brüder. Rovio 1911, Sammlung Carloni-Groppi. Aus dem Dialekt übersetzt. Auf Italienisch abgedruckt in Walter Keller, 1933, S. 41–43, Nr. 4, I quattro fratelli.
AaTh 1525 A: Meisterdieb. – C/S, S. 323 bis 324, 7 Nachweise. – Calvino, Bd. 2, S.

556–560, Nr. 117, L'arte di Franceschiello. Märchen aus den Abruzzen + 1525 E: Meisterdieb. – C/S, S. 324–325, 7 Nachweise. – Barozzi, S. 149–183, La coperta coi campanelli. – Perco, S. 121 bis 126, Quello che aveva imparato un mestiere.
Das Märchen von den kunstreichen Brüdern hat in der italienischen Novellistik eine lange Tradition. In einer Erzählung des Novellino (Anfang 14. Jahrhundert) wandern vier Königssöhne in die Ferne. Einer studiert die Wissenschaften in Paris, der zweite wird in Sizilien Bogenschütze, der dritte in Katalonien ein geschickter Dieb, der vierte in Genua Schiffsbauer. Die vier erretten eine Jungfrau vor einem Drachen (BP 3.46). In Straparolas «Piacevoli notti» VII.5 lernt der älteste von drei Brüdern das Kriegshandwerk, der zweite baut Schiffe und der dritte beherrscht die Vogelsprache. Sie befreien eine Jungfrau aus einem Turm und entdecken einen Schatz. In Basiles «Pentamerone» V.7 schließlich wird der älteste von fünf Söhnen Dieb, der zweite Schiffsbauer, der dritte Bogenschütze, der vierte Wunderheiler und der fünfte versteht die Vogelsprache. Eingeschoben ist in unser Märchen der Schwank vom Meisterdieb, der ebenfalls bei Straparola 1.2 belegt ist.

31.
Der Kastanien-Giovannino. Arogno, Ortelli-Taroni, S. 32–34, Giovannino della Castagna, erzählt 1973 von Maria Mussinelli-Bagutti. Aus dem Italienischen übersetzt.
AaTh 700: Däumling. – C/S, S. 149–150, 47 Nachweise. – Calvino, Bd. 2, S. 448–451, Nr. 91, Cecino e il bue. Märchen aus Florenz. – Anesa/Rondi, S. 450–453, Nr. 3.1.3., Gioanì Balòh. – Perco, S. 41–44, Quella dei fagioli. Vgl. KHM 37 (Daumesdick) und KHM 45 (Daumerlings Wanderschaft). – Für die Verbreitung in Europa vgl. Röth, S. 152 bis 153.
Das seit dem 16. Jahrhundert bekannte Märchen (BP 1.390) ist in der italienischen Erzähltradition sehr beliebt. Der Held entsteht manchmal auch aus Kichererbsen (il cece) und heißt dann Cecino.

32.
Die Geschichte der zwölf Räuber. Rovio 1911, Sammlung Carloni-Groppi, Nr. 2. Aus dem Dialekt übersetzt. Auf Italienisch abgedruckt in Walter Keller, 1934, S. 66–68, Nr. 28.
AaTh 709: Schneewittchen. – C/S, S. 156–157, 37 Nachweise. – Calvino, Bd. 1, S. 208–211, Nr. 50, Giricoccola. Märchen aus Bologna; Bd. 2, S. 530–534. Nr. 109, La Bella Venezia. Märchen aus den Abruzzen. – Für die Verbreitung in Europa vgl. Röth, S. 157–158.
In den italienischen Varianten findet Schneewittchen meist bei Räubern Aufnahme. Varianten mit Zwergen wie in KHM 53 (Sneewittchen) sind sehr selten.

33.
Die Träne der Mutter. Campione, Ortelli-Taroni, S. 94–99, La lacrima della mamma, erzählt von Giovan Battista Boffa, einem Cousin von Giuseppina Ortellis Vater. Aus dem Italienischen übersetzt.
AaTh 706: Mädchen ohne Hände. – C/S, S. 151, 13 Nachweise. – Calvino, Bd. 1, S. 344–351, Nr. 71, Uliva. Märchen aus Montale Pistoiese; Bd. 2, S. 665–673, Nr. 141, La tacchina. Märchen aus Kalabrien. – Anesa/Rondi, S. 454–471, Nr. 3.2.1., La ragazza senza braccia. – Barozzi, S. 474–481, Pepina. – Märchen aus der Toskana, Nr. 6, Die verleumdete Königin, und Nr. 35. Die Mutter Oliva.
Dieses Märchen war in Italien sehr beliebt, zumal das Volksbüchlein von der Königin Oliva diese Geschichte tausend-

fach kolportierte. Auch Basile III, 2, Penta Ohne-Hände, hat es gestaltet (Basile 2000, S. 596. Vgl. auch Artikel «Aussetzung» in der EM 1 (1977), 1048–1065, (Gerhard Binder). Vgl. KHM 31(Das Mädchen ohne Hände). – Für die Verbreitung in Europa vgl. Röth, S. 153 bis 155.
In unserem Tessiner Märchen fehlt das Motiv der abgeschlagenen Hände. Hingegen kommt es auch hier zur Aussetzung von Mutter und Kind und später zu deren Wiedererkennung. Originell scheint in unserem Märchen das Motiv der schützenden Träne zu sein.

34.
Der blaue Schleier mit den goldenen Sternen. Brusino, Juli 1982, erzählt von Jolanda Bianchi-Poli. Aus dem Dialekt übersetzt.
AaTh 900: König Drosselbart. – C/S, S. 227, 3 Nachweise. – Calvino Bd. 3, S. 858–862, Nr. 175, La Reginotta smorfiosa. Märchen aus der Provinz Trapani; Calvino gibt in den Anmerkungen zu Nr. 175 auch Varianten für Istrien, die Emilia Romagna, die Toskana, Latium, Kampanien und Sizilien an (Bd. 3, S. 1046–1047). – Anesa/Rondi, S. 391 bis 400, Nr. 2.2.7., Barba di tordo. – Für die Verbreitung in Europa vgl. Röth, S. 180 bis 181.
Die Prinzessin, die wie im KHM 52 (König Drosselbart) alle Freier ablehnt und dafür gedemütigt wird, hat in Basile IV.10 (Der bestrafte Hochmut) ein Vorbild. Der frauenfeindlich gefärbte Stoff lässt sich bis in die Schwank- und Märenliteratur des Spätmittelalters zurückverfolgen. Basile dürfte in seiner Version einer italienischen Novelle des 1556 verstorbenen toskanischen Dichters Luigi Alamanni gefolgt sein. Doch bereits bei Straparola 1.4 (Tebaldo di Salerno) und IX.1 (Galafro, re di Spagna) finden sich verwandte Züge dieses Erzähltypus (Basile 2000, S. 610).

35.
Der Besuch des heiligen Antonius. Campo Blenio, Nachlass Keller, mitgeteilt von Isidoro Bini, Olivone 1951. Aus dem Italienischen übersetzt.
AaTh 750A: Wünsche: Die drei W. – C/S, S. 164, 6 Nachweise. – Calvino, Bd. 1, S. 169–171. Nr. 41 III, L'ospitalità. Märchen aus dem Friaul. – Anesa/Rondi, S. 441–446. Nr. 3.1.1., Il Signore e San Pietro.
Die Erdenwanderung der Götter (vgl. EM 4, 1984, 155–164, Hannjost Lixfeld) ist ein überall verbreitetes und beliebtes Thema. In unserer Erzählung wandelt nicht Gott selbst auf Erden, sondern der hl. Antonius. Ob es sich um den hl. Antonius von Padua (Fest am 13. Juni) oder um den hl. Antonius, den Einsiedler (Fest am 17. Januar) handelt, war nicht festzustellen, da beide Heiligen im Tessin seit alters her verehrt werden. – Belohnung von Gastfreundschaft und Strafe für Ungastlichkeit ist auch in der Exempelliteratur thematisiert. In neuerer mündl. Überlieferung ist die sozialkritische Tendenz vor allem im Legendenmärchen AT 750 A, Die drei Wünsche, überdeutlich (vgl. Artikel «Gast» in der EM 5, 1987, 718–727, Elfriede Moser-Rath). – Das Motiv der Unaufhörlichkeit des ersten Tagewerks ist alt. Das Leinwandentrollen kommt schon in einer chinesischen Erzählung vor, in der Buddha auf Erden wandelt. Die Erzählung wurde 1801 in Europa gedruckt und verbreitete sich dann sehr schnell (Ljungman, S. 211). Die Strafe für den Reichen fällt nicht immer so gnädig aus. Das alte Origlio oberhalb Luganos ist im See versunken, weil seine Einwohner einen Engel des Herrn abwiesen. Nur eine Frau, die den Engel aufgenommen und mit ihm ihre

wenigen Kastanien geteilt hatte, überlebte (Walter Keller in *Schweizer Volkskunde* 29, 1939, S. 75).

36.
Der Herrgott auf Besuch. Campestro, Plinio Savi, Nachlass Keller. Aus dem Italienischen übersetzt.
AaTh 753*: Gott verwandelt Habgierigen in Esel*. – C/S, S. 169, 2 Nachweise (Räuber in Esel verwandelt).
Habgier, Geiz oder Unfreundlichkeit bewirken oft die Verwandlung in ein Tier. Im Friaul wird ein Mann, der den Herrn und Sankt Peter überfällt, in einen Esel verwandelt («Italienische Volksmärchen», Nr. 10). – Scudi sind Goldmünzen, in die der Schild (scudo) eines Fürsten eingeprägt wurde.

37.
Christus und Paulus in Menzonio. Menzonio 1970, Sammlung Lurati. Aus dem Italienischen übersetzt.
AaTh 750 A: Wünsche: Die drei W. (vgl. Anm. zu Nr. 35). Vgl. auch AaTh 330 D.
Das weit verbreitete Motiv des auf den Baum gebannten Todes wird hier auf originelle Weise eingesetzt.

38.
Der heilige Petrus und der Herrgott. Melide, Ortelli-Taroni, S. 70–73, San Pietro e il Signore, erzählt von Pietro Sertori, dem Großvater mütterlicherseits von Giuseppina Ortelli. Aus dem Italienischen übersetzt.
AaTh 791: Christus und Petrus im Nachtquartier. – C/S, S. 183, 6 Nachweise. – Calvino, Bd. 1, S. 172–173, Nr. 41 IV, Il grano saraceno. Märchen aus dem Friaul. – Anesa/Rondi, S. 441–446, Nr. 3.1.1., Il Signore e San Pietro.
Als Unterleger tritt der hl. Petrus auf, der sich wie auch in anderen legendenhaften Petrusschwänken zusammen mit Christus auf Erdenwanderung befindet und aufgrund seiner bereits im Neuen Testament vorgezeichneten abträglichen Chrakterzüge das Missfallen der meist bäuerlichen Gastgeber erregt. Vgl. Artikel «Christus und Petrus im Nachtquartier» in der EM 2, 1979, 1437–1440 (Hannjost Lixfeld), und Artikel «Bettplatztausch» in der EM 2, 1979, 268 bis 270 (Hannjost Lixfeld).

39.
Der heilige Petrus und der Soldat. Melide, Ortelli-Taroni, S. 24–25, San Pietro e il soldato, erzählt von Pietro Sertori, dem Großvater mütterlicherseits von Giuseppina Ortelli. Aus dem Italienischen übersetzt.
AaTh 753: Christus und der Schmied. – C/S, S. 168, 10 Nachweise.
Das Wunder der neu eingesetzten Beine wurde zuerst dem heiligen Eligius († 659 in Nordfrankreich) zugeschrieben, der als ehemaliger Goldschmied Schutzpatron der Schmiede war (Ljungman, S. 212). In unserem Märchen ist er durch den hl. Petrus ersetzt. Seine Wunder werden nicht wie gewöhnlich von einem Schmied (wie etwa in «Schweizer Volksmärchen», Nr. 65) nachgeahmt, sondern von einem Soldaten.

40.
Die Mutter des heiligen Petrus. Rovio, 1911, Sammlung Carloni-Groppi, Nr. 24. Aus dem Dialekt übersetzt.
AaTh 804: Petrus' Mutter. – C/S S. 186–187, 19 Nachweise. – Calvino. Bd. 3, S. 812–813, N. 165 V, La mamma di San Pietro. Märchen aus Palermo. – Tassoni, S. 65–67, La madre di San Pietro.
In der italienischen Schweiz ist die Boshaftigkeit der Mutter des hl. Petrus sprichwörtlich: «mamma da San Pedru» sagt man von einem egoistischen Menschen.

41.
Wie ein Junge dem Teufel versprochen wurde. Rovio 1911, Sammlung Carloni-Groppi, Nr. 65. Aus dem Dialekt übersetzt. Auf Italienisch abgedruckt in Walter Keller, 1934, S. 80–82, Nr. 37, Il figliolo stato venduto al diavolo.
AaTh 756 B: Räuber Madej. – C/S, S. 169, 3 Nachweise. – Anesa/Rondi, S. 232 bis 239, Nr. 1.11.2., Il diavolo, i briganti e l'eremita.

42.
Die Ziege des Pfarrers. Sonogno 1968, Sammlung Lurati, aus dem Italienischen übersetzt.
Mot. A 1315.2: Erklärung für Kahlköpfigkeit von Ziegendieben.
Der Pfarrer, der zaubern kann (che batte la fisica) war in der italienischen Schweiz keine seltene Erscheinung, wie Ottavio Lurati (in SAVK 68/69 1972/73, S. 399 bis 406, «Superstizione e mito attorno alla figura del prete») darlegt. Durch gewisse Handlungen (etwa segnen oder exorzieren) kam der Priester in den Ruf eines Magiers. Seine magischen Kräfte konnte er zum Segen, aber auch zum Schaden seiner Pfarrkinder einsetzen. Wer den Pfarrer ärgerte, musste mit Strafe rechnen. Als die Bauern in Ghirone kein Korn abliefern wollten, ließ der Pfarrer kurzerhand ihre Tiere von der Alp verschwinden. In Menzonio rächte sich der Pfarrer an einem Frechdachs, der ihm durch den Kamin Steine in die Suppe streute, dadurch, dass er ihn sieben Jahre lang im Bett verfaulen und schließlich sterben ließ.

43.
Die Hexer von Dandrio. Dandrio, Sammlung Lurati. Die Geschichte wurde 1968 Ottavio Lurati von einer über neunzigjährigen Bäuerin erzählt. Aus dem Italienischen übersetzt.
Mot. F 460.4.1., D 1766.1, V 50, V 52: Hirt entkommt mittels Gebet aus Gefangenschaft böser Berggeister.
Die Geschichte gehört in den Kreis der Sagen, die Naturerscheinungen (wie hier Bergstürze) auf übernatürliche Weise zu erklären versuchen. Beim rettenden Responsorio des hl. Johannes handelt es sich wahrscheinlich um das Evangelium des hl. Johannes, das im Zauberglauben aller christlichen Völker eine große Rolle spielt (HDA 2.1088).

44.
Die Geschichte der «Cröisc». Mergoscia, Nachlass Keller. Aus dem Italienischen übersetzt.
Mot. F 460.4, vgl. AT 1121, vgl. Mot V 268, K 1841: Muttergottes bestraft stehlende und raubende Berggeister und errettet Verfolgten.
Diese Mischerzählung vereint zugleich märchen-, legenden- und sagenhafte Züge. Die Episode der Alten, die in den Kochkessel geworfen wird, erinnert an KHM 15 (Hänsel und Gretel). – Die «cröisc» (vom Dialektausdruck «zusammenkauern») sind missgestaltete, verkrampfte Wesen. Im Bedrettotal werden sie als einäugig und affenähnlich geschildert (*Schweizer Volkskunde* 29, 1939, S. 72). Sie wohnen in Wäldern und Höhlen. Vielerorts wird berichtet, dass sie von Haus zu Haus gehen und Brot verlangen. In Deggio ließ ein Bauer sie einst auf einem heißen Stein Platz nehmen. Sie verbrannten sich, und man sah sie nie wieder (*Schweizer Volkskunde* 28, 1938, S. 100). – Der Frosch ist wie die Kröte ein Hexentier (HDA 3.128).

45.
San Carlo vertreibt die «Cröisc». Dalpe, Sala-Calanchini, S. 75–76. Aus dem Italienischen übersetzt.
Mot. V 86, D 1766.6: Hl. vertreibt Berggeister durch Kreuzzeichen.

Viele Volkserzählungen berichten von Schlangen, die gierig sind auf Milch. Schlangen trinken die Milch der Kühe auf den Alpen oder dringen vom Milchduft angezogen bis zu den Wiegen der Neugeborenen vor. In Bissone befreite man sich durch eine Schale vergifteter Milch von einer Schlange, die das Dorf bedrohte (VSI 2.502). In dieser Erzählung treten die «cröisc» an ihre Stelle. San Carlo tritt in etlichen Erzählungen als Helfer in der Not auf, vor allem lässt er überall in der italienischen Schweiz Quellen entstehen. Zu San Carlo vgl. auch die Nummern 66 und 67 im vorliegenden Band.

46.
Das Kreuzzeichen. San Vittore, Misox, Kt. Graubünden, Juli 1982, erzählt von Alice Togni. Aus dem Dialekt übersetzt.
Mot. T 640, R 10, R 14, R 131.3: Hirt findet auf magische Weise entführtes uneheliches Kind wieder (Mutter vergaß am Tag zuvor, das Kreuzzeichen zu machen).
Das Kreuzzeichen wurde schon früh zu einem Schutzzeichen mit magischer Bedeutung. Es ist das Symbol der Gottheit und ihrer Erlösertat, das die Schadenwirkung der bösen Geister aufhebt und sie vertreibt (HDA 5.525 und 538).

47.
Das Versprechen. Vogorno. Aufgezeichnet 1979 von Carla Berri. Aus dem Italienischen übersetzt.
AaTh 778: Geloben der großen Kerze.
Mit den Heiligen ist nicht zu scherzen. Wer sein Gelübde bricht, wird streng bestraft; er findet oft nach dem Tod keine Ruhe (HDA 3.628). – Der hl. Laurentius (Fest am 10. August) ist dank seiner Stellung im Kalender zum Wetterheiligen geworden (HDA 5.929).

48.
Die Madonna von Coldrerio. Coldrerio, Juli 1978, erzählt von Egle Solcà. Aus dem Dialekt übersetzt.
Mot. C 631, C 755: Mahnung wegen Arbeitsverbot am Sonntag.
Seit dem 6. Jahrhundert ist Sonntagsarbeit von der Kirche streng verboten. Wer gegen dieses Gesetz verstößt, begeht einen Frevel und wird grausam bestraft. Besonders schlimm ergeht es jenen, die während des Gottesdienstes etwas Unerlaubtes tun (HDA 8.104–114). In unserer legendenhaften Geschichte kommt der Frevler glimpflich davon.

49.
Der Schatz von Lava. Roveredo, Misox, Kanton Graubünden, 1968, Sammlung Lurati, aufgezeichnet von Pio Raveglia. Aus dem Italienischen übersetzt.
Mot. C 331, V 120: Mann bricht Verbot, rückwärts zu schauen, und verliert Schatz. Das Sich-Umsehen ist in vielen Lebenslagen gefährlich (z. B. bei der Taufe, der Hochzeit, beim Leichenzug usw.), besonders aber im Umgang mit Geistern, die einen Schatz nicht bereitwillig hergeben wollen (HDA 8.1346–1350). – «Brente», im Dialekt «brenta», ist eine meist hölzerne (manchmal auch metallene) Tragbütte, in der Flüssigkeit oder Trauben transportiert werden.

50.
Der Junge, der immer Hunger hatte. Brione Verzasca, Sammlung Lurati, die Geschichte wurde 1924 von Gemma Togni aufgeschrieben. Aus dem Italienischen übersetzt.
Mot. D 131.1, B 435.3: Fluch der Mutter erfüllt sich. Sohn in Wolf verwandelt (erst nach Jahren erfolgt Rückverwandlung).
Es geht hier um das Nenn-Tabu. Man nennt den Wolf, den Teufel, das Feuer

usw. nicht beim Namen, weil das Unheil bringen kann. Der Wolf wurde schon sehr früh mit einem Nenn-Tabu belegt.

51.
Die Geschichte von Batista Scorlín. Brissago, abgedruckt in: Ottavio Lurati: «Dialetto e italiano regionale nella Svizzera italiana», Lugano 1976, S. 73–74. Aus dem Dialekt übersetzt.
AaTh 838: Sohn am Galgen.
Dieses pädagogische Exempel findet sich zuerst in Boethius «De Disciplina Scholarium». Es hat in zahlreiche lateinische Sammlungen und später auch in die mittelalterliche Schwankliteratur Eingang gefunden (Röhrich 1967, Bd. 2, S. 472 bis 473). – Im Tessin wird die Geschichte Battista Scorlino zugeschrieben, der im 16. Jahrhundert die Gegend von Mailand unsicher machte und zusammen mit Giacomo Legorini hingerichtet wurde. Noch heute sagt man im Dialekt: «far la fin dal Batista Scorlín», «ein schlechtes Ende nehmen».

52.
Das Märchen vom dummen Menschenfresser. Melide, Ortelli-Taroni, S. 146 bis 151, Giovannino e l'orco, erzählt von Pietro Sertori. Aus dem Italienischen übersetzt.
Vgl. AaTh 327 II: Held im Haus des Unholds. – C/S, S. 75, 17 Nachweise; Calvino, Bd. 2, S. 604–607, Nr. 130, Pulcino. Märchen aus Terra d'Otranto + AaTh 1060. – C/S, S. 260, 7 Nachweise + AaTh 1062. – C/S, S. 261, 4 Nachweise + AaTh 1063. – C/S, S. 261, 1 Nachweis Wettstreit mit dem Unhold + AaTh 1159: Einklemmen unholder Wesen. – Anesa/Rondi, S. 135–142, Nr. 1.4.1., Pirülì (AaTh 1060 + AaTh 1062 + AaTh 1159). – Tassoni, S. 140–145, Ammazzasette e storpia quattordici (AaTh 1049 + 1060 + 1063 + 1088 + 1115).

Das alte und weit verbreitete Motiv des überlisteten Menschenfressers oder Riesen ist auch im Tessin sehr beliebt. – Vgl. eine Variante aus Astano (Malcantone) in «Schweizer Volksmärchen», Nr. 68. Für die Verbreitung in Europa vgl. Röth, S. 39–40 (AaTh 327 II).

53.
Der Teufel und die Frau. Campestro, aufgezeichnet von Plinio Savi, auf Italienisch abgedruckt in Walter Keller, 1954, S. 25. Aus dem Italienischen übersetzt.
AaTh 1183: Frau überlistet Teufel: Schwarze Wolle weiss zu waschen misslingt ihm*.
Seit dem 15./16. Jahrhundert ist der Teufel eine äußerst beliebte Schwankfigur (Röhrich, 1977, S. 262). Weit verbreitet ist das Motiv des Arbeitsvertrages mit dem Teufel. Der Teufel muss allerlei unmögliche Arbeiten ausführen (gekraustes Haar glatt streichen, Wasser in einem Sieb holen usw.). Besonders schändlich ist die Niederlage, die dem Teufel von einer Frau beigebracht wird. – Die Zeit nach dem Ave-Maria gehört den bösen Geistern. Es ist gefährlich, nach dem Ave-Maria zu spinnen und damit die Arbeit der Geister zu stören.

54.
Der gutgläubige Bauer. Coldrerio, Ortelli-Taroni, S. 164–167, Il contadino credulone, erzählt von Giuseppe Ortelli, dem Schwiegervater der Sammlerin. Aus dem Italienischen übersetzt.
Mot X 800, AaTh 1696: Was hätte ich tun sollen? – C/S, S. 372–373, 23 Nachweise + AaTh 1210: Kuh auf dem Dach. – C/S S. 274, 5 Nachweise.
Dieser in ganz Europa verbreitete Schwank von der Kuh auf dem Dach wird sonst eher von einer ganzen Dorfgemeinschaft erzählt. – Die angebliche Dummheit der Einwohner von Coldrerio

klingt auch in einem Kindervers an: «Dies irae, dies illa, inn tütt asan chi da Villa, specialment chi da Culdree, inn tütt asan drizaa pee!» (Dies irae, dies illa, die aus Villa sind alle Esel, die aus Coldrerio besonders sind ausgewachsene Esel.) Todorović-Strähl, 1987, S. 133. – Hutte (im Dialekt «gerla») ist ein aus Weiden angefertigter, oben offener, kegelförmiger Korb, der am Rücken getragen wird.

55.
Die drei Fürze des Esels. Rovio, 1911, Sammlung Carloni-Groppi, Nr. 2. Aus dem Dialekt übersetzt. Auf Italienisch abgedruckt in Walter Keller, 1933, S. 47, Nr. 7, Le tre coregge che fa il mio asino.
AaTh 1240: Ast absägen. – C/S S. 280, 14 Nachweise + AaTh 1313 A: Mann glaubt sich tot. – C/S, S. 286–287, 8 Nachweise. – Tassoni, S. 100, Menicone.
Der Schwank lässt sich in der mündlichen Überlieferung der beiden letzten Jahrhunderte in fast allen europäischen Ländern und auch im außereuropäischen Raum nachweisen. Vgl. Artikel «Ast absägen», in der EM 1, 1977, 912–916 (Hannjost Lixfeld).

56.
Die dumme Frau. Melide, Ortelli-Taroni, S. 112–120, Cento pelosi ... cento mondasi, erzählt von Sydia Geninazzi. Aus dem Italienischen übersetzt.
AaTh 1384, 1385: Narrensuche. – C/S S. 307, 14 Nachweise. – Calvino; Bd. 2, S. 517–519, Nr. 105, Cicco Petrillo. Märchen aus Rom + AaTh 1540: Student aus dem Paradies. – C/S, S. 335, 3 Nachweise + AaTh 1710: Ausschicken von Gegenständen oder Tieren. – Anesa/Rondi, S. 266–277, Nr. 1.13.2., La moglie sciocca. – Barozzi, S. 56–65, La moglie sciocca.
Unser Schwankmärchen verbindet mehrere Motive zu einer langen Erzählung. Der Spott richtet sich hier gegen eine Städterin, die sich im Dorf auch sprachlich nicht integrieren kann. Hauptzüge der Dummen sind ihre Faulheit und Fresslust. Die Faulheit wird durch verschiedene Tricks geheilt. In Russo (Onsernone) versteckt der Mann den Schlüssel des Küchenschrankes im Bett, das seine Frau nie macht, hinter dem Besen oder im Abwaschbecken (SAVK 16 [1912], S. 179–180). – Besonders beliebt ist die Episode, in der die dumme Frau etwas für den Winter aufheben soll. Schon in einer Novelle Sercambis (um 1400) entwendet der Held unter einem falschen Namen ein Stück Speck (BP l. 526). – Um ein modernes Motiv handelt es sich bei den Schuhen, die an die Telegrafenstange gehängt werden (Ljungman, S. 331). – Die Suche nach einer noch dümmeren Frau ist auch aus KHM 104 (Die klugen Leute) bekannt.

57.
Der verrückte Mariello. Brusino, Juli 1982, erzählt von Jolanda Bianchi-Poli. Aus dem Dialekt übersetzt.
AaTh 1696: Was hätte ich sagen (tun) sollen? – C/S, S. 372–373, 23 Nachweise. – Calvino, Bd. 3, S. 926–928, Nr. 190 IV, Giufà e l'otre. Märchen aus Sizilien. – Anesa/Rondi, S. 421–433, Nr. 2.5.1., Ma che cosa devo dire. – Perco, S. 55–56, Lo staio e la molenda.
Der Zyklus des Dummen ist in ganz Italien verbreitet. In Sizilien heißt der Dumme «Giufà», in der Toscana «Giucca», in Rom «er matto», in Trieste «Tonin mato». Dass an einen Schweigenden etwas verkauft wird, ist aus Basile 1.4 (Vardiello) bekannt. Unser Märchen stammt in dieser Form wahrscheinlich eher aus Italien, da von einer Garibaldi-Statue und den Carabinieri die Rede ist.

58.
Der Dumme und der Gescheite. Brusino, Juli 1982, erzählt von Jolanda Bianchi-Poli, die das Märchen von ihrer Mutter kennt. Aus dem Dialekt übersetzt
AaTh 1007, 1009: Wörtlich nehmen. – C/S, S. 255–256, 27 Nachweise für AaTh 1009 + AaTh 1653, 1653 A: Räuber unter dem Baum. – C/S, S. 362–363, 23 Nachweise für AaTh 1653 und S. 363 bis 364, 10 Nachweise für AaTh 1653 A. – Anesa/Rondi, S. 411–416, Nr. 2.3.3., I due fratelli. – Barozzi, S. 56–65, La moglie sciocca. – Tassoni, S. 101, Menicone.
Das Motiv der herausgehobenen Tür ist in Italien sehr beliebt. Es ist auch aus KHM 59 (Der Frieder und das Katherlieschen) bekannt.

59.
Die unpassenden Antworten. Minusio, Giuseppe Mondada. Auf Italienisch abgedruckt in: *Schweizer Volkskunde 61* (1971), S. 17–19.
AaTh 1687: Wort: Das vergessene W. – C/S, S. 371, 1 Nachweis + AaTh 1696: Was hätte ich sagen sollen. – C/S, S. 372 bis 373, 23 Nachweise. –Anesa/Rondi, S. 421–433, Nr. 2.5.1., Ma che cosa devo dire?
Der Aufzeichner des Märchens, Giuseppe Mondada, bemerkt dazu: «Die Handlung des Märchens, das in der mündlichen Überlieferung ohne Titel ist, wurde hier aufs Wesentliche beschränkt. Jeder Ausschmückungsversuch hätte ihm den Charakter der Authentizität genommen. Ich habe das Märchen vor etwa einem halben Jahrhundert im Dialekt erzählen hören.». – Das in ganz Europa weit verbreitete Schwankmärchen geht nach Haavio auf einen indischen Urtext zurück. Erstmals schriftlich fixiert wurde es 472 n. Chr. in einer chinesischen Exemplasammlung (Tripitaka). Die älteste abendländische Variante findet sich in den Schwankbüchern des Martin Montanus (Mitte 16. Jahrhundert). Die meisten Episoden sind gesamteuropäisch (Haavio Martti, «Kettenmärchenstudien I», *Folklore Fellows Communications 88*, Helsinki 1929). Seltener ist das Todesgebet für die Kuh. Meistens ist der Dumme von der Mutter abhängig. Der Vater als Auftraggeber scheint in den späteren Varianten vorzuherrschen. In den älteren Varianten endet das Märchen meist tragisch (so auch bei Montanus). Der Held wird verprügelt oder kommt sogar um.

60.
Der Hirte von Sant' Evasio. Campione, Ortelli-Taroni, S. 122–124, Ul pastuu da Sant Vaas, erzählt von Emilio Foletti, einem Cousin von Giuseppina Ortellis Vater. Aus dem Italienischen übersetzt.
AaTh 1696: Was hätte ich sagen (tun) sollen? Vgl. Anm. zu 57 und 59.
Auch in diesem Schwank äußert sich Dummheit im unbedachten Imitieren. – Sant' Evasio liegt oberhalb Arogno.

61.
Propst, Pfarrer und Küster als Liebhaber. Rovio 1911, Sammlung Carloni-Groppi, Nr. 54. Aus dem Dialekt übersetzt.
AaTh 1730: Liebhaber bloßgestellt. – C/S S. 384–385, 38 Nachweise.
«Gnocchi» sind eine Art Kartoffelklöße. – «Marenghi» sind Goldmünzen, die Napoleon aus Anlass der siegreichen Schlacht von Marengo 1800 in Turin prägen ließ.

62.
Der geizige Don Giovanni. Corteglia, Ortelli-Taroni, S. 62–64, L'avaro Don Giovanni, erzählt von Giuseppe Ortelli, dem Schwiegervater der Sammlerin. Aus dem Italienischen übersetzt.
AaTh 1737: Pfarrer im Sack. – C/S,

388, 10 Nachweise. – Calvino, Bd. 2, S. 556–560, Nr. 117. L'arte di Franceschiello. Märchen aus den Abruzzen.
Die Geschichte gehört zur Gruppe der überaus beliebten Priesterschwänke. Eine ähnliche Geschichte erzählte man in Campestro. Dort ließ sich der Pfarrer beim ersten Mal hereinlegen, weil eine Stimme aus dem Kamin rief: «Cavagnin cavagnorum, salirai in cielo celorum!» (Körbchen der Körbe, du wirst in den Himmel der Himmel auffahren.) Als es die Schelme nach einem Jahr nochmals versuchten, antwortete der Pfarrer: «Angei dro ciel, disigh ar bon Gesú ch al m'a cataa na volta, ma ch'al m'a cata pü!» (Engel des Himmels, sagt dem lieben Gott, dass er mich einmal erwischt hat, dass er mich aber nicht mehr erwischt.) (Aus dem Nachlass Keller, erzählt von Plinio Savi.)

63.
Die Jalapewurzel. Rovio 1911, Sammlung Carloni-Groppi, Nr. 67. Aus dem Dialekt übersetzt.
Die Geilheit der Priester ist ein oft belegtes Schwankmotiv. – Der Gebrauch der Jalapewurzel (oder Purgierwinde, Exogonium purga) als äußerst starkes Abführmittel verbreitete sich Mitte des 17. Jahrhunderts von der mexikanischen Stadt Jalape aus über Spanien in Europa.

64.
Der Heilige Geist von Mergoscia. Mergoscia, Nachlass Keller. Aus dem Italienischen übersetzt.
Mot J 1770, J 1780, J 1823, J 2495: Wörtlich nehmen: Einfältiger hält Vogel für Hl. Geist.
Der Schwank hängt wahrscheinlich mit dem früher in katholischen Ländern verbreiteten Brauch zusammen, an Pfingsten eine Taube über der in der Kirche versammelten Gemeinde schweben zu lassen.

65.
Wir sind alle Brüder. Campione, Ortelli-Taroni, S. 66–69, Siamo tutti fratelli, erzählt von Giovan Battista Boffa, einem Cousin von Giuseppina Ortellis Vater. Aus dem Italienischen übersetzt.
Mot. J 2495, vgl. AaTh 1341 B: Gott ist auferstanden.
Der älteste Beleg für diese Geschichte wurde 1479 von Josef Knebel, dem Kaplan des Basler Münsters, in seiner Basler Chronik festgehalten. Für uns ist aber die italienische Vorlage bei Straparola IX.4 wichtig. Pfarrer Papiro Schizza aus Brescia soll einen Bauernsohn, der in Padua studiert hat, in Latein prüfen. Der gescheite Junge gibt lauter richtige Antworten. Der dumme Priester verspottet ihn aber vor der ganzen Gesellschaft und rät dem Vater, seinen Sohn lieber die Schweine hüten zu lassen. Aus Rache zündet Pierino mit Hilfe der Katze den Heustock des Priesters an. Er benennt die Dinge mit den vom Priester selbst erfundenen Namen (Bett = reposorium; Tisch = gaudium; Katze = salta graffia; Feuer = carniscoculum; Wasser = abondantia; Güter = sostantia). – In einer Variante aus Arbedo (bei Bellinzona) zündet der Dorfschelm dem großtuerischen Bürgermeister den Heustock an (SAVK 7 [1903], S. 300–302). – «Repusori» heißt etwa «Ort, wo man sich ausruht»; «Madonna d'Arli» ist wahrscheinlich als Madonna d'Arla (Wallfahrtsort oberhalb Sonvico im oberen Cassaratetal) zu lesen; «godi» bedeutet so viel wie «Freude»; «tiratori» hängt zusammen mit «tirare «ziehen».

66.
Wie San Carlo für den Teufel gehalten wurde. Olivone, mitgeteilt von Isidoro Bini 1953, Nachlass Keller. Aus dem Italienischen übersetzt.
Der heilige Karlus Borromäus (1538 bis 1584) wurde 1565 Erzbischof von Mai-

land. Zu seiner Diözese gehörten auch die Leventina, die Riviera und das Blenio-Tal, Brissago und die Capriasca. Zwischen 1567 und 1584 unternahm er mehrere Pastoralreisen in diese Gebiete. In unserer Erzählung geht es entweder um den Besuch im August 1570 oder 1581. – Aquila ist der Hauptort des mittleren Bleniotals. Olivone im oberen Bleniotal hatte als Passort am Lukmanier große Bedeutung.
Vgl. Artikel «Begrüßungen, verkehrte Begrüßungen» in EM 2 (1979), 41–45, (Kurt Ranke).

67.
Das Eselchen Roba da poco. Roveredo Capriasca 1972, Sala-Calanchini, S. 75. Aus dem Italienischen übersetzt.
Mot. J 2470, vgl. AaTh 1685: Sprachmissverständnisse.
In einer von Walter Keller (Nachlass) aufgeschriebenen Erzählung aus Mergoscia lässt der reichste Einwohner des Dorfes Roba da poco für den Erzbischof von Como schlachten.

68.
Die Wandermadonna. Menzonio, September 1978, erzählt von Cleofe Canepa, pensionierte Lehrerin. Aus dem Dialekt übersetzt.
Mot. J 1823.1, V 126: Heiligenstatuen geben absurde Antworten.
Diese beiden Anekdoten sind anlässlich der Pilgerfahrt der Madonna del Sasso (Locarno) im Jahre 1951 entstanden. – Maggia im mittleren Maggiatal hat die älteste Kirche des Tales.

69.
Die Fliegen von Anzonico. Anzonico, Borioli, S. 63, I mosconi d'Anzonico. Aus dem Italienischen übersetzt.
AaTh 1586 A: Fliege auf des Richters Nase. – C/S, S. 358, 2 Nachweise.

Schildbürgergeschichten sind beliebt und werden heute noch überall in der italienischen Schweiz erzählt. Die bekanntesten Schildbürgerorte sind: Osco (Leventina), Isone (am Oberlauf des Vedeggio), Mergoscia (Verzascatal) und Arzo (im Tal des Gaggiolo). Die Streiche, die erzählt werden, sind alle nicht nur in der italienischen Schweiz, sondern in ganz Europa verbreitet. Sie dienen oft dazu, die Necknamen gewisser Dörfer zu erklären. – Der Scherz mit dem Insekt auf der Nase wird auch von Carasso (bei Bellinzona) erzählt (SAVK 2 [1898], S. 246–247), dessen Einwohner deshalb «saiòtri», Heuschrecken, heißen. – «Muscui» für italienisch «mosconi», Schmeißfliegen.

70.
Der Maulwurf von Dalpe. Dalpe, Borioli, S. 64, La talpa dei dalpesi. Aus dem Italienischen übersetzt.
AaTh 1310 B: Krebs: Der ertränkte K.

71.
Die Kirchweih von Quinto. Quinto, Borioli, S. 65, Le candele di San Pietro. Aus dem Italienischen übersetzt.
AaTh 1270: Kerzentrocknen auf dem Ofen. – C/S S. 282, 9 Nachweise.
In Meride und in Osco erzählt man dieselbe Geschichte von den Schafen, die bei einem Gewitter nass und dann im Ofen getrocknet wurden, bis sie starben. Noch heute nennt man die Einwohner von Meride deshalb «i pegur», die Schafe. – Zur Großgemeinde Quinto (1017 m) gehören mehrere Weiler. Die Kirchweih von Quinto am 29. Juni ist berühmt. Sie zog immer viele Leute aus der Umgebung an. Am Kirchweihtag wurde offiziell der Alpsommer eröffnet. Älpler und Bauern trafen sich und schlossen ihre Verträge ab. Am Kirchweihfest deckte man sich auch mit Stoffen, Geschirr, Werkzeug usw. ein (Borioli, S. 99–101). – Die Pfarrkirche

SS. Pietro e Paolo wurde 1681 umgebaut, wobei die Quadersteine des ehemals romanischen Baus wiederverwendet wurden (Anderes, S. 106–108).

72.
Der Felsen von Osogna. Osogna 1925, Nachlass Keller, Gewährsperson: Battista Lorenzini. Aus dem Italienischen übersetzt.
AaTh 1332: Narrensuche. – C/S S. 289, 1 Nachweis.
Dieselbe Geschichte wird auch in Osco (Borioli, S. 64) und Origlio (*Schweizer Volkskunde* 29, 1939, S. 74) erzählt. Der Bürgermeister soll dabei einen schweren Mühlstein zu einer neu erbauten Mühle leiten.

73.
Die Geschichte der Kirche und des Kirchturms von Isone. Medeglia, Oscar Keller, 1943, S. 146–150. Die Geschichte wurde Oscar Keller am 5. April 1936 von Pierina Negri (*1910), Lehrerin, erzählt.
AaTh 1326: Kirche verschieben. – C/S, S. 288, 9 Nachweise.
Die Pfarrkirche von Isone ist dem hl. Lorenz geweiht. Der Bau wird 1452 erstmals erwähnt. In seiner heutigen Form geht er auf einen Neubau im 16. oder 17. Jahrhundert zurück. Der Turm der ehemals romanischen Anlage aus dem 12. Jahrhundert ist jedoch erhalten geblieben (Anderes, S. 207).

74.
Das Schwert von Isone. Isone, Oscar Keller, 1943, S. 154–156, erzählt am 9. Okt. 1934 und 4. April 1936 von Andrea Bignasci [*1879], Lehrerin in Bellinzona.

75.
Der gekaufte Verstand. Meride, erzählt im Juli 1982 von Ottorino Bianchi-Poli, Brusino. Aus dem Dialekt übersetzt.
AaTh 1296 A: Wetter kaufen. – C/S, S. 286, 1 Nachweis. – Tassoni, S. 102–103, Menicone.

76.
Der «Puncion d'Arz». Meride, erzählt im Juli 1982 von Ottorino Bianchi-Poli, Brusino. Aus dem Dialekt übersetzt.
AaTh 1335 A: Spiegelbild im Wasser (Mondfänger). – C/S, S. 290, 4 Nachweise.
Der Puncion d'Arz oder Monte Pravella (1015 m) bildet die Grenze zu Italien. Der Neckname «scurnon» oder «curnon» hängt vielleicht mit «corno», «Spitze», zusammen. Daneben ist auch «lünon gebräuchlich, das so viel wie «großer Mond» heißt (Guido Bustelli: «Arzo, amore di paese», Lugano 1980, S. 16–19).

77.
Der gestohlene Hut. Brusio, Puschlav, Kt. Graubünden, 1978. Mitgeteilt von Elisa Tognina. Aus dem Dialekt übersetzt.
AaTh 2018 (2016): Warenlager: Wo ist das W.?
Dieses in verschiedenen Varianten in der ganzen italienischen Schweiz verbreitete Kettenmärchen erzählt, wie viel Arbeit in einem einzigen Fladen steckt. Es wurde den Kindern erzählt, um ihnen den Wert des Brotes bildhaft vor Augen zu führen. – Brot durfte auf keinen Fall vergeudet werden. Als Teil des Abendmahls und als tägliche Speise war es verehrungswürdig. – Das italienische Val Malenco ist ein Seitental des Veltlin.

78.
Die Laus ist tot. Rovio 1911, Sammlung Carloni-Groppi, Nr. 3. Auf Italienisch abgedruckt in Walter Keller 1933, S. 40, Nr. 3, Il pidocchio è morto. Aus dem Dialekt übersetzt.
AaTh 2022: Tod des Hühnchens. – C/S,

S. 423–424, 29 Nachweise. – Anesa/Rondi, S. 252–260, Nr. 1.12.2., Il pidocchio e la pulce. – Barozzi, S. 515–517, Il pidocchio e la pulce.
Dieses Kettenmärchen ist auch aus KHM 30 (Läuschen und Flöhchen) bekannt.

79.
Die Fliege auf der Nase. Rovio 1911, Sammlung Carloni-Groppi, Nr. 20. Aus dem Dialekt übersetzt.
AaTh 1586: Fliege auf des Richters Nase. Vgl. Anm. zu 69.

80.
I sposin divot. – *Die gottesfürchtigen Jungvermählten.* Rovio 1911, Sammlung Carloni-Groppi, Nr. 57.
AaTh 1115: Mordversuch mit dem Beil. – C/S, S. 264, 3 Nachweise + AaTh 313 Magische Flucht. – C/S, S. 61–62, 45 Nachweise. – Calvino Bd. 1, S. 89–92, Nr. 22, Il giocatore di biliardo. Märchen aus Mailand.
Das Märchen von der magischen Flucht gehört zu den ältesten Märchen überhaupt. In Italien gibt es seit Ende des 15. Jahrhunderts schriftliche Zeugnisse dafür. – In unserer Variante ist der Teufel der Geprellte, nicht wie gewöhnlich der Zauberer. Der Trick mit der Puppe ist sehr alt. Er wird auch vom klugen Burschen angewendet, um den dummen Riesen zu täuschen.
Für die Verbreitung des Motivs der magischen Flucht in Europa vgl. Röth, S. 27 bis 29.

81.
I rasiröi det Calpiogna. – *Die «Harzer» von Calpiogna.* Primadengo, Oscar Keller, 1941, S. 273–275. Erzähler: Pio D'Alessandri, 60-jährig, aus alteinheimischer Familie, Landwirt. Das vom Gewährsmann schriftlich vorbereitete Stück wurde von S. Sganzini am 3. April 1936 in Faido notiert.
Mot. K 1811 (AaTh 779): Erdenwanderung der Götter. – C/S, S. 177, 6 Nachweise + Mot. Q. 221.1., Q 327, D 182.2: Bestrafung eines Halsstarrigen durch Verwandlung in Ameise.
Dieses Legendenmärchen gehört zum Motivkreis der Erdenwanderung des Herrgotts. Eine unfreundliche Antwort wird durch Verwandlung in ein Tier bestraft. Gegen die sprichwörtliche Starrköpfigkeit der Bewohner der Leventina konnte nicht einmal der Herrgott etwas ausrichten! Der Dialekttext wurde von Prof. Lurati überarbeitet. Offensichtliche Italianismen (wohl durch die damals umständlichen Aufnahmegeräte provoziert) wurden ersetzt.

Bibliografie

(Buchstaben in Klammern am Anfang der Zeile entsprechen den Siglen der Anmerkungen.)

Unveröffentlichte Quellen

Carloni-Groppi, Luigia: Sammlung z. T. unveröffentlichter Erzählungen aus Rovio (1911), deponiert beim VSI in Bellinzona.

Keller, Walter: Nachlass, deponiert im Archivio di Stato, Bellinzona.

Lurati, Ottavio: Sammlung unveröffentlichter Texte aus dem Tessin.

Sala-Calanchi, Elena: San Carlo Borromeo e la Svizzera italiana. Storia, iconografia, tradizioni. Dissertation Facoltà di lettere e filosofia (Prof. Michele Ranchetti). Florenz 1974. Daktyloskript.

Literatur

(AaTh) Aarne, A./Thompson, S.: The Types of the Folktale. Second Revision (FFC 184). Helsinki 1961.

Anderes, Bernhard: Kunstführer Kanton Tessin. Herausgegeben von der Gesellschaft für Schweizerische Kunstgeschichte. Bern 1975.

Anesa, Marino/Rondi, Mario: Fiabe bergamasche. Milano 1981.

Aprile, Renato: Indice delle fiabe popolari italiane di magia. Berlin 1995.

Barozzi, Giancorrado: Ventisette fiabe raccolte nel mantovano. Milano 1976.

Basile, Giambattista: Lo cunto de li cunti. A cura di Michele Rak. Milano 1986 (neapolitanisch und italienisch).

Basile, Giambattista: Das Märchen der Märchen. Das Pentamerone. Nach dem neapolitanischen Text von 1634/36 vollständig und neu übersetzt und erläutert von Hanno Helbling, Alfred Messerli, Johann Pögl, Dieter Richter, Luisa Rubini, Rudolf Schenda und Doris Senn. Herausgegeben von Rudolf Schenda. München 2000.

(BP) Bolte, Johannes/Polívka, Georg: Anmerkungen zu den Kinder- und Hausmärchen der Brüder Grimm, 1–5. Bd. Leipzig 1913–32 (und Nachdruck Hildesheim 1963).

Borioli, Alina: La vecchia Leventina. Bellinzona 1926, 2. Auflage Lugano 1973.

Brunold-Bigler, Ursula: Schweizer Märchensammler, in: Märchen und Märchenforschung in Europa. Ein Handbuch. Im Auftrag der Märchen-Stiftung Walter Kahn. Herausgegeben von Dieter Röth und Walter Kahn. Frankfurt a.M. 1993 (Italienische Schweiz S. 232–233).

Calvino, Italo: Fiabe italiane. Milano 1991. 3 Bände. (Erste Ausgabe: Torino 1956).

Carloni-Groppi, Luigia: Accanto al focolare: novelle e fiabe. Bellinzona 1936.

Carloni-Groppi, Luigia: All'ombra dei castagni: novelle e una fiaba. Bellinzona 1942.

Carloni-Groppi, Luigia: La nonna racconta. Lugano 1946.

(C/S) Cirese, Alberto Mario/Serafini, Liliana (Hg.): Tradizioni orali non cantate. Primo inventario nazionale per tipi, motivi o argomenti di fiabe, leggende, storie e aneddoti, indovinelli, proverbi, notizie sui modi tradizionali di espressione e di vita ecc., di cui alle registrazioni sul campo promosse dalla Discoteca di Stato in tutte le regioni italiane negli anni 1968–69 e 1972. Roma 1975.

D'Aronco, Gianfranco: Le fiabe di magia in Italia. Udine 1957.

D'Aronco, Gianfranco: Indice delle fiabe toscane. Firenze 1958.

(EM) Enzyklopädie des Märchens. Handwörterbuch zur historischen und vergleichenden Erzählforschung. Herausgegeben von K. Ranke u. a. Berlin, New York 1977ff.

Fiabe friulane. Scelte da Giorgio Faggin e tradotte da Carlo Sgorlon. Milano 1982.

Fiabe liguri. Scelte da Pino Boero e tradotte da Beatrice Solinas Donghi. Milano 1982.

Gonzenbach Laura: Fiabe siciliane. Rilette da Vincenzo Consolo. A cura di Luisa Rubini. Roma 1999.

(KHM) Grimms Kinder- und Hausmärchen. Herausgegeben von Heinz Rölleke. 2 Bände. Düsseldorf, Köln 1982.

(HDA) Handwörterbuch des deutschen Aberglaubens. Berlin und Leipzig 1927 ff.

Imbriani, Vittorio: La novellaja fiorentina, con la novellaja milanese. Milano 1976 (Erstausgabe: Livorno 1877).

Il meraviglioso. Leggende, fiabe e favole ticinesi. Locarno 1990–1993 (4 nach Regionen aufgeteilte Bände).

Italienische Märchen. Herausgegeben und übersetzt von Walter Keller und Lisa Rüdiger. Düsseldorf, Köln 1959.

Italienische Volksmärchen. Herausgegeben und übersetzt von Felix Karlinger. Düsseldorf, Köln 1973. 5. Auflage 1993.

Keller, Oscar: Dialekttexte aus dem Sopraceneri. Zeitschrift für Romanische Philologie 61 (1941), S. 257–318.

Keller, Oscar: Die präalpinen Mundarten des Alto Luganese. Winterthur 1943 (Beilage zum Jahresbericht der Kantonsschule Solothurn 1942–1943).

Keller, Oscar: Dialekttexte aus dem Sopraceneri. Zeitschrift für Romanische Philologie 63 (1943 a), S. 23–122.

Keller, Walter: Tessiner Märchen. Frauenfeld, Leipzig 1927.

Keller, Walter: Tessiner Sagen. Basel 1930.

Keller, Walter: Fiabe popolari ticinesi, in: SAVK 32 (1933) S. 37–51 (Nr. 1–12) und S. 110–125 (Nr. 13–22).

Keller, Walter: Fiabe popolari ticinesi, in: SAVK 33 (1934) S. 63–80 (Nr. 23–40) und S. 192–196 (Nr. 41–43).

Keller, Walter: Fiabe popolari ticinesi, in: SAVK 34 (1935) S. 58–63 (Nr. 44–45) und S. 146–158 (Nr. 46–52).

Keller, Walter: Fiabe popolari ticinesi, in: SAVK 35 (1936) S. 53–62 (Nr. 53–56) und S. 255–274 (Nr. 57–65).

Keller, Walter: Am Kaminfeuer der Tessiner. Sagen und Volksmärchen. Zürich 1940.

Keller, Walter: Tessiner Geschichten. Basel 1944.

Keller, Walter: Tessinervolk im Spiegel seiner Erzähler. Basel 1947.

Keller, Walter: Racconti ticinesi. Lugano 1949.

Keller Walter: Schatzkästlein tessinischer Erzählungen. Arbon 1952.

Keller, Walter: Racconti popolari ticinesi. Lugano 1954.

Keller, Walter: Tessiner Sagen und Volksmärchen. Zürich 1981 (Nachdruck der Ausgabe von 1940). 3. Auflage, Zürich 2000.

Ljungman, Waldemar: Die schwedischen Volksmärchen. Herkunft und Geschichte. Berlin 1961.

Lo Nigro, Sebastiano: Racconti popolari siciliani. Firenze 1958.

Märchen aus dem Tessin. Herausgegeben und übersetzt von Pia Todorović-Strähl und Ottavio Lurati. Köln 1984.

Märchen aus der Toskana. Übersetzt und erläutert von Rudolf Schenda. München 1996.

Märchen aus Sizilien. Gesammelt von Giuseppe Pitrè. Übersetzt und herausgegeben von Rudolf Schenda und Doris Senn. München 1991.

(Mot) Thompson, S.: Motif-Index of Folk-Literature 1–6. Kopenhagen 1955 bis 1958.

Orelli-Taroni, Giuseppina: Il Savio e il Matto. Lugano 1990.

Pellandini, Vottore: Credenze popolari nel Canton Ticino (Arbedo), in: SAVK 2 (1898), S. 30–34.

Pellandini, Vottore: Racconti di dragoni raccolti nel Ticino (Arbedo), in: SAVK 2 (1898), S. 169–171.

Pellandini, Vottore: Novellette morali raccolte a Bedano (Ticino), in: SAVK 4 (1900), S. 213–220.

Pellandini, Vottore: Tradizioni popolari ticinesi. Lugano 1911.

Perco, Daniela: Favole del Feltrino. Belluno 1981.

Röhrich, Lutz: Erzählungen des späten Mittelalters und ihr Weiterleben in Literatur und Volksdichtung bis zur Gegenwart. 2 Bände. München 1967.

Röhrich, Lutz: Teufelsmärchen und Teufelssagen, in: Sage und Märchen. Erzählforschung heute. Freiburg, Basel, Wien 1977.

Röth, Diether: Kleines Typenverzeichnis der europäischen Zauber- und Novellenmärchen. Erweiterte 2. Auflage. Baltmannsweiler 2004.

Die Schweiz in ihren Märchen und Sennengeschichten. Herausgegeben von Richard Waldmann. Köln 1983.

(SAVK) Schweizerisches Archiv für Volkskunde. Zürich 1897 bis 1905, Basel 1906 ff.

Schweizer Volkskunde. Korrespondenzblatt der Schweizerischen Gesellschaft für Volkskunde. Basel, 1911ff.

Schweizer Volksmärchen. Herausgegeben von Robert Wildhaber und Leza Uffer. Düsseldorf, Köln 1971.

Straparola, Giovan Francesco: Le piacevoli notti. A cura di Donato Pirovano. 2 Bände. Roma 2000.

Tassoni, Giovanni: Fole mantovane. Firenze 1971.

Todorović-Strähl, Pia: Parole in ritmo. Testi formalizzati della Svizzera italiana. Ninne nanne, rime, filastrocche, conte e sciogliligua. Basel 1987.

Todorović Redaelli, Pia: Der Wunsch im Tessiner Märchen. In: Der Wunsch im Märchen. – Heimat und Fremde im Märchen. Forschungsberichte aus der Welt der Märchen. Im Auftrag der Europäischen Märchengesellschaft herausgegeben von Barbara Gobrecht, Harlinda Lox und Thomas Bücksteg, Veröffentlichungen der Europäischen Märchengesellschaft, Bd. 88, München 2003, S. 72–85.

Traber, Vreni: Walter Keller (1882 bis 1966), in: Sagenerzähler und Sagensammler der Schweiz. Studien zur Produktion volkstümlicher Geschichte und Geschichten vom 16. bis zum frühen 20. Jahrhundert. Herausgegeben von Rudolf Schenda unter Mitarbeit von Hans ten Doornkaat, Bern, Stuttgart 1988, S. 505–520.

(VSI) Vocabolario dei dialetti della Svizzera italiana. Lugano 1952ff.

Die Herausgeberin Pia Todorović Redaelli, geboren 1951, Studium der Romanistik und Slavistik in Basel, Perugia und Petersburg. Promotion mit einer Arbeit über Kinderverse der italienischsprachigen Schweiz. Befasst sich seit vielen Jahren mit Märchen. Lebt als freischaffende Übersetzerin in Lugano.